国土空间优化和生态环境保护

以长江经济带案例区为例

Ecological and Environmental Protection through Land Spatial Optimization

曾　晨　邓祥征　张安录——著

社会科学文献出版社
SOCIAL SCIENCES ACADEMIC PRESS (CHINA)

前　言

国土空间优化下的生态环境保护是推动长江经济带高质量发展的必然要求，是实现生态优先、绿色发展战略的重要依托，是生态文明建设的重要内容，也是国家治理体系和治理能力现代化的重要体现。本书围绕国土空间优化和生态环境保护这一研究对象，针对长江经济带现阶段主要的生态问题，剖析了国土资源利用中的"空间"理念，构建了全要素、全流域、全部门、全领域的"全域"理论框架，结合国土空间生态修复和生态环境保护的政策文件，以及国土空间规划实践，以空间外溢性和外部性理论方法作为切入点，以重点项目区和重点城市群为主要实证区域，展开了理论结合实践、政策应用于实证的综合分析，为长江经济带国土空间优化和生态环境保护提供对策建议，以期更好地促进长江经济带的生态文明建设。

全书分为综述篇、国土空间生态修复篇、国土空间开发和保护篇，系统介绍了国土空间优化和生态环境保护的政策背景、实践方法和优化路径。综述篇分为第一章"引言"，重点介绍研究背景、研究问题以及对本书的章节安排和技术路线；第二章介绍国土空间优化的理论和技术基础；第三章介绍了区域生态环境保护的"全域"思维；第四章介绍长江经济带国土空间开发利用和生态环境保护现状。国土空间生态修复篇分为第五章"长江经济带生态环境保护政策概述"，主要介绍长江经济带生态环境保护的现有规划、措施和政策；第六章介绍长江经济带国土空间生态修复和保护；第七章主要山脉生物多样性的保护和修复和第八章主要河湖湿地生态系统健康评价和保护，主要诊断长江经济带重要河湖山脉的生态系统问题，提出具有针对性的保护措施。国土空间开发和保护篇的第九章、第十章、第十一章和第十二章主要从生态承载力、生态系统服务价值和生态网络的建设方面阐释了长江流域生态环境保护采用的技术方法，并结合国土空间的开发利用进一步分析了长江流域生态环境保护的路径。最后提出现阶段国土空间优化和生态环境保护的对策建议。

本书的撰写吸收国内外大量的研究成果和资料，以及实践工作经验，可供从事长江经济带生态环境保护的人员参考使用。部分理论与方法处在初步探索阶段，如有不妥和错漏之处，敬请同行和读者不吝指正。

目 录

综述篇

国土空间生态修复篇

国土空间开发和保护篇

综述篇

第一章　引言

第一节　国土空间优化下生态环境保护的研究背景

在国家大力推进生态文明战略的过程中，国土空间的开发和保护成为保障生态安全、保护生态环境的重要前提。2017 年，习近平总书记在党的十九大报告中提出要构建国土空间开发保护制度；2018 年，随着《深化党和国家机构改革方案》的印发，自然资源部得以组建并承担建立空间规划体系及监督实施的职责；2019 年，党的十九届四中全会阐明了生态文明制度体系在中国特色社会主义制度和国家治理体系中的重要地位；2020 年，党的十九届五中全会提出“十四五”时期经济社会发展的主要目标，其中包括生态文明建设实现新进步，国土空间开发保护格局得到优化，生产生活方式绿色转型成效显著，能源资源配置更加合理、利用效率大幅提高，主要污染物排放总量持续减少，生态环境持续改善，生态安全屏障更加牢固，城乡人居环境明显改善。国土空间的合理利用与生态环境保护已经逐渐成为两个密不可分的主题。

国土空间优化是国土空间规划的直接目标和依托路径，国土空间规划则是国土空间优化的政策基础和实施途径。国土空间规划是过去十多年来我国探索城市规划、土地利用规划、主体功能区规划等“多规合一”的最终路径，涉及优化国土空间开发布局、健全国土空间用途管制、推进全域国土综合整治和生态修复等多个方面。在“十四五”时期推进国土空间治理现代化的过程中，国土空间优化是针对生产空间、生活空间和生态空间的科学布局和决策，是对国土空间利用的效率、效益和效应综合提升过程，主要包括国土空间开发布局优化、国土空间利用效率优化，以及国土空间生态修复模式的优化等内容。国土空间开发布局优化主要针对已开发和待开发的国土空间，对城乡建设用地、城镇空间、建成区空间等人类活动密集区域进行内部挖潜和外部拓展。国土空间利用效率优化是提升国土空间投入产出关系的重要手段，强调集约节约用地的理念和实践。国土空间生态修复模式的优化则主要针对水域、滩涂、林草地等生态用地空间，坚持以保护优先、自然恢复为主的理念，通过一系列生态环境保护措施实现对生态脆弱区、生态受损区和生态敏感区的保护和修复。

生态环境保护是我国生态文明建设战略的重要内容，是走可持续发展道路的基本要求，是推进高质量发展的重要保证。在改革开放后的40多年里，伴随着社会经济的快速发展，我国的生态环境保护事业亦稳步发展。一方面，在陆域、水域和大气污染的防治方面，党中央提出了要通过全面实施土壤污染防治行动计划，有效管控农用地和建设用地土壤污染风险，扎实推进净土保卫战；通过深入实施水污染防治行动计划，打好水源地保护、城市黑臭水体治理等攻坚战；通过扎实做好重点行业超低排放改造、“散乱污”企业治理、散煤治理等打赢蓝天保卫战。另一方面，绿色发展模式和生态修复机制逐渐成为国家保障生态安全，实现区域、流域可持续发展的重要举措。绿色发展模式强化生态保护红线、环境质量底线、资源利用上限、生态环境准入清单的硬约束，强调从源头预防环境污染、生态破坏。生态修复是近年来国土空间规划和生态环境保护的重要内容。2018年随着中华人民共和国自然资源部（以下简称“自然资源部”）的组建，国土空间生态修复司成为承担国土空间生态修复政策研究工作的重要部门，承担国土空间综合整治、土地整理复垦、矿山地质环境恢复治理、海洋生态、海域海岸带和海岛修复、生态保护补偿等工作，并指导地方国土空间生态修复工作。近年来我国开展了重要生态系统保护和修复重大工程，深化山水林田湖草生态保护修复试点，推动耕地、草原、森林、河流、湖泊休养生息，建立以国家公园为主体的自然保护地体系，健全管理制度和监管机制。

国土空间优化布局和生态环境保护是我国第十四个五年规划的重要内容，是推动社会经济高质量发展和生态文明战略的保证。在推进国土空间治理现代化的过程中，研究国土空间优化下的生态环境保护有助于进一步梳理国土空间开发、保护和利用与生态环境的保护、修复和治理之间的关系，为自然资源的合理利用以及区域的可持续发展提供理论依据和实践参考。

第二节　国土空间优化与生态环境保护的耦合关系

国土空间是生态环境保护的对象，国土空间优化是生态环境保护的基础和手段，而生态环境的保护、修复和治理则是国土空间优化的重要目标。国土空间优化与生态环境保护是互为依存、彼此促进、共同提升的。国土空间优化与生态环境保护之间的耦合关系具体可以分为三个方面，即生态环境保护是优化国土空间开发格局的约束条件；国土空间利用效率的提升是生态环境质量改善和提升的路径；国土空间保护修复模式的优化和生态环境保护是同步进行、相互依托的。

一　生态环境保护是优化国土空间开发格局的约束条件

国土空间开发是保证社会经济发展的重要基础，生态环境保护则是社会经济高质量发展的基本内涵，生态环境保护对国土空间开发的约束体现在“量”、“质”和“调控”等多个方面。首先，生态环境保护对国土空间开发的“量”的约束。过去已有大量学者通过计算区域土地利用结构和不同土地利用类型的生态系统服务价值、区域生态承载力和生态系统健康状态，评价区域的可持续发展水平，并通过调控土地利用结构优化区域生态环境，其中最为显著的表现是控制城市建设用地对耕地的占用。事实上近年来随着越来越多的城市出现扩张和蔓延现象，农村集体经营性建设用地和宅基地利用效率较低，城乡建设用地增长迅速，人类活动对生态环境的负面影响亦日趋明显，亟待适宜地调整策略。其次，生态环境保护对国土空间开发的“质”的约束。开发为生产和生活用地空间的土地能够实现人口就业、社会生产、交通运输和休闲娱乐等功能。这些基本功能表征了物质、信息和能量的基本流动，具有较强的外溢效应。生态环境的监测和生态价值补偿为人类开发过程中产生的负面外溢效应提供了监督机制，以此来约束国土空间开发的“质”与“量”，优化资源配置，提高城乡建设用地的效益。最后，生态环境保护对国土空间开发的调控和约束，在一定区域范围内，各个单元之间的社会经济发展以及景观生态系统之间是相互联系并存在着外部效应的，因此区域生态承载力的研究常涉及区域生态破坏转移和补偿的问题。国土空间的开发同样是一个具有空间互动关联性的过程，通过长期的发展，区域内各县市单元的土地开发和利用水平均会出现不同程度的集聚、分散或融合的趋势。因此，如何协调各地建设用地的配置，优化区域内各类用地的布局，加强各地的正面外部效应，提高区域生态系统整体的抵抗力，是国土空间优化要解决的主要问题。通过国土空间优化来约束各地建设用地的规模，优化其布局是实现区域可持续发展的重要途径。

二　国土空间利用效率的提升是生态环境质量改善和提升的路径

随着国土空间规划的重点从增量规划转向存量规划，提高国土空间利用效率成为平衡生活、生产和生态用地空间，协调社会经济发展需求与生态环境保护的有效路径。国土空间利用效率的提升要求以最小的土地成本，得到最大的土地效益，来满足经济社会发展的需要，重在用地模式的选择，体现了“减量化”、“再利用”和“再循环”的原则。新型城镇化背景下的国土空间利用逐渐表现出结构复杂化、功能多样性、空间集聚和分散相结合的特征，国土空间利用在景观上呈现出行业用地密度、形状、集聚性等特征的变化，在时间尺度上表现出多次和反复循环的利用方式。国土空间的集约利用是提升国土空间效率的基本手段，是社会经济高质量发展的产物，也是从根本上持续改善和提升生态环境质量的路径。其内涵与欧洲所推崇的“紧凑型发展”和美国所提出的“精明增长”有着类似之处，是土地资源在人类的生产生活过程中所形成的结构、布局和利用方式上的总体特征。我国的国土空间集约利用强调低密度和高密度并存的土地利用模式，低碳经济型、生态健康型、环境友好型的可持续土地利用模式，以及统筹城乡一体化发展的土地开发利用模式。集约高效地利用土地资源，能够增加土地承载力，释放生态用地空间，减少环境负面效应，对生态环境的保护产生积极作用。随着国土资源集约开发利用工作的进一步推进，集约用地的理念已开始在县域尺度、镇域尺度、街道尺度、宗地尺度，甚至是单幢房屋上得以应用，土地集约利用已经成为提升国土空间利用效率、实现土地资源可持续发展的关键。

三　国土空间生态修复模式的优化和生态环境保护是同步进行、相互依托的

国土空间生态修复是国土空间规划中的重要专项规划，是自然资源部“十四五”规划编制工作方案中的15个重大研究课题之一。在推进国家治理体系和治理能力现代化的过程中，健全生态保护和修复制度也是重要的议题之一。国土空间生态修复模式的优化本身即是针对生态环境的保护、修复和治理，两者是同步进行、相互依托的。从内涵和理论支撑上来看，国土空间生态修复是以不同空间尺度范围内受损或缺乏稳定与安全性的生态系统作为研究对象，通过国土要素的空间结构调整与优化和生态功能修整与重建，辅以中宏观尺度上的生态工程等系统性措施的治理活动，可以将其划分为国土空间生态恢复、国土空间生态整治和国土空间生态重建三大研究内容。景观生态学中的“格局与过程耦合—时空尺度—生态系统服务—景观可持续性”为国土空间生态修复模式的优化和生态环境的保护提供了耦合路径，同时这种耦合关系亦需要区域自主治理向全域空间设计的战略转型。国土空间生态修复同时还蕴含着“道”和“术”的哲学思想，需要从外部情势、发展阶段、宜境制法、信息网络、效果优化5个角度来进行模式优化，从集系统、拓空间、衔时律、择愈法、创共生5个方面进行修复、治理和保护。事实上，以“山水林田湖草生命共同体”为基本理念，国土空间生态修复定位在中宏观尺度的空间优化和系统修复上，强调自然地理单元的空间连通性以及各生态要素的空间互动性，与全域国土综

合整治、生态系统保护和修复、自然资源管理等工作密切相关，是多尺度生态环境保护的具体实现路径。

第三节　国土空间优化和生态环境保护的研究问题

在国家推进生态文明建设、实施国土空间规划的背景下，本书主要探索流域和区域尺度下国土空间优化和生态环境保护耦合关系实现的模式、方法和路径，既挖掘通过国土空间优化开展生态环境保护的有效模式，也分析生态环境约束下国土空间优化的手段。具体来说，本书的重点研究问题包括：国土资源与生态环境的"空间"理念如何对应和连接，长江经济带流域的国土空间优化如何服务于流域山川河流重要生态系统的保护，如何通过生态服务价值、资源环境承载力、生态网络建设等实现长江中游城市群的国土空间优化。

国土资源与生态环境的"空间"理念是本书理论上的研究问题。国土资源本身位置是固定的，但是由于利用模式的多样性，其在空间分布上兼具聚集和分散的特征。生态环境包括大气、水体、土壤、山体等多种自然要素，山水林田湖草生命共同体综合体现了这些生态要素在空间上的紧密联系。如何将国土资源和生态环境中的"空间"理念进行对接，挖掘空间属性中的耦合特征，是国土空间优化和生态环境保护得以互促互进的基础性理论问题。事实上，地理学和经济学中关于"空间"的理论为挖掘空间耦合特征提供了重要参考，空间溢出性、空间外部性、空间尺度性等特征能够同时用于阐释国土空间格局的变化和生态环境演变的过程，从"空间"上成为连接国土空间优化和生态环境保护的"桥梁"。

国土空间优化对于山川河流重要生态系统保护的作用机制是本书实践探索的重要问题。以长江经济带流域为例，流域内有鄱阳湖和洞庭湖这样具有生态功能的河湖湿地，有承载生物多样性的大巴山、武陵山等的重要山脉。长江经济带社会经济的快速发展持续改变着流域的土地利用现状，建设用地的持续增长给流域生态系统的保护带来了巨大的压力。在这种背景下，国土空间该如何优化才能既保证社会经济发展的需求，又维持和改善生态系统的基本功能呢？在探索这个问题的过程中，土地利用和生态环境的现状与问题是分析的前提，流域内大山、大河、水库等重要生态系统的保护是分析的对象，全域国土空间综合整治和生态修复则是分析的抓手，当前国土空间规划和生态环境保护政策则是分析的参考。

生态环境保护对城市群区域国土空间优化的约束作用机制是本书理论应用的重要研究问题。国土空间规划中强调底线的约束，要求通过土地适宜性评价和资源环境承载力评价来为规划提供基本依据和参考，那么生态环境的保护理念是如何通过具体的量化模式嵌入规划的进程和实践中呢？本书重点以长江中游城市群为例展开分析。长江中游城市群是长江经济带中游地区社会经济发展较快的区域，是近年来土地利用变化较大的区域，同时也是生态环境保护的重点区域。该区域涉及中游地区的湖北省、湖南省和江西省，以长江为主要的连接轴，跨省域的资源配置和环境保护是实现区域可持续发展的关键问题。通过资源环境承载力和生态系统服务价值的定量计算来确定国土空间资源配置的结构性指标，并通过生态网络建设优化国土空间利用的布局，是生态环境保护对城市群区域国土空间优化约束机制的具体体现。

第四节　章节安排

针对长江经济带的主要生态环境问题以及流域生态保护、治理和修复的整体性、系统性和层次性特征，本书主要介绍了长江经济带自然地理、社会经济发展和土地利用概况，梳理了长江经济带生态环境保护的政策，从长江经济带范围内重点生态区的生态系统保护和修复着手，定量分析了重要山区的生物多样性保护综合指数和重要湖泊湿地的生态系统健康状况，同时以武汉城市圈和长江中游城市群为例，展开了跨行政区的流域生态环境保护建模、评价和分析工作，通过资源环境承载力、生态系统服务价值和流域生态网络建设实现对人类社会经济发展和自然生态系统保护耦合机制的分析，最后在相关定性和定量分析的基础上，提出长江经济带生态环境保护和绿色发展的对策建议，图 1-1 展示了本书的技术路线和章节安排。

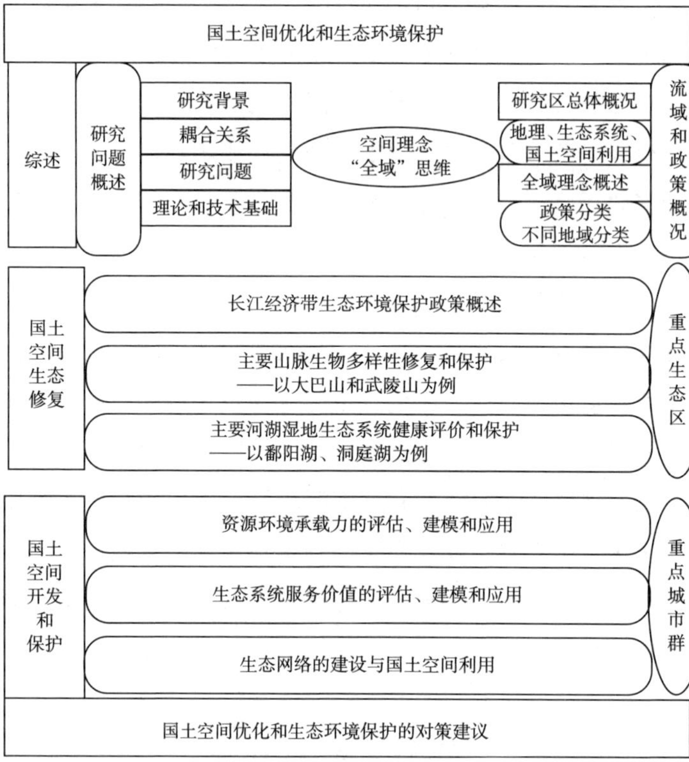

图 1-1　本书的技术路线和章节安排

本章小结

为深入贯彻习近平总书记生态文明建设重要战略思想，优化国土空间开发和保护格局，推动长江经济带生态环境保护与修复，不搞大开发，共抓大保护，走生态优先、绿色发展的道路，本书展开了理论联系实践，政策应用于实证的综合分析，为长江流域的国土空间优化和生态环境保护提供对策建议。

本章首先从国土空间优化下生态环境保护的研究背景和耦合关系展

开，指出生态环境保护是优化国土空间开发格局的约束条件，国土空间利用效率的提升是生态环境质量改善和提升的路径，国土空间生态修复模式的优化和生态环境保护是同步进行、相互依托的。同时提出本书主要的研究问题，包括国土资源与生态环境的“空间”理念如何对应和连接，长江经济带流域的国土空间优化如何服务于流域山川河流重要生态系统的保护，如何通过生态服务价值、资源环境承载力、生态网络建设等实现长江中游城市群的国土空间优化。本章系统阐释了本书的技术路线和章节安排，以“国土空间生态修复”与“国土空间开发和保护”为基本脉络，系统地介绍了国土空间优化和生态环境保护的政策背景、实践方法和优化路径。

第二章　国土空间优化的理论和技术基础

第一节　国土资源利用的“空间”理念剖析

一　空间溢出性

空间溢出在英文中被译为“spatial spillover”，溢出强调的是外溢的动作过程，空间溢出则主要针对这种外溢过程的空间路径，土地资源的空间位置特征和空间连续特征为空间溢出奠定了基础。阿罗、保罗罗默、卢卡斯等人最早提出了经济溢出效应、知识溢出效应和人力资本的溢出效应等。与资本、劳动力等生产要素相比，自然资源的溢出对空间的依赖更为明显，空间溢出的成本（Cost）和效益（Benefit）也具有一定的长期性、滞后性和隐蔽性特征。

二　空间外部性

空间外部性在英文中被译为“spatial externalities”，与溢出效应相比，外部性更强调非市场化影响下第三方所经历的受损和受益的结果。国土资源的空间外部性是由土地资产的公共物品属性和土地资源的空间属性所决定的。外部性的概念最早由马歇尔和庇古在20世纪初提出，用于描述生产和消费过程中对第三方福利所产生的有利或不利影响。近年来，国土资源在开发、利用和保护过程中所体现的空间外部性特征已在大量实证研究中得到验证，对空间外部性特征的有效利用也是优化国土资源配置的重要手段之一。

三　空间尺度性

空间尺度（Spatial Scale）是地理学中的常见概念，是空间单元大小的量度，在景观生态学中表现为空间粒度，在遥感中则通过空间分辨率的形式体现，国土资源的空间尺度是由不同研究范式下的空间聚合模式所决定的，与我国的行政区划体系、自然资源内在的空间覆盖和辐射范围密切相关。国土资源的空间尺度效应一方面表明了土地科学研究在空间上的尺度依赖特征，即不同的空间聚合模式下所提取的信息和归纳的结论会存在差异；另一方面也为土地科学研究在空间上的不确定性特征提供了理论基础。

第二节　国土空间优化的理论基础

一　可持续发展理论

自第二次世界大战以来，人类不断遭遇到全球性的人口膨胀、能源危机、资源过度消耗、环境严重污染、气候变化、荒漠化、生物多样性锐减以及失业、贫困、疾病、南北差异、全球安全等问题，引发了众多科学家、政治家、社会人士的极大忧虑。在此背景下，可持续发展理论和行动应运而生，成为全世界耳熟能详的显学（牛文元，2012）。可持续发展理论的出现大致可以追溯到 20 世纪 60 年代。1962 年，美国的卡逊女士出版的《寂静的春天》一书提出了人类应该与大自然的其他生物和谐共处，共同分享地球的思想（Carson，1962）。1980 年，《世界自然保护大纲》初步提出可持续发展的思想，强调“人类利用对生物圈的管理，使得生物圈既能满足当代人的最大需求，又能保持其满足后代人的需求能力”（IUCN and WWF，1980）。1987 年，世界环境与发展委员会（WCED）在题为“我们共同的未来”的报告中正式提出了可持续发展模式，并且明确阐述了“可持续发展”的概念及定义（WCED，1987）。进入 20 世纪 90 年代以后，可持续发展问题正式进入国际社会议程，《21 世纪议程》的签署代表着世界各国普遍接受了可持续发展理念与行动指南（方行明等，2017）。

可持续发展的理论核心紧密围绕两条基本主线。第一条主线：努力寻求人和自然的平衡，寻求人和自然的和谐发展以及人和自然关系的合理性成长，同时，我们必须把人的发展、资源的消耗、环境的退化和生态的协调紧紧联系在一起，这种关系体现了人和自然必须走和谐与协同进化的道路。第二条主线：努力实现人与人之间关系的协调，通过制度的保证、舆论的导向、伦理的规范、道德的感召、法治的约束、社会的公正、文化的熏陶等，人类活动的有效组织基本实现了人和人之间关系的和谐与公平（牛文元，2008；牛文元，2014）。布伦特兰报告（《我们共同的未来》）将其总结为："从广义来说，可持续发展战略旨在促进人与人之间以及人与自然之间的和谐。"（WCED，1987）归纳起来，全球可持续发展的宏大目标，从根本上体现了人与人、人与自然之间的总协调。有效协调人与自然的关系是保障可持续发展的物质基础，而保障人与人之间的和谐关系是实现可持续发展的有序组织和理性的体现（牛文元，2008；牛文元，2015）。

当前，地球环境正以人类从未经历的速度快速恶化，这对地球可持续发展提出了巨大的挑战。因此，可持续发展突出强调人类在发展的同时，要保持和维护环境系统满足人类长期需求的能力，尤其是有效保持和维护区域生态系统服务满足人类福祉需求的能力（邬建国等，2014）。在中国，随着人口压力、能源挑战、资源短缺、生态退化和环境污染等瓶颈约束的增大（Yang et al.，2020），如何积极转换增长方式来构建资源节约型和环境友好型社会，寻找一条符合中国特色的科学发展之路，成为当前和未来中国发展必须思考的核心问题。而国家可持续发展战略的整体构想，既从经济增长、社会进步和环境安全的功利性目标出发，也从哲学观念更新和人类文明进步的理性化目标出发，几乎全方位地涵盖了"自然、经济、社会"复杂巨系统的运行规则和"人口、资源、环境、发展"四位一体的辩证关系，并将此类规则与关系在不同时段或不同区域进行差异表达，包含在整个时代演化的共性趋势之中，具有坚实的理论基础和丰富的哲学内涵。我国政府面对实现其战略目标所规定的内容，根据国情和具体条件，规定了实施的方案和规划，从而组成一个完善的战略体系，在理论上和实证上寻求战略实施过程中的“满意解”（牛文元，2012）。

二　景观生态学理论

景观生态学最早于20世纪40年代，由德国生物地理学家C. Troll提出（Frolova，2019）。其定义有多种解释，能够被广大学者和专家认可的是在20世纪80年代，由Forman和Godron（1981）所提出的：景观生态学是研究自然中的河流、村庄、湿地、森林系统的异质性组合。今天其被应用于风景园林、城市规划、环境艺术设计等相关专业领域（Azevedo et al.，2020）。

景观生态学，是一门横跨自然和社会科学的综合学科，以景观为研究对象，从整体综合观点研究其结构（景观格局）、功能（生态过程）、发生演变规律（景观动态）及其与人类社会的相互作用，进而探讨景观优化利用与管理保护的原理和途径（彭建等，2004；Stanturf，2020；Sanderson，2020）。景观则是指地球表层一定空间范围内自然和人类要素的结构功能统一的地域综合体（彭建等，2004；彭建等，2020）。景观生态学关注景观的结构、功能和动态三个基本方面。景观结构，即景观组成单元的类型、多样性及其空间关系；景观功能是指景观结构与生态学过程的相互作用，或景观结构单元之间的相互作用；而景观动态指景观在结构和功能方面随时间推移发生的变化（吴健生等，2020）。三者之间相互依赖、相互作用。这正如其他生态学组织单元（如种群、群落、生态系统）的结构与功能是相辅相成的一样，结构在一定程度上决定功能，而结构的形成和发展又受到功能的影响（邬建国，2000）。

景观生态学研究的具体内容很广，而且常常涉及不同组织层次的格局和过程。比如，景观结构特征与生理生态过程、生物个体行为、种群动态、群落动态以及生态系统在不同时空尺度上的作用都属于景观生态学观察、研究的范畴（邬建国，2000）。值得强调的是，景观生态学与土地利用联系密切，它是实施土地可持续利用的重要理论基础之一。景观生态学属于宏观尺度生态空间研究范畴，其理论核心集中表现为空间异质性和生态整体性两方面（彭建等，2004；王军和钟莉娜，2017）。土地作为地表自然综合体，是一种特色鲜明的系统整体，具有突出的空间异质性，而生态整体性正是实现土地持续开发利用的有效途径之一。因此，土地可持续利用的研究内容涉及景观生态学的理论核心。

景观是由景观要素有机联系组成的复杂系统，含有等级结构，具有独立的功能特性和明显的视觉特征（彭建等，2015）。一个健康的景观生态系统不仅具有结构上的完整性，还必须实现功能上的连续性，即具有整体性。景观不仅是各景观元素的简单集合，还具有各组成部分所没有的特性。景观功能的整体性大于部分之和，是生态整体性基本思想的直观表述。按照景观生态学的生态整体性理论，土地就是一个综合的功能整体。土地可持续利用研究，要综合考虑土地利用的社会、经济和生态等要素，土地利用的特征并不能完全由组成要素的分析简单累积而来，应将土地利用系统放在区域持续发展的背景下，把握系统整体特征、明确土地利用目标、规划土地管理措施（彭建等，2004；李伟峰等，2011）。空间异质性是指生态学变量在空间分布上的不均匀性及复杂程度。景观是一个由异质景观要素所组成的镶嵌体，景观尺度上的空间异质性包括空间组成、空间构型和空间相关三方面的内容。异质性决定景观的格局多样性与生物多样性，是景观生态学的核心，一定范围内异质性的增强有助于提高景观的稳定性，有意识地增加和维持景观异质性有时是必要的（彭建等，2004；Peng et al.，2020）。在土地利用中，各组分之间具有明显的异质性特征，但又相辅相成、互相依存、相互制约，只有判明这些组分之间的相互关系才能维持、发展适合的空间异质性，实现区域土地利用的生态完整性（彭建等，2004；彭建等，2020；Dong et al.，2020）。因此，区域土地可持续利用的实质就是生态整体性的动态维持与空间异质性的持续构建。

三　土地集约利用

土地集约利用是相对于土地粗放利用而言的，可以分为农业土地集约利用和城镇土地集约利用两大部分。农业土地集约利用起步较早，是大卫·李嘉图等古典政治经济学家在地租理论中首先提出来的，他认为农地集约利用是指通过改进技术方法、加大生产资料投入等方式，以期在一定面积土地上获取更多收入的一种经营方式（Zeng et al.，2017b）。城镇土地集约利用的概念便由农地集约利用衍生而来，其研究源于德国经济学家杜能的《农业区位论》，书中通过对城市周围农业用地类型分布特点进行研究，提出同心圆布局原理，同时将区位因素与土地集约利用研究相结合，得出农业用地的集约度应根据区位地租也就是距市场的远近进行合理配置的结论（王鹏飞和徐文萍，2015）。

无论农业还是城镇土地的集约利用，其所强调的“集约”是一个相对的、动态的概念，主要包括两个方面。一方面是土地利用的高效化，指一定时期内，在一定生产力水平条件下，土地利用实现最小投入、最大产出的过程。这里的投入不仅指土地本身的投入，还包括人们附加在土地上的投入，即生产资料（资金、技术、劳动力、资源等）在土地上的有效配置和非生产资料（水、空气、生态环境、人居空间等）在土地上的投入。另一方面是土地利用的集约化，是指生产要素和非生产要素在土地上的集中投入与节约利用（王群等，2017；赵鹏军，2018；Yang et al.，2020）。土地集约利用的内涵主要包括：土地布局的紧凑化、土地利用结构的合理化、土地利用的高密度、土地产出的高强度、土地利用功能的综合化、土地利用的充分化、土地开发的成片化（赵鹏军，2018）。事实上，随着社会、科技、经济的发展，人们改造自然和利用自然的能力在不断增强，致使不同时期内有不同的土地利用集约度；在同一时期不同地域、不同客观条件背景影响下也会产生不同的土地利用集约度。因此，土地集约利用的科学内涵并不是一味地寻求最高的土地开发强度，而应是探索最优或最佳的集约度，使得土地利用的经济效益与环境效益、社会效益相统一（刘耀林等，2019；Zeng et al.，2020）。

国外对于城镇土地利用的相关理论研究较多，其中欧洲所推崇的“紧凑型发展”、美国所提出的“精明增长”等可持续发展思想和现代城市规划理念的核心价值与土地集约利用的内涵在本质上异曲同工（欧阳志云等，2015）。在中国，党中央、国务院高度重视土地资源集约利用，土地集约利用是中国新型城镇化战略的核心内容之一。中共十八大报告中提出优化国土空间开发格局，促进生产空间集约高效、生活空间宜居适度、生态空间山清水秀。新型城镇化战略提出将“存量优先”作为中国空间发展的新原则。国土资源部于 2014 年发布了《节约集约利用土地规定》，针对土地管理面临的新形势，充分借鉴和吸收地方成功经验，对节约集约利用土地的制度进行了归纳和提升，将土地集约利用上升为国家战略（Yan et al.，2017；Zeng et al.，2017b；赵鹏军，2018）。2018 年末，随着国家机构改革的落地，各类“空间”规划被整合形成“国土空间规划”，要求各级政府合理配置区域内、区域间国土开发行为的数量、空间和时序结构，加强跨行政区（城市群）的一体化空间谋划，实现国土空间开发合理有序和高效集聚，推进国土空间利用效率的提升（赵鹏军，2018；岳文泽和王田雨，2019）。综合来看，新时代背景下的土地集约利用，需严格控制城镇建设用地规模、合理控制城镇开发边界、优化城市内部空间结构，以促进城市紧凑发展，提高国土空间利用效率（方创琳和马海涛，2013；Xie et al.，2020）。

第三节　国土空间优化的技术手段

一　空间分析技术方法

空间分析是利用空间数据，通过地理空间分析的理论、技术和方法，针对地理空间现象展开的定量研究，挖掘地理要素之间的关系，揭示地理过程和特征的内在规律和变化机理，实现对地理空间信息的认知、解释、预测和调控。

（一）空间分析的常用工具

常见的空间分析技术方法包括空间量算、缓冲区分析、叠加分析、网络分析、空间统计分析、密度分析、距离分析、提取分析、综合分析、插值分析、领域分析、表面分析等内容。比如将收集的数据导入 ArcGIS，利用地理统计分析工具（Geostatistical Analyst Tools）中的趋势分析工具

（Trend Analyst Tools）对各城市的房价整体空间趋势进行分析；利用空间分析工具（Spatial Analyst Tools）中的距离分析工具（Distance Analyst Tools）计算数据之间的欧氏距离（Euclidean Distance），从而得到空间数据处理源数据等。

（二）探索性空间数据分析方法

自 Cliff A 在《空间自相关》中对空间统计学中的地理单元彼此存在相互联系并能互相影响进行了相关的描述后，探索性空间数据分析（Exploratory Spatial Data Analysis，ESDA）成为一种用于探索与地理有关的要素在空间上的分布特征的技术手段，并且已经在各个领域得到广泛应用（陈彤彤和黄耀裔，2016）。但是进行 ESDA 需要将空间自相关作为前提条件，在使用空间计量方法前，研究者应该首先考察研究数据是否存在空间交互作用，如果不存在，则直接使用标准的计量方法（陈强，2014）。莫兰指数是度量空间自相关最为流行的算法，其具体公式如下：

$$I = \frac{\sum_{i=1}^{n}\sum_{j=1}^{n} w_{ij}(x_i - \bar{x})(x_j - \bar{x})}{S^2 \sum_{i=1}^{n}\sum_{j=1}^{n} w_{ij}} \tag{2-1}$$

$$S^2 = \frac{\sum_{i=1}^{n}(x_i - \bar{x})^2}{n} \tag{2-2}$$

其中，S^2 为样本方差，w_{ij}为空间权重矩阵的（i，j）元素（用来度量区域 i 与区域 j 的距离），$\sum_{i=1}^{n}\sum_{j=1}^{n} w_{ij}$ 为所有空间权重之和。莫兰指数 I 的取值通常在-1 到 1 的范围内，若莫兰指数 I 值大于 0，则表示空间交互作用为正自相关，即高值与高值相邻、低值与低值相邻；若莫兰指数 I 值小于 0，即说明高值与低值相邻。如果莫兰指数 I 值接近于 0，则表明空间分布是随机的，不存在空间自相关。

以上的莫兰指数是全局莫兰指数，用以考察整个空间序列 $\{x_i\}_{i=1}^{n}$ 的空间聚集情况。该指数基于统计学相关系数的协方差关系推算，是对属性值在整个区域的空间特征的描述，反映了空间邻接区域单元属性值的相似程度（陈彤彤和黄耀裔，2016）。若使用局部莫兰指数，即可知道某区域附近的空间聚集情况。局部莫兰指数的公式如下：

$$I_i = \frac{(x_i - \bar{x})}{S^2} \sum_{j=1}^{n} w_{ij}(x_j - \bar{x}) \tag{2-3}$$

但是莫兰指数并非唯一的空间自相关指标，较为常用的还有吉尔里指数和 Getis-Ord 指数。

此外，观测单元之间的空间效应是探索性空间数据分析中的核心内容，其最直接的表达方式便是空间权重矩阵，它是空间相关性的概念化描述，也是建立空间计量模型的基础和前提。现有使用的空间权重矩阵主要包括：最简单的空间权重矩阵是 Moran 和 Gary 基于空间单元地理邻接关系所构建的 0、1 空间邻接矩阵；基于随地理距离增加而逐渐衰减的现象，将地理距离的倒数作为权重的反距离矩阵。空间权重矩阵是衡量区域空间效应的重要变量，它的构建能够直接决定空间定量分析是否准确以及是否有效。因此，在进行空间分析时，科学合理地构建空间权重矩阵对准确考察区域经济问题并对其进行合理有效的分析研究具有重大意义。空间权重矩阵的构建从邻接关系分析到使用地理距离再到引入经济因素，构建的方式逐渐向多元化发展，并日趋精准。国内学者将空间权重矩阵应用于经济、人口和污染等方面，极大地扩展了空间计量学的应用空间。但是，以上三种空间权重矩阵都具有自身的局限性，前两种地理权重矩阵仅考虑了空间单元的地理区位，无法完全体现区域间社会因素的相互作用，因此该矩阵的建立结果是静态的。而经济矩阵仅考虑了空间单元间经济要素的“空间关系”，却忽略了产生空间互动关系中最本质的地理空间概念，矩阵的结果会随时间的变化而产生变化。

（三）空间计量经济学模型

空间计量经济学作为计量经济学的一个分支，是以地理信息系统和空间统计学等学科为基础，对不同地理单位之间的空间互动效应进行研究的一门交叉学科。由于地理空间数据具有空间依赖关系，其在空间分布上呈现出集聚性和较强的结构性，传统的数据分析方法不能有效地分析出数据间的自相关性以及不能很好地对数据进行预测和回归，因为传统的方法在分析过程中往往忽略了空间数据之间的相互关联性。因此需要在经典回归模型的基础上加以改造，考虑空间单元间的互动关系。关于空间效应，Luc Anselin（1988a）认为空间效应包括空间相关性与空间异质性，并且空间溢出效应是空间相关性产生的原因之一。之后，Lesage 和 Pace 对空间溢出效应做出具体的概念界定：空间溢出效应是指某一空间单元的某个变量发生变化所产生的空间影响，是空间计量模型估计中最重要的内容。因此，所谓的空间效应是指空间数据在空间上所存在的具体形态特征，其中空间溢出效应是产生空间效应的重要原因之一，可用于度量单个区域某变量变化所产生的空间影响。空间效应的空间模型主要包括空间滞后模型、空间误差模型、空间杜宾模型及地理加权回归模型等。

空间计量学（Spatial Econometrics）正式起源于 20 世纪 70 年代初，这个术语最开始用于指代方法论中的截面多地区经济学模型中与相互依赖性有关的方面。它的发展和应用最初主要由欧洲科学家和应用经济学家推动，后期由于空间互动相关理论的发展和 GIS 等技术的进步，近年来将空间分析运用于经济学和社会科学领域的研究越来越多（Luc，2006b）。Luc Anselin 认为，至 20 世纪 80 年代末，空间计量领域日趋成熟，人们开始重点关注那些针对估计量和检验统计量性质的更为正式严谨的证明方法（例如，发展了大批的专门规律和中心极限定理），并引入了新的方法（例如，LM 统计量、GMM 估计、贝叶斯技术），将面板数据和离散选择模型纳入研究考虑，更加关注空间计量的计算方面（Luc，1988a）。到目前为止，空间计量学在房地产经济学、环境经济学、公共经济学以及区域经济学的实证研究中均得到了广泛应用。空间计量从过去的一种案例研究变成如今一种公认的工具（Luc，2006b）。Mehebub Sahana 等学者利用 1990~2000 年和 2000~2015 年的城市蔓延矩阵，分析了印度加尔各答城市群的城市空间格局和城市增长趋势，结合 1990 年、2000 年和 2015 年的 Landsat TM 和 Landsat 8 OLI 卫星数据评估土地覆盖变化、城市土地转型、城市空间格局和城市增长趋势（Mehebub et al.，2018）。前人研究均为本研究提供了坚实的理论和实践基础。Chen Zeng 等学者基于行政地位对土地集约利用的空间影响的假设，建立了我国土地集约利用的框架，并对其进行了动态探索，总结了不同行政级别（即市区、郊区、县、县级市和区）土地利用强度的差异，并设计了多策略的空间模型，在它们中嵌入不同的空间权重矩阵（Zeng et al.，2017b）。

二 遥感地理信息技术

近年来，以遥感地理信息系统和全球定位系统为代表的“3S”技术和产业迅猛发展，为国土资源的调查和评价，以及生态环境的监测提供了强有力的技术支撑。遥感信息技术也是本书的核心基础技术之一。遥感地理信息技术为自然资源管理提供了数据获取、数据分析、数据管理的有效手段，提升了数据获取、数据分析、数据管理的信息化水平。遥感地理信息系统产业在上游的基础设施设备、中游的数据处理及应用，以及下游的消费和应用上得到了全面发展和提升。本节将从遥感卫星影像的数据类型、遥感地理信息数据处理的仪器和软件平台，以及遥感地理信息技术在自然资源监测与管理中的应用三个方面展开叙述。

从遥感卫星影像的数据类型上来看，目前按照主动和被动成像方式遥感卫星可以分为光学卫星和雷达卫星两类，其中光学卫星影像数据是国土资源调查和评价过程中广泛采用的影像数据。目前遥感卫星及其产品逐渐呈现出多平台、多传感器、多角度、高空间分辨率、高光谱分辨率、高时间分辨率的特征。美国的 LandSat 卫星和 SPOT 卫星作为中高分辨率遥感影像数据的搭载平台，在过去 20~30 年为全球资源环境调查提供了重要的基础数据。过去 10 年高分辨率影像数据得到了快速发展，美国的 Worldview3，Worldview2，Geoeye，Worldview1 数据，法国的 Pleiades 和 SPOT6 数据，以及国产卫星资源三号、高分一号、高分二号遥感影像数据得到了快速发展和应用。

遥感地理信息数据处理的仪器和软件平台除了有遥感卫星、传感器、无人机及其他载荷，以及配套的 IT 基础设施外，具体还包括大型服务器、工作站、磁盘阵列、GPS 卫星接收机、水准仪、全站仪等硬件设备和仪器。在软件平台方面，ArcGIS，MapGIS，ENVI-IDL，ERDAS IMAGE 等地理信息系统、航空摄影测量、数据库管理、遥感图像处理分析等各类软件，以及研究者们根据需求自主二次开发的软件、系统和平台，可充分满足遥感地理信息系统研究的需要。

遥感地理信息技术在自然资源监测与管理中的应用主要可以分为大尺度的宏观应用和小尺度的微观应用两个方面。在大尺度的宏观应用方面，遥感地理信息数据已为全球土地利用与地表覆盖变化、水体生态质量、空气质量、生物多样性监测等提供了广泛数据，并应用在地理、国土、生态等多个学科领域。同时，我国的遥感地理信息大数据也已广泛应用于国土空间的监测和评价项目中，快速动态地实现了土地利用现状监测。在小尺度的微观应用方面，基于无人机技术的小范围高精度的信息调查，遥感地理信息技术能够在全域国土综合整治、城乡建设用地增减挂钩等项目中得到广泛应用，提升小尺度自然资源调查项目的精度和效率，能够带来较大的社会经济效益。

三　大数据的信息提取与应用

大数据（Big Data）是信息爆炸时代产生的海量数据，从传统意义上来说是IT行业术语，逐渐变成了学术界、商界和政府利用庞大的数据资源开始量化进程的重要技术手段，其具体含义是无法在一定时间范围内用常规软件工具进行捕捉、管理和处理的数据集合，是需要新处理模式才能具有更强的决策力、洞察发现力和流程优化能力的海量、高增长率和多样化的信息资产。大数据有容量大、多样性、高速、低价值密度等特征，具体来看：①容量大，大数据的数据体量十分庞大；②多样性，大数据囊括了各领域各方面，数据种类繁多；③高速，大数据每时每刻都在变化，数据量的增长十分迅速；④低价值密度，由于数据量和数据类型的庞大，有用的价值信息就会相对降低。如何在大量并且高速的数据中挖掘出对生活和科学有用的信息，需要不断改进传统的数据处理方法。

大数据种类繁多，包括传统企业数据、电子设备传感数据、社交网络数据、遥感地理信息数据等。传统企业数据包括CRM（Costomer Relationship Management）的消费者数据、传统的ERP（Enterprise Resource

Planning）数据、库存和账目数据等。电子设备传感数据包括手机信令数据、呼叫数据、工业设备传感器数据等。社交数据则包括基于用户的行为记录和反馈数据等，比如国内的微信和微博社交媒体平台数据，国外的Facebook 和 Twitter 社交媒体平台数据。遥感地理信息数据则由于其多时相和高空间分辨率的特征，逐渐成为大数据新的主要形式之一。事实上，我们现实生活中大部分信息包含着时间信息和地理空间位置信息。其中空间位置信息不仅反映出人们的生活轨迹，对于固定的建筑及场所也反映出了社会经济关系等方面特征，例如兴趣点（Point of Interest，POI）和手机信令数据等能够真实反映人类活动的用地空间。在资源调查与评价领域，社交媒体数据、POI 数据、网络大数据等在资源调查与评价中已经开始受到重视，既可以弥补遥感数据难以表达社会经济属性的不足，又可以从微观的角度开展自然资源利用评价，还可以很好地服务于自然资源资本化评估。

大数据技术主要包括大数据采集、预处理、存储、分析和挖掘等技术。在大数据采集方面，主要包括数据库采集、网络数据采集和文件采集等方式。在大数据预处理方面，主要包括数据清理、数据集成、数据转换和数据规约等部分。在大数据存储方面，则主要包括基于 MPP 架构的新型数据库集群，基于 Hadoop 的技术扩展和封装以及大数据一体机三种典型路线。最后在大数据分析和挖掘方面，需要通过可视化分析、数据挖掘算法、预测性分析、语义引擎和数据质量管理对海量数据进行萃取、提炼和分析。目前，大数据技术在国民经济各行业中得到了广泛应用，显示出了巨大的应用前景。

本章小结

本章从国土资源利用的“空间”理念、国土空间优化的理论基础以及国土空间优化的技术手段三个方面阐释了国土空间优化的理论和技术基础。在“空间”理念的剖析方面，重点阐释了空间溢出性、空间外部性和空间尺度性。从可持续发展理论、景观生态学理论和土地集约利用三个方面介绍了国土空间优化的理论基础。从空间分析技术方法、遥感地理信息技术和大数据的信息提取与应用三个方面阐释了国土空间优化的技术手段。

参考文献

[1] 陈强:《高级计量经济学及 Stata 应用》(第二版),高等教育出版社,2014。

[2] 陈彤彤、黄耀裔:《分析不同空间权重矩阵对海西经济区经济空间统计的影响》,《商丘师范学院学报》2016 年第 12 期,第 67~71 页。

[3] 方创琳、马海涛:《新型城镇化背景下中国的新区建设与土地集约利用》,《中国土地科学》2013 年第 7 期,第 4~9、2 页。

[4] 方行明、魏静、郭丽丽:《可持续发展理论的反思与重构》,《经济学家》2017 年第 3 期,第 24~31 页。

[5] 李伟峰、欧阳志云、肖燚:《景观生态学原理在城市土地利用分类中的应用》,《生态学报》2011 年第 3 期,第 593~601 页。

[6] 刘耀林、郝弘睿、谢婉婷、王保顺:《基于生态系统服务价值的土地利用空间优化》,《地理与地理信息科学》2019 年第 1 期,第 69~74、1 页。

[7] 牛文元:《可持续发展:从行动到科学》,《中国环境管理》2015 年第 5 期,第 100 页。

[8] 牛文元:《可持续发展理论内涵的三元素》,《中国科学院院刊》2014 年第 4 期,第 410~415 页。

[9] 牛文元:《可持续发展理论的内涵认知——纪念联合国里约环发大会 20 周年》,《中国人口·资源与环境》2012 年第 5 期,第 9~14 页。

[10] 牛文元:《可持续发展理论的基本认知》,《地理科学进展》2008 年第 3 期,第 1~6 页。

[11] 欧阳志云、李小马、徐卫华、李煜珊、郑华、王效科:《北京市生态用地规划与管理对策》,《生态学报》2015 年第 11 期,第 3778~3787 页。

[12] 彭建、吕丹娜、董建权、刘焱序、刘前媛、李冰:《过程耦合与空间集成:国土空间生态修复的景观生态学认知》,《自然资源学报》2020 年第 1 期,第 3~13 页。

[13] 彭建、吕慧玲、刘焱序、陈昕、胡晓旭:《国内外多功能景观研究进展与展望》,《地球科学进展》2015 年第 4 期,第 465~476 页。

[14] 彭建、王仰麟、刘松、吴健生、李卫锋:《景观生态学与土地可持续利用研究》,《北京大学学报》(自然科学版)2004 年第 1 期,第 154~160 页。

[15] 王军、钟莉娜:《景观生态学在土地整治中的应用研究进展》,《生态学报》2017 年第 12 期,第 3982~3990 页。

[16] 王群、王万茂、金雯:《中国城市土地集约利用研究中的新观点和新方法:综述

与展望》,《中国人口·资源与环境》2017 年第 S1 期,第 95~100 页。

[17] 王鹏飞、徐文萍:《村级尺度下土地集约度因素分析——以山东省东老庄村为例》,《地理研究》2015 年第 6 期,第 1088~1096 页。

[18] 邬建国、何春阳、张庆云、于德永、黄甘霖、黄庆旭:《全球变化与区域可持续发展耦合模型及调控对策》,《地球科学进展》2014 年第 12 期,第 1315~1324 页。

[19] 邬建国:《景观生态学——概念与理论》,《生态学杂志》2000 年第 1 期,第 42~52 页。

[20] 吴健生、王仰麟、张小飞、彭建、刘焱序:《景观生态学在国土空间治理中的应用》,《自然资源学报》2020 年第 1 期,第 14~25 页。

[21] 岳文泽、王田雨:《资源环境承载力评价与国土空间规划的逻辑问题》,《中国土地科学》2019 年第 3 期,第 1~8 页。

[22] 赵鹏军:《土地集约利用对可持续城市交通的作用:基于国际文献理论分析》,《城市发展研究》2018 年第 9 期,第 108~116 页。

[23] Anselin, L. (2016a). Spatial data science. *International Encyclopedia of Geography: People, the Earth, Environment and Technology*, 1-6.

[24] Azevedo, J. C., Luque, S., Dobbs, C., Sanesi, G., & Sunderland, T. C. (2020). The ethics of isolation, the spread of pandemics, and landscape ecology.

[25] Carson, R. (1962). Silent Spring. Boston et Cambridge.

[26] Dong, J., Peng, J., Liu, Y., Qiu, S., & Han, Y. (2020). Integrating spatial continuous wavelet transform and kernel density estimation to identify ecological corridors in megacities. *Landscape and Urban Planning*, *199*, 103815.

[27] Forman, R. T., & Godron, M. (1981). Patches and structural components for a landscape ecology. *BioScience*, *31* (10), 733-740.

[28] Frolova, M. (2019). From the Russian/Soviet landscape concept to the geosystem approach to integrative environmental studies in an international context. *Landscape Ecology*, *34* (7), 1485-1502.

[29] International Union for Conservation of Nature, & World Wildlife Fund. (1980). *World conservation strategy: living resource conservation for sustainable development*. Gland, Switzerland: IUCN.

[30] Kenneth J. Arrow, Economic Welfare and Allocation of Resource for Invention, in Nelson, R.R. (ed.), The Rate and Direction of Inventive Activity, NBER, Princeton. 1962.

[31] Li, Y., Li, Y., Karácsonyi, D., Liu, Z., Wang, Y., & Wang, J. (2020). Spatio-temporal pattern and driving forces of construction land change in a poverty-stricken county of China and implications for poverty-alleviation-oriented land use policies. *Land Use Policy*, *91*, 104267.

[32] Mehebub Sahana, Haoyuan Hong, Haroon Sajjad. Analyzing urban spatial patterns and trend of urban growth using urban sprawl matrix: A study on Kolkata urban agglomeration, India [J]. Science of the Total Environment, 2018, 628-629.

[33] Luc Anselin. Methods and Models [M]. Kluwer Academic Publishers, 1988a.

[34] Luc Anselin. Spatial econometrics in RSUE: Retrospect and prospect [J]. Regional Science and Urban Economics, 2006b, 37 (4).

[35] Lucas, R. On the Mechanics of Economics Development. Journal of Monetary Economics, 1988, 22: 3-42.

[36] Peng, J., Hu, Y., Dong, J., Liu, Q., & Liu, Y. (2020). Quantifying spatial morphology and connectivity of urban heat islands in a megacity: A radius approach. *Science of The Total Environment*, *714*, 136792.

[37] Romer, P. M. (1986). Increasing returns and long-run growth. *Journal of Political Economy*, 94 (5), 1002-1037.

[38] Sanderson, J. (Ed.). (2020). *Landscape ecology: a top down approach*. CRC Press.

[39] Stanturf, J. A. (2020). Landscape degradation and restoration. In *Soils and Landscape Restoration* (pp. 125-159). Academic Press.

[40] WCED, U. (1987). Our common future. Oxford; New York: Oxford University Press.

[41] Xie, H., Zhang, Y., Zeng, X., & He, Y. (2020). Sustainable land use and management research: A scientometric review. *Landscape Ecology*, 1-31.

[42] Yan, J. M., Shen, Y., Xia, F. Z., 2017. Differentiated optimization of sustainable land use in metropolitan areas: A demarcation of functional units for land consolidation. *Sustainability*, 9 (8), 1356-1375.

[43] Yang, J., Zeng, C., & Cheng, Y. (2020). Spatial influence of ecological networks on land use intensity. *Science of The Total Environment*, *717*, 137151.

[44] Zeng, C., Zhang, A., Liu, L., Liu, Y., 2017b. Administrative restructuring and land-use intensity—A spatial explicit perspective. *Land Use Policy*, 67, 190-199.

[45] Zeng, Y., Bi, C., Jia, J., Deng, L., & Chen, Z. (2020). Impact of intensive land use on heavy metal concentrations and ecological risks in an urbanized river network of Shanghai. *Ecological Indicators*, 116, 106501.

第三章　区域生态环境保护的“全域”思维

针对长江经济带面临的主要生态问题以及长江经济带生态环境保护的主要任务，本书重点考虑从流域尺度上开展生态环境的治理、修复和保护措施，强调生态环境保护中的“全域”思维，这种“全域”思维主要体现在全要素（“山、水、林、田、湖、草”全生态要素）、全流域（跨行政区的流域范围）、全部门（多个行政部门的协同）和全领域（涵盖多个学科领域）四个方面（见图 3-1）。

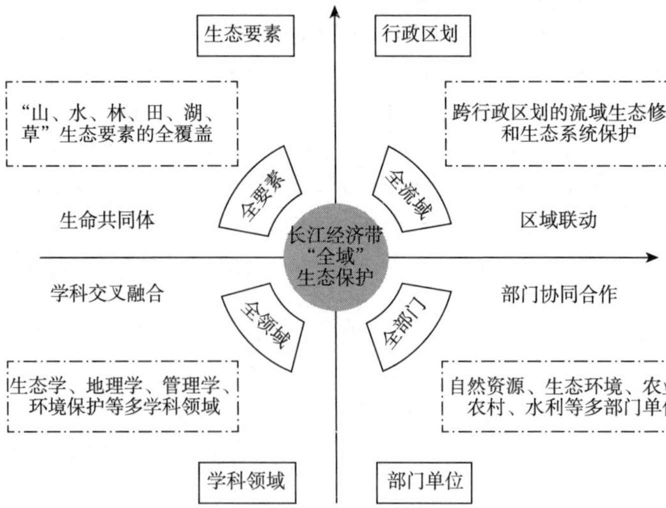

图 3-1　长江经济带生态环境保护和绿色发展的“全域”理论框架

第一节　“山、水、林、田、湖、草”生态要素的全覆盖

长江经济带全长6300多千米，长江上下游、干支流、左右岸和水陆之间关系错综复杂，保持生态系统完整性的难度较大，在保护、修复和治理的过程中需要坚持“山、水、林、田、湖、草”生命共同体的思维模式，遵循自然生态系统演替规律和内在机理，注重各类生态要素的全覆盖保护。首先，“山、水、林、田、湖、草”全生态要素的保护模式应该通过统筹长江上、中、下游的开发建设模式来体现。从总体来看，目前长江下游经济发展繁荣发达，中游次之，上游相对贫穷（黄真理等，2017）。长江上游水电开发强度大，而中、下游沿岸两侧10千米范围内建设用地已占用地总量的35.6%，生态空间不断被挤占，导致河流连通性降低、生态系统割裂，生产、生活和生态空间相互交错、相互影响，开发和保护的难度同时加大（高吉喜，2016）。长江沿线各省份在“十四五”期间社会经济发展模式必会产生一定的差异，资源利用和开发建设强度也会不同，因此对生态系统造成的压力也会不尽相同，需要在支持社会经济发展的同时，加强对长江经济带的统筹开发，形成系统性的产业布局，从人类社会经济发展层面体现长江经济带协调发展的理念，控制人为因素对自然生态系统原真性、完整性的干扰（彭智敏，2016）。其次，对长江经济带生态资源禀赋特征和生态系统特征的把握以及对流域重要生态问题的诊断是实现“山、水、林、田、湖、草”全域生态系统保护和修复的基础。《长江经济带生态环境保护规划》中提出，长江经济带的保护需要以长江干支流为经脉，以山、水、林、田、湖、草为有机整体，统筹水陆、城乡、江湖、河海，统筹上中下游，统筹水资源、水生态、水环境，构建区域一体化的生态环境保护格局，系统推进大保护（杜雯翠和江河，2017）。长江经济带拥有大江、大湖、大山、大水库，森林植被、湖泊湿地的保护需要山水相依，系统修复，针对重点生态区的生态系统保护、修复和治理，均是以保护优先、自然恢复为主，注重自然地理单元的连续性、完整性和物种栖息

地的连通性，这样才能真正改善和提高生态系统水源涵养、水土保持、气候调节等生态系统服务功能（姚莉，2017）。

第二节　突破行政区划的区域联动策略

长江经济带涉及长江沿线的11个省市，行政区划所带来的利益分割和管理体制差异是实现流域生态环境保护的难点。在我国“省—市—县—乡镇”的行政区划体系下，行政边界效应明显，长江经济带涵盖县市较多，上游、中游、下游的社会经济发展程度和自然资源的开发利用差别较大，各个行政单元的利益诉求不尽相同（杜雯翠和江河，2017），行政区之间的统筹协调发展难度较大。要打破行政区划壁垒，实现跨行政区流域的生态环境保护机制，需要创新流域综合管理模式，以完整自然地理单元内部相似性、互补性、整体性、系统性特征为基础，形成跨行政区流域综合治理的平台，挖掘保护监督、合作共赢、互补互利、协调发展的新途径。对生态环境空间外溢性的认识是实现流域生态系统完整性保护的重要基础。长江流域生态系统的整体性使得流域上下游各地区形成事实上的共生关系，而流域内各省份地理位置依次相连是其共生体形成的地理条件（Zeng et al.，2017；汤学兵，2019；Yang et al.，2020）。生态环境的破坏和保护均具有明显的外部性特征，流域沿岸各地区之间生态环境紧密相连，某一地区污染物排放的增多必对相邻区域产生不利影响，上游加强环保，下游则更容易获得收益（肖金成和刘通，2017）。产业布局、市场培育、交通发展、技术交流等带来的生产要素流动是长江经济带实现全流域生态环境保护的重要手段。随着市场一体化进程的加快，高速公路和高速铁路等交通基础设施的完善，生态、环保、节能、减排等技术的提高，区域之间以邻为壑的空间格局已经发生了较大变化，长江经济带的经济发展已经呈现出以点带面、点轴化和网络化的发展趋势。比如长江上游地区需要因地制宜地促进产业价值链的整体提升，严格禁止污染型产业、企业向该地区转移，同时可以与中下游地区共建产业园区，共同拓展“一带一路”沿线国家的市场和发展空间，实现利益共享（黄真理等，2017）。流域生态环境综合保护和综合治理机制是长江经济带流域生态环境保护的重要路径。在充分认识我国行政区划的空间分割特征、生态环境变化的空间外溢性，以及生产要素流动所带来的资源配置效率变化的基础上，需要进一步客观评估流域生态保护措施对各个行政区社会、经济和生态效益的影响，深入探索建立长江干流上中下游地区、支流上中下游地区、相邻省市、受益地区和生态保护地区等之间的横向生态补偿机制（肖金成和刘通，2017）。同时在这个过程中利用经济手段和信息化技术，一方面通过扩大排污权交易、吸收国外环保投资、基金上市融资和发行生态福利彩票等方式来筹集资金设立绿色基金，强化绿色信贷产品、服务和融资模式创新；另一方面构建上下游产业与企业绿色发展系统，建立企业信用信息资料库，建立企业环境管理体系（曾刚等，2018）。

第三节　多部门协同下的综合保护

长江经济带生态环境保护的全要素、跨行政区的特征决定了多部门协同参与的必要性和重要性。事实上，早在 2005 年交通部就牵头沪、苏、皖、赣、鄂、湘、渝、川、滇 7 省 2 市在北京签订了《长江经济带合作协议》，2012 年国务院又批复长江水利委员会牵头编制了《长江流域综合规划（2012—2030）》。但是由于多部门之间缺乏协调，这些规划实施的难度较大，效果不明显（王丰龙和曾刚，2017）。在长江经济带自然生态保护地（区）的管理过程中，由于空间上交叉重叠的现象较为严重，且分属多个部门管理，各管理部门分别制定不同的管理制度、措施、标准和技术规范，彼此难以协调，并且生态保护红线的很多相关数据分散在国土、建设、农林、水利、海洋等多个行业主管部门，生态红线划定的综合分析和具体落地工作存在很大困难（高吉喜，2016）。在污染治理的过程中，在功能规划、水质监测、水量调配、污染物总量控制和纠纷调处等方面，环保部门和水利部门之间存在机构设置上的重叠和职能分配上的冲突。比如在长江经济带农业面源污染的治理过程中，农业部门负责农业生产投入端的污染控制（农药化肥减量、畜禽粪污资源化利用等），环保部门负责农村污水、垃圾等治理设施的建设，住建和住建部门部门负责公共厕所的改造，卫生部门负责户用厕所的改造等，多部门需要形成治污的合力，才能有效解决水体的面源污染问题（殷培红等，2019）。在利用绿色经济责任审计的过程中，亦需要多部门、跨区域、多中心合作治污（黄溶冰和赵谦，2010）。生态保护与经济协调发展是一个涉及多要素共同管理的复杂巨系统，长江经济带的资源利用、开发保护与修复治理工作需要多地区、多部门间的统筹协作、综合决策（王维，2018）。比如推动水利部、交通运输部合作机制向基层延伸、向纵深扩展，开展常态化的联合巡查工作，推动苏沪、皖苏、鄂赣皖、湘鄂、川渝建立省际边界河段的联动协作机制，开展省际边界水域联合执法，形成采砂管理联防联控管理格局（马建华和夏细禾，2018）。其实，长江经济带“共抓长江大保护”的战略方针本身暗含着对流域整体性的综合管理与保护目的，旨在实现更大程度、更大范围的多部门参与及协同保护，以应对部门分割、多头管理、“九龙治水”现象，理顺流域综合管理的“统”与各部门各地方协同治理的“分”之间的关系，实现流域生态环境保护从碎片化向系统整体化的转变，以促进长江经济带的区域均衡发展和流域生态系统的健康发展（庄超和许继军，2019）。

第四节　学科交叉融合下的方法创新

长江经济带的生态环境保护是一项复杂的系统工程，涉及生态学、地理学、管理学、环境科学等多个学科领域的内容，需要多学科交叉融合的思维方式和实现手段。在“生态—地理—环境”的交叉融合方面，地理学作为研究地理要素和地理综合体的空间分异规律、时间演变过程及区域特征的学科，为生态环境的保护和修复提供了基础（刘焱序等，2018）。在自然地理要素和生态原理、模型的融合方面，生态水文成为探讨变化环境下水文过程对生态系统结构与功能影响以及生物过程对水循环要素影响的重要交叉学科，涵盖了森林、草地、湿地、农业、河流湖库及城市等多种生态系统（夏军等，2020）。从长江经济带环境污染监测和评价体系构建上来看，环境和地理学科的交叉融合成为开展城市黑臭水体的专项研究、流域水生态承载力综合研究的重要手段（陈国磊等，2019）。在河湖生态特征因子的互作互馈机制方面，生态水文、生态水力、水生态修复、生态需水量、水体连通性等均体现了生态—地理—环境多学科深度交叉融合（杨文俊等，2019），特别是在跨区域生态环境的治理方面，多学科交融的视角对探索跨区域自然生态问题的成因及保护措施，促进自然生态环境的健康发展具有重要作用（唐学军和陈晓霞，2019）。在“生态环境保护—管理—发展”的交叉融合方面，土地资源管理、水利工程、行政管理、经济管理等相关领域的知识为长江经济带生态环境保护提供了实践基础。长江经济带是我国在深化体制改革，推进区域协调发展过程中重点布局的地区（刘秉镰等，2020）。在生态文明建设和高质量发展要求下，国土空间作为自然资源的基本载体和根本保障，为了实现更科学有序的国土空间管控，推动长江经济带绿色可持续发展，其本身就应加强经济学、地理学、统计学、生态环境学等多学科的综合运用（金志丰等，2019）。在土地资源要素与生态环境保护的融合方面，国土空间利用过程、土地经济理论以及国土空间利用的时空特点等为构建生态保护红线研究的框架体系提供了理论和实践路径（Zeng et al.，2017；姚岚等，2019）。在长江经济带水资源的保护方面，水环境监测技术、流域水资源保护规划、大型水工程环境影响评价、技术标准体系等均涉及经济社会的方方面面，需要研究的问题很多，需要多学科交叉（穆宏强，2018）。在面向服务国家战略需求的学科发展导向下，加强长江保护修复攻坚战行动，加强排污许可证制度、环境责任险制度等的建设，加快长江经济带基础地理服务平台建设，需要综合环境、生态、水利、经济等多学科研究领域，从系统分析的角度阐述社会经济系统与河湖泊生态环境系统的相互作用，从而制定出切实可行的长江经济带生态环境保护的政策（刘苗苗等，2019；冯传勇等，2020）。

本章小结

本章重点阐释了区域生态环境保护的“全域”概念，从全要素、全流域、全部门、全领域四个角度剖析了解决长江经济带生态环境问题的基本思路，强调了“山、水、林、田、湖、草”生命共同体的理念，跨行政区的流域生态系统整体保护的必要性，自然资源、生态环境、林业、水利等多部门合作的重要性以及多种学科交叉融合的作用。

参考文献

[1] 陈国磊、田玲玲、罗静、蒋亮、吴益坤：《长江经济带城市黑臭水体空间分布格局及影响因子》，《长江流域资源与环境》2019 年第 5 期，第 3~14 页。

[2] 杜雯翠、江河：《长江经济带生态环境保护规划》，《内涵与实质分析・环境保护》2017 年第 17 期，第 51~56 页。

[3] 冯传勇、周建红、何雯：《长江水文信息化测绘体系构建与探讨》，《水资源研究》2020 年第 9 期，第 211 页。

[4] 高吉喜：《划定生态保护红线，推进长江经济带大保护》，《环境保护》2016 年第 15 期，第 21~24 页。

[5] 郭耕：《保护生物多样性就是保护人类自己》，《光明日报》2016 年 6 月 10 日。

[6]《国务院关于依托黄金水道推动长江经济带发展的指导意见》（国发〔2014〕39 号），http：//www. gov. cn/zhengce/content/2014-09/25/content_ 9092. htm。

[7] 环境保护部、国土资源部：《全国土壤污染状况调查公报》，《中国环保产业》2014 年第 5 期。

[8] 黄国勤：《论长江经济带绿色发展》，《中国井冈山干部学院学报》2019 年第 1 期，第 120~125 页。

[9] 黄溶冰、赵谦：《环境审计在太湖水污染治理中的实现机制与路径创新》，《中国软科学》2010 年第 3 期，第 66~73 页。

[10] 黄真理、王毅、张丛林、张爽、李海英：《长江上游生态保护与经济发展综合改革方略研究》，《湖泊科学》2017 年第 2 期，第 257~265 页。

[11] 金志丰、朱凤武、严长清、沈春竹、张晓蕾：《长江经济带国土空间纠错实施机制——以江苏省仪征市和张家港市为例》，《自然资源学报》2019 年第 10 期，第 2223~2233 页。

[12] 刘秉镰、朱俊丰、周玉龙：《中国区域经济理论演进与未来展望》，《管理世界》2020 年第 2 期，第 17 页。

[13] 刘苗苗、赵鑫涯、毕军等：《基于 DPSR 模型的区域河流健康综合评价指标体系研究》，《环境科学学报》2019 年第 10 期，第 3542~3550 页。

[14] 刘焱序、杨思琪、赵文武、傅博杰：《变化背景下的当代中国自然地理学——2017 全国自然地理学大会述评》，《地理科学进展》2018 年第 1 期，第 163~171 页。

[15] 刘振中：《促进长江经济带生态保护与建设》，《宏观经济管理》2016 年第 9 期，第 30~33 页。

[16] 马建华、夏细禾：《关于强化长江河道采砂管理的思考》，《人民长江》2018 年第 11 期，第 1~2 页。

[17] 穆宏强：《长江流域水资源保护科学研究之管见》，《长江科学院院报》2018 年第 4 期，第 1~5 页。

[18] 彭智敏：《实现长江经济带生态保护优先绿色发展的路径》，《决策与信息》2016 年第 10 期，第 38~40 页。

[19] 史娜娜、肖能文、王琦、韩煜、冯瑾、全占军：《长江经济带生态系统格局特征及其驱动力分析》，《环境科学研究》2019 年第 11 期，第 1779~1789 页。

[20] 唐学军、陈晓霞：《秦巴山区跨域生态环境治理的路径思考》，《西南石油大学学报》（社会科学版）2019 年第 5 期，第 28~34 页。

[21] 汤学兵：《跨区域生态环境治理联动共生体系与改革路径》，《甘肃社会科学》2019 年第 1 期，第 147~153 页。

[22] 王丰龙、曾刚：《长江经济带研究综述与展望》，《世界地理研究》2017 年第 2 期，第 62~71 页。

[23] 王维：《长江经济带“4E”协调发展时空格局研究》，《地理科学》2017 年第 9 期，第 1354~1362 页。

[24] 王维：《长江经济带生态保护与经济发展耦合协调发展格局研究》，《马克思主义与马克思主义中国化》2018 年第 1 期。

[25] 习近平：《决胜全面建成小康社会 夺取新时代中国特色社会主义伟大胜利——在中国共产党第十九次全国代表大会上的报告》，新华网，http://www.xinhuanet.com/2017-10/27/c_1121867529.htm。

[26] 习近平：《走生态优先绿色发展之路 让中华民族母亲河永葆生机活力》，《人民日报》2016 年 1 月 8 日。

[27] 习近平：《加强改革创新战略统筹规划引导 以长江经济带发展推动高质量发展》，《人民日报》2018 年 4 月 27 日。

[28] 夏军、张永勇、穆兴民、左其亭、周宇建、赵广举：《中国生态水文学发展趋势与重点方向》，《地理学报》2020 年第 3 期，第 445~457 页。

[29] 肖金成、刘通：《长江经济带：实现生态优先绿色发展的战略对策》，《西部论坛》2017 年第 1 期，第 39~42 页。

[30] 徐梦佳、刘冬、葛峰、林乃峰：《长江经济带典型生态脆弱区生态修复和保护现状及对策研究》，《环境保护》2017 年第 16 期，第 50~53 页。

[31] 杨文俊、刘同宦、栾华龙、程冬兵、许新发：《鄱阳湖五河及湖区生态水利综合治理关键技术及示范》，《工程科学与技术》2019 年第 2 期，第 1~12 页。

[32] 姚岚、丁庆龙、俞振宁、吕添贵：《生态保护红线研究评述及框架体系构建》，《中国土地科学》2019 年第 7 期，第 11~18 页。

[33] 姚莉：《湖北长江经济带生态保护和绿色发展战略研究》，《决策与信息》2017年第13期，第10~19页。

[34] 姚瑞华、赵越、杨文杰、赵康平、孙运海、徐敏、路瑞：《长江经济带生态环境保护规划研究初探》，《环境保护科学》2015年第6期，第15~17页。

[35] 殷培红、耿润哲、王萌、孙嘉绩：《长江经济带农业面源污染治理中的关键问题及建议》，《环境与可持续发展》2019年第2期，第22~25页。

[36] 曾刚、杨舒婷、王丰龙：《长江经济带城市协同发展能力研究》，《长江流域资源与环境》2018年第12期。

[37]《中华人民共和国国民经济和社会发展第十三个五年规划纲要》（2016—2020）。

[38] 庄超、许继军：《新时期长江经济带绿色发展的实践要义与法律路径》，《人民长江》2019年第2期，第35~41页。

[39] Jin, G., Deng, X., Zhao, X., Guo, B., Yang, J.. Spatiotemporal patterns in urbanization efficiency within the Yangtze River Economic Belt between 2005 and 2014. Journal of Geographical Sciences, 2018, 28 (8), 1113-1126.

[40] Xu, X., Yang, G., Tan, Y., Liu, J., Hu, H.. Ecosystem services trade-offs and determinants in China's Yangtze River Economic Belt from 2000 to 2015. *Science of the Total Environment*, 2018, 634, 1601-1614.

[41] Yang, J., Zeng, C., Cheng, Y.. Spatial influence of ecological networks on land use intensity. *Science of the Total Environment*, 2020, 717, 137151.

[42] Zeng, C., Liu, Y., Liu, Y., Hu, J., Bai, X., Yang, X.. An integrated approach for assessing aquatic ecological carrying capacity: A case study of Wujin District in the Tai Lake Basin, China. *International Journal of Environmental Research and Public Health*, 2011, 8 (1), 264-280.

[43] Zeng, C., Zhang, A., Liu, L., Liu, Y.. Administrative restructuring and land-use intensity—A spatial explicit perspective. *Land Use Policy*, 2017, 67, 190-199.

[44] Zeng, C., Yang, L., Dong, J.. Management of urban land expansion in China through intensity assessment: A big data perspective. *Journal of Cleaner Production*, 2017, 153, 637-647.

第四章　长江经济带国土空间开发利用和生态环境保护现状

本章将从地理、生态系统以及国土开发利用三个方面阐述长江经济带区域概况。首先，从全域视角下介绍长江经济带的地理概况，包括地形、地貌、气温、降水在内的自然地理特征以及人口与经济等人文地理特征，阐述长江经济带在全国的重要战略地位。其次，介绍长江经济带生态系统概况，包括陆域生态系统和水域生态系统两个部分，概述长江经济带生态环境状况以及面临的威胁。最后，通过长江经济带国土开发利用现状说明研究区域的各类用地资源，以此反映人类社会经济发展和生态环境的变化，从而为长江经济带生态系统修复与全域国土综合整治提供支撑。

第一节　长江经济带生态环境保护研究背景

长江经济带的生态环境保护是推动长江经济带高质量发展的必然要求，是实现生态优先、绿色发展战略的重要依托，是生态文明建设的重要内容，也是国家治理体系和治理能力现代化的重要体现。2014 年 9 月，国务院《关于依托黄金水道推动长江经济带发展的指导意见》指出：“依托黄金水道推动长江经济带发展，打造中国经济新支撑带，是党中央、国务院审时度势，谋划中国经济新棋局做出的既利当前又惠长远的重大战略决策。”“十三五”规划纲要指出：“将长江经济带建设成为中国生态文明建设先行示范带、创新驱动带、协调发展带。”2017 年习近平总书记在党的第十九次全国代表大会上明确提出了长江经济带发展要坚持生态优先、绿色发展的战略，要以共抓大保护、不搞大开发为导向。同年，为落实党中央、国务院关于推动长江经济带发展的重大决策部署，环境保护部、国家发展改革委、水利部会同有关部门编制了《长江经济带生态环境保护规划》，为切实保护和改善长江生态环境提供依据。2018 年习近平总书记在实地调研长江经济带生态环境修复工作的时候进一步强调新形势下推动长江经济带发展的关键是正确把握生态环境保护和经济发展的关系，以长江经济带发展推动经济高质量发展。推动长江经济带发展是党中央的重大区域发展战略，而长江经济带的生态环境保护是支撑这一区域发展战略的基本前提，长江经济带重要生态区的保护和修复已经成为构建生态安全格局、推动经济高质量发展的重要保证。

长江经济带具有完整的社会经济生态系统，也是生态功能区和生态脆弱区集中的区域，其生态环境保护和修复是实现区域可持续发展的重要支撑。长江经济带横跨我国东中西三大区域，涉及四川、云南、贵州、重庆、湖北、湖南、江西、安徽、江苏、浙江、上海 11 个省（市），以全国约 21%的土地面积承载了全国 40%以上的人口和经济规模，对于我国的经济发展乃至沿海—内陆的双向开放都具有十分重要的意义（曾刚等，2018）。从自然资源禀赋来看，长江是中国及亚洲第一大河流，全长 6397 千米，年径流量 9513 亿立方米，居世界第三位。长江也是一条黄金水道，干线航道 2838 千米，规划的干支流高等级航道 1.2 万千米，占全国的 63%。千百年来，长江流域以水为纽带，连接上下游、左右岸、干支流，提供了中国 1/3 的淡水资源，具备 3/5 的水能资源储量，是我国自然资源配置的重要战略水源地（王维，2017；肖金成和刘通，2017）。根据 2008 年印发的《全国生态脆弱区保护规划纲要》，全国八大生态脆弱区中的西南岩溶山地石漠化生态脆弱区、西南山地农牧交错生态脆弱区、南方红壤丘陵山地生态脆弱区、沿海水陆交接带生态脆弱区都在长江经济带范围内。根据 2015 年修编的《全国生态功能区划》，长江经济带范围内的丹江口水库库区是重要的水源涵养生态功能区；三峡库区是重要的土壤保持生态功能区；大巴山地、武陵山山地、长江中下游湖泊湿地是重要的生物多样性保护生态功能区；江汉平原湖泊湿地，长江中下游洞庭湖、鄱阳湖，安徽省沿江湖泊湿地是重要的洪水调蓄生态功能区；长江中下游平原、四川盆地是重要的农产品生态功能区；长江中下游丘陵是重要的林产品生态功能区；长三角大都市群是全国三大都市群生态功能区之一；武汉城镇群是全国重点城镇群生态功能区之一。同时在 2020 年印发的《全国重要生态系统保护和修复重大工程总体规划（2021—2035）》（以下简称《总体规划》）中，长江重点生态区（含川滇生态屏障）生态保护和修复工程是布局的 9 个重大工程之一，其中横断山区水源涵养与生物多样性保护，长江上中游岩溶地区石漠化综合治理，大巴山区生物多样性保护与生态修复，三峡库区生态综合治理，洞庭湖、鄱阳湖等河湖、湿地保护和恢复，大别山区水土保持与生态修复，武陵山区生物多样性保护，长江重点生态区矿山生态修复均是关系到长江经济带生态环境保护的重要工程。

基于长江经济带的重要战略地位，以长江经济带“生态优先、绿色发展”战略作为生态环境保护的基本方针，本书将对长江经济带生态环境保护的已有政策进行总结和分析，并提出长江经济带生态环境保护的对策建议，以实现可持续发展的需求。

第二节 长江经济带区域概况

长江是中国第一大河、世界第三大河（马建华，2019），发源于青藏高原唐古拉山脉各拉丹东峰西南侧。干流自西而东横贯中国中部，位于东经 90°33′~122°25′，北纬 24°30′~35°45′，流经青海省、西藏自治区、四川省、云南省、重庆市、湖北省、湖南省、江西省、安徽省、江苏省、上海市共 11 个省级行政区（八省二市一区），全长 6397 千米。长江干流宜昌以上为上游，长 4504 千米，流域面积 106 万平方千米；宜昌至湖口为中游，长 955 千米，流域面积 68 万平方千米；湖口至长江入海口为下游，长 938 千米，流域面积 12 万平方千米。

长江流域，是指长江干流和支流流经的广大区域，横跨中国东部、中部和西部三大经济区，除干流流经“八省两市一区”外，数百条支流遍布南北，延伸至贵州省、甘肃省、陕西省、河南省、广西壮族自治区、广东省、浙江省、福建省 8 个省、自治区的部分地区（徐苏等，2017）。流域面积达 1.8×10^6 平方千米，占中国国土面积的 18.8%，其中流域面积 104 平方千米以上的支流有 49 条，5×10^4 平方千米以上的一级支流有雅砻江、岷江、嘉陵江、乌江、湘江、沅江、汉江、赣江 8 条，重要湖泊有太湖、巢湖、洞庭湖、鄱阳湖等。

长江经济带是中央重点实施的“三大战略”之一（王丰龙和曾刚，2017），覆盖上海市、江苏省、浙江省、安徽省、江西省、湖北省、湖南省、重庆市、四川省、云南省、贵州省共 11 个省市。长江经济带与长江流域的空间范围并非完全一致，长江经济带相关省市的部分地区位于长江流域之外，且不包含位于青海省的长江发源地（杨倩等，2019）。长江经济带面积约 2.052×10^6 平方千米，占全国总面积的 21.4%。按上、中、下游划分，下游地区包括上海、江苏、浙江、安徽四省市，面积约 3.503×10^5 平方千米，占长江经济带的 17.1%；中游地区包括江西、湖北、湖南三省，面积约 5.646×10^5 平方千米，占长江经济带的 27.5%；上游地区包括重庆、四川、贵州、云南四省市，面积约 1.1374×10^6 平方千米，占长江经济带的 55.4%。由此可见，长江是一条黄金水道，长江经济带也是具有全球影响力的内河经济带、东中西互动合作的协调发展带、沿海沿江沿边全面推进的对内对外开放带，是生态文明建设的先行示范带。

一　自然地理特征

长江经济带地理位置优越，横跨中国东、中、西三大区域，具有独特优势和巨大发展潜力（余意峰等，2020）。整体地势西高东低，呈三级阶梯性地形，地形地貌复杂多样，有山地、丘陵、盆地、高原和平原。第一阶梯为青藏高原东缘的高山峡谷区，由四川西部高原和横断山区组成，高程在 3500~5000 米。第二阶梯为云贵高原、巴蜀山地、四川盆地和鄂黔山地，一般高程在 500~2000 米。第三阶梯由淮阳山地、江南丘陵和长江中下游平原组成，高程一般在 500 米以下。湖北省处于第三阶梯中，大致为东、西、北三面环山，中间低平，略向南敞开的不完整盆地。在全省总面积中，山地占 56%，丘陵占 24%，平原湖区占 20%。

长江经济带气温是在太阳辐射、东亚大气环流、青藏高原和北大西洋地形以及各地区不同的地形条件影响下形成的。年平均气温呈现东高西低、自南向北逐渐降低（刘文茹等，2017）的分布趋势，中下游地区高于上游地区。中下游大部分地区年平均气温在 16~18℃，湘、赣南部至南岭以北地区达 18℃以上，为长江经济带年平均气温最高的地区；长江三角洲和汉江中下游在 16℃附近；汉江上游地区为 14℃左右，长江上游地区是全域气温最低的地区，但由于地形的差异，在以上总体分布趋势下，形成四川盆地、云贵高原和金沙江谷地等封闭式的高低温中心。四川盆地为闭合高温中心，大部分地区气温为 16~18℃；重庆至万县地区达 18℃以上；云贵高原西部高温中心达 20℃左右，东部低温中心在 12℃以下，冷暖差别极大。长江中下游地区四季分明，冬冷夏热，年平均气温为 16~18℃，夏季最高气温达 40℃左右，冬季最低气温在-4℃左右。湖北省年平均气温在 15~17℃，大部分地区冬冷夏热，春季气温多变，秋季气温下降迅速；一年之中 1 月最冷，大部分地区平均气温在 2~4℃；7 月最热，除高山地区之外，平均气温在 27~29℃；极端最高气温可达 40℃以上。

长江经济带气候湿润，降雨充沛，由于面积广阔，地形地貌变化多样，有着多种多样的气候类型，大部分地区属于亚热带季风气候，也经常发生洪涝、干旱、冰雹等自然灾害。夏季和夏季前后，盛行分别来自太平洋和印度洋挟带着大量水汽的东南季风和西南季风，在季风进退与冷暖气流交锋过程中形成降水。6 月中旬，长江中下游地区进入梅雨季节，7 月中旬北跃，出梅进入伏旱天气。冬季和冬季前后，盛行来源于极地和亚洲高纬度地区寒冷又干燥的冷空气，降水很少。长江经济带平均年降水量约 1067 毫米，平均干旱指数为 0.86，属于湿润地带（邵辉等，2020）。雨季为 4~10 月，其降水量可占年降水量的 85%，且时常有暴雨出现。主要的暴雨高值地区有以赣东北为中心的湘北、皖南和鄂东地区，年平均降水量为 1800~2000 毫米，以及以川西雅安地区为中心的川东、川北、陕南和滇西北地区，年平均降水量约为 2000 毫米。湖北省地处亚热带，全省除高山地区属于高山气候外，大部分地区属于亚热带季风性湿润气候，光能充足，热量丰富，降水充沛，雨热同期。长江自西向东贯穿湖北省，境内有长江中游最大支流汉江，汉江流域平均年降水量在700~1100毫米。

二　人文地理特征

长江经济带11省市面积占全国总面积的21.4%，常住人口近6亿人，占全国的42.89%。其中，下游地区约2.25亿人，占长江经济带的37.53%；中游地区约1.74亿人，占长江经济带的29.09%；上游地区约2亿人，占长江经济带的33.38%。2019年长江经济带地区生产总值约45.78万亿元，占全国的46.20%。其中，下游地区约23.73万亿元，占长江经济带的51.83%；中游地区约11.03万亿元，占长江经济带的24.10%；上游地区约11.02万亿元，占长江经济带的24.07%（见图4-1）。长江经济带在人口和经济总量上都超过全国的40%，在生态地位、经济建设、综合实力上都起着带头和示范作用（汪群等，2020）。

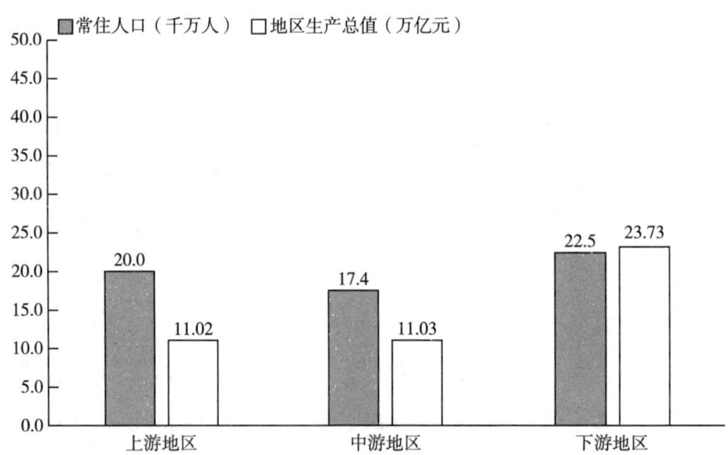

图4-1　长江经济带人口和地区生产总值（2019年）

长江经济带人口稠密，平均人口密度超过220人/千米^2，特别是长江三角洲、成都平原和长江中下游平原，人口密度达600~900人/千米^2，上海达4600人/千米^{2}以上，是中国人口最稠密的地区之一。长江地区人口分布极不均匀，绝大多数人口居住地区在海拔 500 米以下，人口趋向沿海沿江分布。上游总体人口稀少，中游人口分布较为均匀，下游人口密集。同时，上、中、下游分别有明显的人口集中区，分别是上游川渝地区、中游平原地区和下游的长三角地区，这三个地区也是我国重要的城市群聚集地（杨传国等，2014）。2016 年 9 月，《长江经济带发展规划纲要》正式印发，确立了长江经济带“一轴、两翼、三极、多点”的发展新格局：“一轴”是以长江黄金水道为依托，发挥上海、武汉、重庆的核心作用，推动经济由沿海溯江而上梯度发展；“两翼”分别指沪瑞和沪蓉南北两大运输通道，这是长江经济带的发展基础；“三极”指的是长江三角洲城市群、长江中游城市群和成渝城市群，充分发挥中心城市的辐射作用，打造长江经济带的三大增长极；“多点”是指发挥三大城市群以外地级城市的支撑作用。长江流域孕育了发达的长江经济带，长江经济带是整个长江流域最发达的地区，也是全国除沿海开发地区以外经济密度较大的经济地带，它对我国经济发展的战略意义是十分重要的。与沿海和其他经济带相比，长江经济带拥有我国最广阔的腹地和发展空间，是我国今后 15 年经济增长潜力最大的地区之一，应该成为世界上可开发规模最大、影响范围最广的内河经济带之一。

三　陆域生态系统概况

长江经济带在全国生态环境保护中处于重要地位。长江流域山、水、林、田、湖、草浑然一体，地跨热带、亚热带和暖温带，地貌类型复杂，生态系统类型多样，动植物资源丰富。川西河谷森林生态系统、南方亚热带常绿阔叶林森林生态系统、长江中下游湿地生态系统等都是具有全球意义的生物多样性优先保护区域，是我国重要的生物基因宝库。长江经济带主要林区在川西、滇北、鄂西、湘西和江西等地，用材林保有量仅次于东北林区；经济林保有量则居全国首位，以油桐、油菜、漆树、柑橘、竹林等最为著称。长江经济带内物种资源丰富，珍稀濒危植物总量占全国总数的 39.7%，不仅有中华鲟、江豚、扬子鳄、朱鹮、丹顶鹤、大熊猫和金丝猴等珍稀动物，还有银杉、水杉、珙桐等珍稀植物，是我国珍稀濒危野生动植物集中分布区域，且多属长江地区特有的。

长江经济带近年来一直将生态环境保护放在突出地位。目前长江经济带范围内已经建成国家级森林公园 255 个，占全国的 28.9%；国家级地质公园 54 个，占全国的 29.3%；国家级水产种质资源保护区 253 个，占全国的 51.0%；同时拥有世界文化和自然遗产地 15 处、国家级风景名胜区 75 处。除荒漠生态系统类型保护区外，长江经济带拥有森林生态系统、野生动物生态系统、野生植物生态系统、古生物遗迹、地质遗迹、内陆湿地生态系统、海洋海岸生态系统、荒漠生态系统 8 种生态保护区类型。自然保护区作为最重要的“绿色生态工程”，对合理利用自然资源、保存自然历史产物、改善人类环境以及促进生态文明建设均有重要的意义（卢爱刚和王圣杰，2010）。截至 2011 年底，长江经济带 11 省市共建有自然保护区 1066 个，总面积约 1855 万公顷，其中国家级 115 个，省级 260 个，市级 147 个，县级 544 个。从各级别自然保护区数量来看，除县级数量中游地区比上游地区多之外，各个级别自然保护区数量和面积均呈现由东部、中部至西部逐渐增多的趋势，国家级、省级、市级自然保护区集中分布在上游地区，数量分别为 54 个、131 个、105 个，面积分别为 4.718×10^4 平方千米、4.325×10^4 平方千米、1.989×10^4 平方千米。长江经济带一半以上的自然保护区集中分布在上游地区，共有 516 个，面积达 1.377×10^5 平方千米，占长江经济带上游地区面积的 12.14%；中游地区次之，共 484 个，面积为 3.925×10^4 平方千米，占长江经济带中游地区面积的 3.90%；下游地区分布最少，仅有 66 个，面积为 8.560×10^3 平方千米，占长江经济带下游地区面积的 9.44%（见图 4-2）。

自 1982 年湖北省建立了第一个自然保护区——神农架自然保护区，湖北省依托优越的自然条件，大力开展自然保护和生态旅游，不仅着眼于自然保护区的保护，还建设了大批诸如湿地公园、国家公园等保护地。2011 年，湖北省共有自然保护区 22 处，保护面积共计 5244.52 平方千米；国家湿地公园 66 处，保护面积共计 1095.32 平方千米；国家公园 1 处，保护面积 1169.88 平方千米；世界自然遗产 1 处，保护面积 1148.54 平方千米；风景名胜区 8 处，保护面积共计 2878.91 平方千米；国家森林公园 37 处，

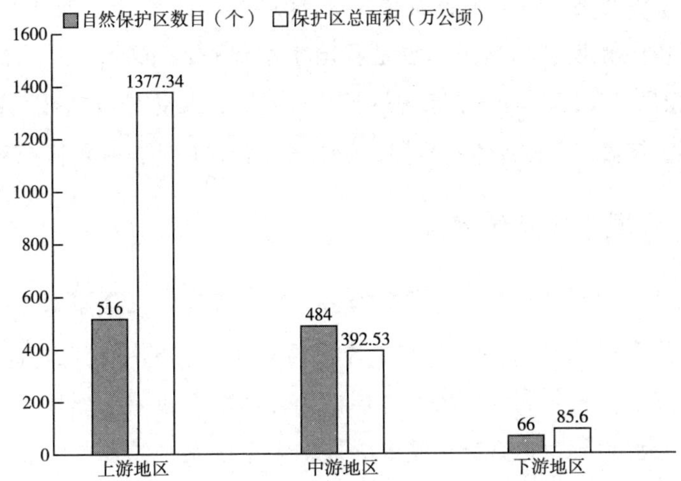

图 4-2 长江经济带自然保护区数目及保护区总面积

保护面积共计 3161.10 平方千米；国家地质公园 10 处，保护面积共计 408.88 平方千米（见图 4-3）。保护地的面积约占全省面积的 8.13%。

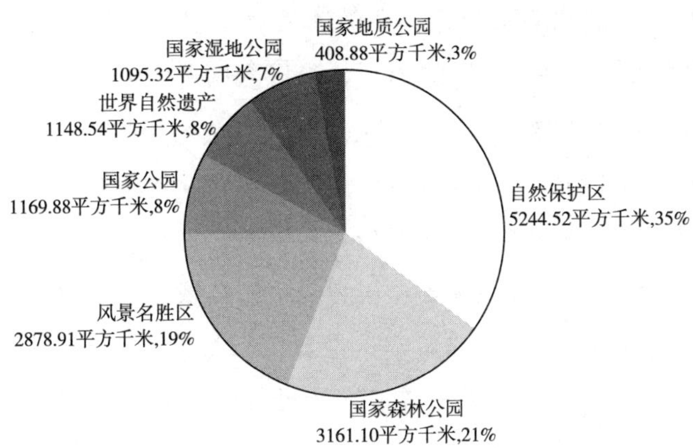

图 4-3 湖北省保护地类型及保护地总面积（2011 年）

长江经济带生态资源类型丰富，但同时也是生态脆弱区较为集中的区域。长江流域分布的众多国家级生态环境敏感区与自然保护区，是我国重要的生态安全屏障区。长江经济带范围内分布着西南岩溶山地石漠化生态脆弱区、西南山地农牧交错生态脆弱区、南方红壤丘陵山地生态脆弱区和沿海水陆交接带生态脆弱区。生态脆弱区内自然环境脆弱，系统抗干扰能力弱，是生态环境变化明显的区域，也是我国生态保护的重要领域（徐梦佳等，2017）。近些年来长江经济带系统性保护不足，污染物排放基数大，城镇开发建设严重挤占江河湖库生态空间，亟待开展流域的生态环境保护和修复。

四 水域生态系统概况

长江经济带水域生态系统类型繁多，丰富多样，资源禀赋位居全国前列。水域生态系统是人类重要的生命支持系统，在调节气候、涵养水源、净化水质、蓄洪抗旱和维持生物多样性等方面发挥重要的作用。其涵盖河流、湖泊、湿地等生态系统，其中湿地生态系统是最重要的组成部分，泛指暂时或长期覆盖水深不超过 2 米的低地、土壤充水较多的草甸，以及低潮时水深不超过 6 米的沿海地区，包括各种咸水、淡水、沼泽地、湿草甸、湖泊、河流以及洪泛平原、河口三角洲、泥炭地、湖海滩涂、河边洼地或漫滩、湿草原等。湿地上生长着很多具有湿地特征的植物，很多珍稀水禽的繁殖和迁徙离不开湿地，因此湿地被称为“鸟类的乐园”。长江流域是我国水资源配置的战略水源地，水资源相对丰富，多年平均水资源量达 9.959×10^{11} 立方米，约占全国的 36%，稳居全国各大江河之首，每平方千米土地面积上水资源量为 5.95×10^{5} 立方米，约为全国平均值的 2 倍。每年长江供水量超过 2×10^{11} 立方米，保障了流域内经济社会的供水安全。充沛的水资源带来了丰富的水域生态系统资源，长江经济带亦是我国河流、湖泊、沼泽等水域生态系统资源类型极为集中的区域。长江中总长超过 1000 千米以上的支流就有汉江、嘉陵江、雅砻江、沅江和乌江，数以千计的湖泊分布在长江干流及其支流左右，我国著名的五大淡水湖鄱阳湖、洞庭湖、太湖、巢湖和洪泽湖全部在这一地区。除此之外，自 1972 年建立长江经济带第一个湿地自然保护区——东乡野生稻自然保护区以来，湿地自然保护区在长江经济带的建设一直不断发展（燕然然等，2013）。当前，我国共有湿地 5.360×10^{5} 平方千米，其中 1.154×10^{5} 平方千米分布于长江经济带，超过全国湿地面积的 20%（王开广，2015）。其中自然湿地接近 9×10^{4}

平方千米，江西鄱阳湖国家级自然保护区、湖南东洞庭湖国家级自然保护区、上海崇明岛东滩鸟类自然保护区、湖北洪湖湿地等 17 处湿地被列入国际湿地重点保护名录，国家与省级湿地自然保护区更是达到了 167 处。长江中下游湿地作为中国 8 个湿地主要区域之一，包括长江中下游地区和淮河流域，是我国淡水湖泊分布最集中和最具代表性的地区之一，湿地面积有 5.8×10^4平方千米，占全国湿地面积的 15%，是亚洲重要的候鸟越冬地，被列为世界湿地和生物多样性保护的热点地区（王玮，2008）。

湖北省共有河流 1193 条，湖泊 901 个，水库约 5800 座，现有湿地总面积 1.445×10^4平方千米，占全省土地面积的 7.77%，其中自然湿地占全省湿地面积的 52.89%，湿地总面积居全国第 11 位、中游地区第 1 位，湿地资源十分丰富（赵辉等，2015）。同时，湖北省湿地资源受地形和地势影响，分布的三大地域主要为重要的长江中游江汉平原湖泊湿地群（958 个湖泊）、生态地位重要的人工湿地（三峡水库、丹江口水库）和鄂西山地的泥炭沼泽湿地。截止到 2018 年底，湖北省已经建成国际重要湿地 4 个（洪湖湿地、沉湖湿地、大九湖湿地、网湖湿地），各类湿地公园、湿地保护区 176 个，国家级和省级自然保护区共 16 个，国家湿地公园 66 个，省级湿地公园 38 个，还有若干市县级湿地保护区以及湿地保护小区，保护区总面积 6833 平方千米，湿地保护率达到 47.29%（周文昌等，2020）。

第三节　长江经济带生态问题综述

长江经济带包含秦巴山区生物多样性、三峡库区水土保持、武陵山区生物多样性与水土保持等多个国家重点生态功能区以及洞庭湖和鄱阳湖等重要河湖湿地。近年来由于过度开发、湖泊围垦、大型基础设施建设等多种原因，流域森林生态系统破坏严重，河湖、湿地生态面临退化风险，水土流失、石漠化问题突出，水生生物多样性受损严重。长江经济带覆盖面积约 205 万平方千米，对流域内社会经济发展现状、生态系统格局、生态环境敏感性和生态系统服务功能的空间分异规律的准确把握是诊断主要生态问题的前提。从总体来看，长江经济带下游的上海、江苏、浙江等地是中国经济发达地区，人口密度高，对现有生态环境问题的治理是该区域的重点工作。长江中上游地区城镇化水平不高，也是中国贫困人口聚集较多的区域，社会经济发展对生态环境的压力持续增加，满足人类生产生活活动的需求和维持自然生态系统的健康是该区域的重点任务。根据《全国生态功能区划》（2015 年修编版），表 4-1 整理归纳了长江经济带范围内的全国重要生态功能区及主要生态问题，以便从整体上把握长江经济带生态环境的现状。

表 4-1 长江经济带范围内的全国重要生态功能区及主要生态问题

全国重要生态功能区（节选）	主要区域	主要生态问题
大别山水源涵养与生物多样性保护区	湖北省、河南省、安徽省	森林生态系统破坏严重，涵养水源和土壤保持功能下降，中下游洪涝灾害风险增大，栖息地破碎化严重，生物多样性受到威胁
秦岭—大巴山生物多样性与水源涵养重要区	湖北省、四川省、重庆市、陕西省、甘肃省	森林质量与水源涵养功能较低，水电、矿产等资源开发的生态破坏较严重，地质灾害威胁严重，野生动植物栖息地质量下降、破碎化加剧，生物多样性受到威胁
武陵山区生物多样性与水源涵养重要区	湖北省、湖南省、江西省、贵州省、重庆市	水土流失加重、石漠化问题突出、地质灾害增多、野生动植物栖息地破坏较严重
三峡库区土壤保持重要区	湖北省、重庆市	森林植被破坏较严重，水源涵养能力较低，库区周边点源和面源污染严重；同时，水土流失量和入库泥沙量大，地质灾害频发
江汉平原湖泊湿地洪水调蓄重要区	湖北省	湖泊湿地生态系统丧失严重，蓄洪、泄洪能力下降，洪涝灾害频繁，生物多样性丧失严重，水禽等重要物种的栖息地受到威胁
洞庭湖洪水调蓄与生物多样性保护重要区	湖北省、湖南省	湖泊面积和容积缩小，洪水调蓄能力降低，迁徙鸟类等重要物种的栖息地受到损害，水环境质量面临威胁，湿地生态系统功能与生物多样性保护受到干扰

续表

全国重要生态功能区（节选）	主要区域	主要生态问题
鄱阳湖洪水调蓄与生物多样性保护重要区	江西省	湖泊容积减小，调蓄能力下降，洪涝灾害加剧，湖区垸内积水外排困难，涝、渍灾害易发，湖区水域面积减小，迁徙鸟类的栖息地退化；水环境污染压力增大

资料来源：依据《全国生态功能区划》（2015 年修编版）整理。

长江经济带生态环境保护与国土资源开发和利用是密切相关的，一方面，生态功能区划是国土空间开发和利用的基础性区划；另一方面，资源环境承载能力评价和国土空间开发适宜性评价不仅是编制国土空间规划的基础，也是长江经济带生态环境保护规划的重要依据，为用地空间、总量和准入等管控要求的制定提供重要参考。从总体来看，长江经济带各生态功能分区、各行政单元的用地结构和布局的差异均较大，所表现出来的生态环境问题也有所不同。在长江经济带总体的国土资源分布中，林地、农田和草地总占比为 92.63%，其中上游以林地为主，中游以林地和耕地为主，下游以耕地、林地和建设用地为主，同时分布着全区 60.47%的城镇用地、39.85%的湿地和 28.62%的农田。从 2000 年到 2015 年土地利用变化的特征来看，中、下游的省会城市建成区以及上游林地、草地面积显著增加，上游建设用地增加显著，增幅高达 78.69%，中游城镇化和农业水平相对较高；下游城镇空间显著增长（82.08%），农田缩减类型以水田为主（史娜娜，2019）。长江流域岸边优、良等级森林生态系统面积比例仅为 13.6%（高吉喜，2016），根据湖北省第二次土地调查结果，全省因耕地开垦和建设占用等原因，草地面积减少了 1620 万亩。在水域面积的变化方面，过去 50 年，因围垦造成的湖面减少相当于我国五大淡水湖总面积的 1.3 倍。国家林业局统计数据表明湖北省的湖泊在 60 年间减少了 884 个，湖泊的面积减少了约 60%，河流、湖泊、水库、内陆滩涂和沼泽地面积减少了 402 万亩。江西省和湖南省在两次湿地清查对比中发现，湿地面积分别减少了 9 万公顷和 21 万公顷（刘振中，2016）。长江经济带不仅包含了多个全国重要生态功能区，还拥有长三角大都市群和武汉城镇群等多个全国重点城镇群，国土空间开发和利用的压力大。虽然近年来在生态保护红线划定的基础上，流域生态环境治理取得了一定的成效，但是在资源利用、环境污染、生物多样性受损等方面产生的阶段性和长期性问题并未得到根本解决。结合长江经济带的综合发展现状来看，长江流域生态问题表现为上游地区生态屏障要求高、中游地区生态与发展矛盾突出、下游河口地区生态敏感（黄真理等，2017）。具体来说，目前长江经济带资源环境问题主要包括资源和能源利用效率低、河湖湿地生态系统功能退化、环境污染严重、森林植被锐减、土地石漠化问题严重、生物多样性受到严重威胁等问题。根据已有学者和相关调研的分析总结，表 4-2 总结了长江经济带主要生态环境问题。

表 4-2　长江经济带主要生态环境问题

问题表现	原因	土地利用	特征表现	区域
资源和能源过度开发利用，利用效率较低	农田资源、水资源、矿产资源、能源开发强度大，利用效率低	粗放式的生产经营模式	土地开发利用强度大，效率不高	全域
河湖湿地生态系统功能退化	湖泊和湿地面积大量萎缩，生态功能退化明显	湖泊围垦、过度垦殖、泥沙淤积、大型水利设施建设	水域面积和容积减少	长江中下游
水体环境污染严重	河湖污染，水体富营养化严重，总磷污染严重，土壤重金属含量超标	农业面源污染，工业“三废”排放，生活污水和垃圾污染	生态型的用地模式缺乏	全域，长江沿岸
森林植被整体质量不高	部分地区森林植被面积持续减少，林木种类较为单一	产业发展，水电、矿产等资源开发利用	林地和草地面积减少	长江上中游
水土流失和石漠化问题依然严峻	水土流失面积占区域土地面积的 19.46%，长江流域石漠化土地面积占全国石漠化土地总面积的 59.5%，部分山区石漠化问题依然严峻	森林资源的不合理开发利用，自然地理和灾害因素	石漠化土地面积增加	长江上中游
生物多样性受到严重威胁	珍稀物种（如大熊猫、川金丝猴）数量减少，濒临灭绝，生物种类和数量明显减少（鱼类），迁徙鸟类等重要物种的栖息地受到损害	如上所有自然和人为因素	生态用地减少	全域

一　资源和能源过度开发利用，利用效率较低

改革开放以来，长江经济带社会经济发展迅速，但是生产经营模式总体较为粗放，虽然近年来集约、低碳、绿色发展模式已初显成效，但是与发达国家和全国部分省份相比，还存在一定的差距。研究显示，长江经济带冬季水田（稻田）利用率总体为10%~15%，水资源利用率大约为20%，金属尾矿利用率约为10%，能源资源综合利用效率仅为33%左右（黄国勤，2019），资源能源的利用效率还需进一步提升。

二　河湖湿地生态系统功能退化

长江经济带湿地面积超过全国湿地总面积的1/5，但是近年来由于湖泊围垦、过度垦殖、泥沙淤积、大型水利设施建设等原因，湖泊和湿地面积大量萎缩，生态功能退化明显。与20世纪50年代相比，“千湖之省”湖北的湖泊水面减少了60%（姚瑞华等，2015）。目前长江干流通江湖泊也仅剩下鄱阳湖、洞庭湖和石臼湖，自然湿地面积减少近1000平方千米（高吉喜，2016）。另外三峡蓄水后枯水期下泄流量衰减幅度超过80%，下游湖泊面积大量萎缩和枯水期大幅延长，导致湿地生态系统功能退化。

三　水体环境污染严重

长江中下游平原是我国重要的商品粮基地，由此产生的农业面源污染也一直是水域的重要污染源，同时工业“三废”排放，生活污水和垃圾污染也加剧了长江经济带水生态承载的压力。目前长江已形成近600千米的岸边污染带，有毒污染物300余种，干流中约60%的水体受到不同程度的污染，多种重金属严重超标，河水、湖水中蓝藻和绿藻等现象日趋严重（姚莉，2017）。螳螂川云南昆明段、府河四川成都段和上海市的苏州河等城市河段为重度污染，巢湖和滇池等湖泊水体富营养化严重，岷沱江和乌江等流域总磷超标问题突出（姚瑞华等，2015）。

四　森林植被整体质量不高

近年来由于产业发展，人口增长，水电、矿产等资源开发利用，部分

山区植被覆盖脆弱，加之前些年树木乱砍滥伐现象严重，森林植被面积持续减少，山体滑坡、泥石流、水土流失等自然灾害频发。同时林木的主要种类也从原来原始森林变为次生林，中幼林蓄面积大，森林整体质量偏低，森林生态功能衰退，天然林和公益林的保护亟待进一步加强。

五　水土流失和石漠化问题依然严峻

近年来由于森林资源的不合理开发利用，长江经济带重点生态功能区的水土流失和石漠化问题一直是相关部门关注的重点。根据中国岩溶地区石漠化状况公报，截至 2016 年底，长江流域石漠化土地面积占全国石漠化土地总面积的 59.5%；根据 2018 年全国水土流失动态监测成果，长江经济带水土流失面积占流域土地总面积的 19.46%，水土流失和石漠化问题依然严峻。

六　生物多样性受到严重威胁

长江经济带拥有多个国家级自然保护区、国家森林公园、湿地公园等，但是不同类型的自然保护地交叉重叠较为普遍，比如湖北省十堰市郧阳区的青龙山恐龙蛋化石群国家地质公园与青龙山恐龙蛋化石群国家级自然保护区重叠面积达 205.25 公顷，与丹江口库区省级湿地自然保护区（郧阳段）交叉重叠 52.27 公顷。同时这些自然保护区又是重要的生物栖息地，但是目前尚未形成集中连片的空间分布格局，不利于生物的生存和繁衍，大熊猫、川金丝猴等珍稀物种的保护压力较大。同时由于河湖湿地生态系统功能退化、水体环境污染严重等综合原因，水生生物资源衰退严重，不仅珍稀物种（如中华鲟、江豚）和特有物种（如圆口铜鱼）生存困难，就连四大家鱼等经济鱼类的自然资源量也大幅减少（郭耕，2016）。相关科考数据表明，2008～2012 年，长江江豚死亡记录汇总为 150 头，相当于月均死亡 2.38 头，已面临濒危。江苏省沿海滩涂是丹顶鹤、麋鹿等世界珍稀物种最重要的栖息地，生态功能极为重要。近年来，由于不当围垦，湿地面积逐年减少，长江流域内珍稀生物数量减少，稀有种类濒临灭绝，多样性保护面临重大压力，亟待加强保护（刘振中，2016）。

第四节　长江经济带国土开发和利用现状

改革开放以来，以流域为基础，以长江为纽带，以城市群为依托的长江经济带已经成为我国综合实力最强的区域之一，起到了极大的战略支撑作用（陈明华等，2020）。长江经济带贯穿了我国东中西部 11 个省市，人口及经济总量均超过全国的 40%，在生态文明建设方面具有重要的战略意义（Liu et al.，2019）。本文根据 2017 年的土地覆盖数据对长江经济带的国土开发和利用现状及国土空间规划进行了探究。长江经济带的土地总面积为 2.0571×10^6 平方千米，约占全国总面积的 21%，其中，森林面积占比最大（52.31%），农田面积占 25.46%，水体面积占 2.94%，不透水层占 4.13%（见表 4-3）。

表 4-3　2017 年长江经济带国土利用状况

土地覆盖类型	上游地区		中游地区		下游地区		合计	
	面积（万平方千米）	占比（%）	面积（万平方千米）	占比（%）	面积（万平方千米）	占比（%）	面积（万平方千米）	占比（%）
农田	16.88	14.90	17.97	31.59	17.53	49.33	52.38	25.46
森林	63.52	56.06	33.13	58.25	10.96	30.85	107.61	52.31
草地	26.15	23.08	1.05	1.85	0.33	0.92	27.53	13.38
灌丛	1.07	0.94	0.38	0.67	0.08	0.23	1.53	0.74
湿地	0.31	0.27	0.16	0.28	0.08	0.23	0.55	0.27
水体	1.36	1.20	2.03	3.57	2.65	7.46	6.04	2.94
不透水层	2.49	2.21	2.13	3.74	3.88	10.92	8.50	4.13
裸地	1.16	1.02	0.03	0.05	0.02	0.06	1.21	0.59
冰雪	0.36	0.32	—	—	—	—	0.36	0.18
合计	113.30	100	56.88	100	35.53	100	205.71	100

长江经济带与沿海经济带共同构成了我国经济发展的黄金走廊，是我国国土开发和经济布局战略中一条十分重要的发展轴，其从东到西跨越我国东、中、西三大自然经济带，而三大区域内的城市经济发展是不均衡的，区域土地资源的配置亦存在较大差异（胡学东和邹利林，2020）。长江经济

带上游、中游及下游的土地面积分别为 1.133×10^6 平方千米、5.688×10^5 平方千米、3.553×10^5 平方千米。从长江经济带的用地情况可以看出，生态用地的面积最大，生产用地次之，生活用地最小。农田在三大区域的面积占比在不断上升（分别占 14.90%、31.59%、49.33%），同时建设用地的面积占比也在依次增加（分别占 2.21%、3.74%、10.92%），由此可以看出，长江经济带下游地区不仅经济发展优于中、上游地区，其农业资源也更为丰富。上、中游地区的森林资源面积均超过了区域土地总面积的一半，说明长江经济带的森林资源主要集中在上、中游地区。中、下游地区的水资源相较于上游地区面积占比更大，在一定程度上反映了水资源对上游地区农业发展的限制。此外，根据表 4-3 的数据，还可以看出长江经济带的草地、灌丛、湿地以及裸地等生态资源主要集中在海拔较高、城市化水平较低、对土地开发较弱的上游地区（晁静等，2019）。

长江经济带整体地势西高东低，包含高原、平原和盆地等多种地形，从长江经济带的土地利用现状可以看出，长江经济带的生产用地主要集中在中、下游地区，生态用地主要集中在上游地区。长江经济带的农田主要集中在北部地区，下游地区的农田主要分布在安徽省与江苏省，中游地区的农田主要分布在湖北省，上游地区的农田主要分布在四川省，其中，江汉平原、洞庭湖平原、江淮地区亦是我国商品粮的主要产区（魏伟等，2020）。长江经济带面积 66%的森林和草原主要分布在长江经济带的中、上游地区，其中大部分的草地集中分布在长江经济带上游的西北角。长江经济带下游地区（上海市、江苏省、浙江省、安徽省）作为长江经济带社会发展卓越的地区，其建设用地相较于上、中游地区更为密集。此外，长江经济带的水资源在三大区域内的分布亦存在较大差异，其中，下游的水资源明显分布得更加均匀，上游的水资源则显得较为匮乏。

改革开放以来，长江经济带成为全国国土开发活动最活跃的区域之一，整体的国土开发强度较高。长江经济带的 9 省 2 市亦是我国优质耕地集中分布的地区，对国家粮食安全的保障工作起到了至关重要的作用。此外，长江经济带的林地、河流和湖泊等生态用地分布广泛。但是，随着长江经济带社会经济的高速发展，长江经济带的土地资源开发与生态环境保护之间的矛盾也日益凸显，建设用地占用耕地、自然生态系统退化严重等现象频发，这在很大程度上会制约长江经济带的可持续发展（张正昱等，2020）。长江经济带的水土资源虽然较为丰富，但是受到地形地貌、地质环境、耕地和生态环境等要素限制，资源的开发利用空间有限。其中，上游地区位于我国第一、第二阶梯过渡地带，高山深谷广泛分布，滇西地震带贯穿其中，地壳稳定性差，滑坡、崩塌、泥石流和地面塌陷等地质灾害多发，生态环境脆弱，土地石漠化问题突出；中下游地区河湖水系广布，但湘江和太湖等局部区域水土环境质量较差，水土污染成为国土开发主要限制性因素。由于社会经济的快速发展和国土资源的不合理开发，河流、湖泊生态功能严重退化（黄烈佳和杨鹏，2019）。此外，围海造地速度过快对海湾、河口及滨海湿地生态系统健康状况产生了较大影响。上游地区地震、地质灾害多发，中游地区仍受水患袭扰，下游地区地面沉降，长江经济带的国土开发利用安全存在较大隐患（苑韶峰等，2019）。

针对国土开发中存在的突出问题，长江经济带要在国土开发利用过程中适应经济发展新常态，坚持生态优先、绿色发展的战略定位，以承载力为基础优化国土空间开发格局，同时要增强国土资源环境新制度供给能力，推动长江上、中、下游协同发展，要重点关注生态承载力较弱的省（市）生态环境的改善，而生态承载力较强的省（市）则要努力将生态资源优势转变为区域发展优势（Jiang et al.，2018）。此外，在制定相关的政策及规划时，我们应多考虑其生态环境效应，促进生产、生态、生活空间合理分布，从而不断推进长江经济带的生态文明建设。

本章小结

本章从长江经济带的地理概况、生态系统情况、国土开发和利用现状三个方面介绍长江经济带区域概况。首先，长江经济带地理条件优渥，雨热同期，地貌地形多样。长江经济带常住人口将近 6 亿人，其中上游川渝地区、中游平原地区和下游长三角地区是我国重要的城市群聚集地。2019 年长江经济带地区生产总值约 45.78 万亿元，在人口和经济总量上都超过全国的 40%，是全国除沿海开发地区以外经济密度最大的经济地带之一。与沿海和其他经济带相比，长江经济带拥有我国最广阔的腹地和发展空间，是我国今后 15 年经济增长潜力最大的地区之一，它对我国经济发展的战略意义非常重要。除此之外，长江经济带在陆域生态系统与水域生态系统上禀赋都居于全国前列，生态资源类型丰富，是我国重要的生态安全屏障区，在生态地位、经济建设、综合实力上都起着带头和示范作用。但其同时也是生态脆弱区较为集中的区域，自然环境脆弱，系统抗干扰能力弱，是生态环境变化明显的区域，亟须开展生态环境的治理、修复和保护工作。本章分析了长江经济带上游、中游和下游国土空间开发和利用的特点，指出长江经济带资源和能源过度开发利用、河湖湿地生态系统功能退化、水体环境污染严重、森林植被整体质量不高、水土流失和石漠化问题严峻、生物多样性受到严重威胁等问题。

本章从国土空间规划入手，分析长江经济带国土开发和利用现状。长江经济带与沿海经济带共同构成了我国经济发展的黄金走廊，整体的国土开发强度较高。但土地资源开发与生态环境保护之间的矛盾也日益凸显，建设用地占用耕地、自然生态系统退化严重等现象频发，这在很大程度上会制约长江经济带的可持续发展。针对国土开发中存在的突出问题，长江经济带要坚持生态优先、绿色发展的战略定位，以承载力为基础优化国土空间开发格局，同时要增强国土资源环境新制度供给能力，推动长江上、中、下游协同发展。

参考文献

[1] 陈明华、刘文斐、王山、刘玉鑫：《长江经济带城市生态效率的空间格局及演进趋势》，《资源科学》2020 年第 6 期，第 1087~1098 页。

[2] 高吉喜：《划定生态保护红线，推进长江经济带大保护》，《环境保护》2016 年第 15 期，第 21~24 页。

[3] 郭耕：《保护野生动物需厘清概念》，《科技日报》2016 年 4 月 29 日。

[4] 胡学东、邹利林：《生态优先导向下长江经济带土地利用景观格局演变及其驱动机制研究——以武汉市为例》，《地域研究与开发》2020 年第 3 期，第 138~143、149 页。

[5] 黄国勤：《长江经济带稻田耕作制度绿色发展探讨》，《中国生态农业学报》（中英文）2020 年第 1 期，第 1~7 页。

[6] 黄烈佳、杨鹏：《长江经济带土地生态安全时空演化特征及影响因素》，《长江流域资源与环境》2019 年第 8 期，第 1780~1790 页。

[7] 黄真理、王毅、张丛林、张爽、李海英：《长江上游生态保护与经济发展综合改革方略研究》，《湖泊科学》2017 年第 2 期，第 257~265 页。

[8] 刘文茹、居辉、陈国庆、刘恩科、刘勤：《典型浓度路径（RCP）情景下长江中下游地区气温变化预估》，《中国农业气象》2017 年第 2 期，第 65~75 页。

[9] 刘振中：《促进长江经济带生态保护与建设》，《宏观经济管理》2016 年第 9 期，第 30~33、38 页。

[10] 卢爱刚、王圣杰：《中国自然保护区发展状况分析》，《干旱区资源与环境》2010 年第 11 期，第 7~11 页。

[11] 马建华：《全面贯彻水利改革发展总基调，为长江经济带高质量发展提供坚强水利支撑保障》，《长江技术经济》2019 年第 1 期，第 1~4 页。

[12] 邵辉、张远东、顾峰雪、缪宁、刘世荣：《长江经济带水分利用效率变化及与温度和降水的关系》，《生态学报》2020 年第 16 期，第 1~12 页。

[13] 史娜娜、肖能文、王琦、韩煜、冯瑾、全占军：《长江经济带生态系统格局特征及其驱动力分析》，《环境科学研究》2019 年第 11 期，第 1779~1789 页。

[14] 王开广：《长江中游湿地消失了多少?》，《环境经济》2015 年第 Z8 期，第 44 页。

[15] 王丰龙、曾刚：《长江经济带研究综述与展望》，《世界地理研究》2017 年第 2 期，第 62~71、81 页。

[16] 汪群、虞刘悦、吴兆丹、陈浩然：《长江经济带城市洪涝脆弱性评估——以南京、武汉和成都为例》，《水利经济》2020 年第 3 期，第 55~61、85~86 页。

[17] 王玮：《长江中下游湿地现状及保护对策》，《武汉职业技术学院学报》2008 年第 1 期，第 29~31 页。

[18] 王维：《长江经济带城乡协调发展评价及其时空格局》，《经济地理》2017 年第 8 期，第 60~66、92 页。

[19] 魏伟、缪江波、夏俊楠、武静：《湖北省长江经济带沿岸地区“三区空间”演化特征及机制分析（2010—2017）》，《经济地理》2020 年第 2 期，第 132~142 页。

[20] 肖金成、刘通：《长江经济带：实现生态优先绿色发展的战略对策》，《西部论坛》2017 年第 1 期，第 39~42 页。

[21] 徐梦佳、刘冬、葛峰、林乃峰：《长江经济带典型生态脆弱区生态修复和保护现状及对策研究》，《环境保护》2017 年第 16 期，第 50~53 页。

[22] 徐苏、张永勇、窦明、花瑞祥、周宇建：《长江流域土地利用时空变化特征及其径流效应》，《地理科学进展》2017 年第 4 期，第 426~436 页。

[23] 燕然然、蔡晓斌、王学雷、厉恩华、邓帆、李辉、姜刘志、赵素婷：《长江流域湿地自然保护区分布现状及存在的问题》，《湿地科学》2013 年第 1 期，第 136~144 页。

[24] 杨传国、金义蓉、张玉婷：《第六次人口普查长江流域人口分布特征分析》，中国测绘学会第一届中国大地测量和地球物理学学术大会论文集，2014，1-1。

[25] 杨倩、胡锋、赵自阳、陈云华、张晓岚、王红瑞：《长江经济带水资源水环境指标评估及对策》，《北京师范大学学报》（自然科学版）2019 年第 6 期，第 731~740 页。

[26] 姚莉：《湖北长江经济带生态保护和绿色发展战略研究》，《决策与信息》2017 年第 5 期，第 10~19 页。

[27] 姚瑞华、赵越、杨文杰、赵康平、孙运海、徐敏、路瑞：《长江经济带生态环境保护规划研究初探》，《环境保护科学》2015 年第 6 期，第 15~17、28 页。

[28] 余意峰、宋云婷、胡道华、余迅：《长江经济带传统村落空间分布及其影响因素分析》，《地域研究与开发》2020 年第 1 期，第 7~12 页。

[29] 苑韶峰、唐奕钰、申屠楚宁：《土地利用转型时空演变及其生态环境效应——基于长江经济带 127 个地级市的实证研究》，《经济地理》2019 年第 9 期，第 174~181 页。

[30] 曾刚、杨舒婷、王丰龙：《长江经济带城市协同发展能力研究》，《长江流域资源与环境》2018 年第 12 期，第 2641~2650 页。

[31] 赵辉、石道良、赵洪波、吴吉、陈文胜：《湖北省湿地现状及保护建议》，《湖北林业科技》2015 年第 4 期，第 41~43、58 页。

[32] 周文昌、史玉虎、付甜、庞宏东：《湖北省湿地保护现状、问题及保护对策》，《湿地科学与管理》2020 年第 1 期，第 31~34 页。

[33] 晁静、赵新正、李同昇、青雨馨：《长江经济带三大城市群经济差异演变及影响因素——基于多源灯光数据的比较研究》，《经济地理》2019 年第 5 期，第 92~100 页。

[34] 张正昱、金贵、郭柏枢、董寅、陈坤：《基于多准则决策的长江经济带国土空间脆弱性与恢复力研究》，《自然资源学报》2020 年第 1 期，第 95~105 页。

[35] Jiang, Y. H. , Lin, L. J. , Chen, L. D. , Ni, H. Y. , Ge, W. Y. , Cheng, H. X. , Zhai, G. Y. , Wang, G. L. , Ban, Y. Z. , Li, Y. , Lei, M. T. , Tan, C. X. , Su, J. W. , Zhou, Q. P. , Zhang, T. L. , Li, Y. , Liu, H. Y. , Peng, K. , Wang, H. M. . An Overview of the Resources and Environment Conditions and Major Geological Problems in the Yangtze River Economic Zone, China. China Geology, 2018, 1 (3).

[36] Liu, S. C. , Ye, Y. M. , Li, L. L. . Spatial-Temporal Analysis of Urban Land-Use Efficiency: An Analytical Framework in Terms of Economic Transition and Spatiality. Sustainability, 2019, 11 (7).

国土空间生态修复篇

第五章 长江经济带生态环境保护政策概述

本章在介绍长江经济带的地理位置与环境、生态系统、国土空间开发和利用情况的基础上，主要对长江经济带生态环境保护的现有相关规划、措施和政策进行梳理和总结。首先，将长江经济带生态环境保护政策进行分类汇总；其次，梳理了长江经济带整体保护政策；最后，将长江经济带划分为长江上中下游三个区域，并梳理了相关生态环境保护政策。

第一节 长江经济带生态环境保护政策分类

在《长江经济带生态环境保护规划》和《全国重要生态系统保护和修复重大工程总体规划（2021—2035 年）》的基础上，结合长江经济带的重要战略地位以及我国实现生态文明建设的政策方针，本节对中央和地方近年来下发的长江经济带生态环境保护政策进行了梳理，将长江经济带生态环境保护政策主要分为跨界合作类、行政法规类、财政类和控制类四种。跨界合作类政策指的是在合作共赢、互惠共生关系下不同地区或部门联合制定、颁布的政策；行政法规类政策主要是指中央和地方政府以及环保等相关职能部门制定的条例、法规政策等；财政类政策是指基于财税视角制定的完善生态补偿机制的政策；控制类政策是针对比较严重的生态问题，比如水污染、生物多样性锐减等具体生态问题提出的政策措施，具体见表 5-1。

表 5-1 长江经济带各类生态环境保护政策

政策类型	示例	
跨界合作类	跨省份	重庆、四川、云南、贵州四省市签订《长江上游地区省际协商合作机制实施细则》，建立省际协商合作机制
	跨部门	财政部、环境保护部、国家发改委、水利部共同印发《中央财政促进长江经济带生态保护修复奖励政策实施方案》，明确多渠道支持长江经济带生态补偿与保护
行政法规类	中央	《中华人民共和国环境保护法》（以下简称《环境保护法》）、《中华人民共和国环境影响评价法》（以下简称《环境影响评价法》）、《长江经济带发展战略规划纲要》、《长江经济带生态环境保护规划》等
	地方	《重庆市长江三峡水库库区及流域水污染防治条例》《湖北省汉江长江水污染防治条例》《云南省大理白族自治州洱海管理条例》等
财政类	生态补偿	国家发改委印发《长江经济带绿色发展专项中央预算内投资管理暂行办法》对长江流域生态项目提出了高比例的补贴标准； 湖南省出台《洞庭湖生态环境专项整治工作财政奖补方案（2018—2020 年）》，确定洞庭湖生态经济区范围内各项生态整治工作详细补助措施
	绿色金融	上游地区：重庆市印发《重庆市建设国内重要功能性金融中心“十三五”规划》，提出“十三五”期间，将加快建立绿色金融体系，加大绿色信贷投放力度，研究建立绿色信贷贴息机制、绿色项目担保机制； 中游地区：湖北省正积极打造碳交易中心； 下游地区：上海建成“陆家嘴金融城理事会绿色金融专业委员会”和“陆家嘴绿色金融发展中心”两大平台
控制类	污染治理	安徽省出台《长江（安徽）经济带船舶和港口污染突出问题整治工作方案》，提出对长江（安徽）经济带船舶和港口污染突出问题开展为期一年的集中整治
	污染排放	上海市提出开展排污权交易试点以及建成排污许可证证后监管系统，强化事后监管以及对一类污染物及其他主要污染物的在线监控
	生物多样性保护	国务院出台《国务院办公厅关于加强长江水生生物保护工作的意见》； 湖南省发布《湖南省人民政府关于禁止猎捕野生动物的通告》，要求全面禁猎重点保护野生动物，使野生动物得到休养生息和种群恢复； 农业农村部原部长韩长赋提出加大工作力度，开展珍稀濒危水生生物迁地保护行动，实施自然种群与栖息地就地保护工程，进一步加强长江水域网格化监测站点布局建设

一　跨界合作类政策

跨界合作类政策主要指由不同省份或者不同部门联合制定的政策，其目的在于使处于长江经济带沿线的各城市能够形成一体化互惠共生体系，合作共赢，共同保护长江经济带的生态系统。目前，长江经济带的跨界合作类政策具体包括跨省域合作政策与跨部门合作政策。2014 年长江沿岸 27 个城市正式达成长江流域环境联防联治合作协议，目的在于设立区域性环境资源交易平台，建立流域上中下游生态补偿制度；财政部出台《关于建立健全长江经济带生态补偿与保护长效机制的指导意见》，意在推广“建立市场化、多元化生态补偿机制”，如安徽与浙江正在推进新安江流域（二期）横向生态补偿工作，湖南与湖北建立长江流域生态补偿大数据平台，统一规范评价方法及监测数据记录和发布流程，并逐步实现流域内跨省份、跨部门的协同互动和数据信息资源共享（徐浩，2019）。2017 年 7 月出台的《长江经济带生态环境保护规划》划定生态保护与修复等任务，以大工程带动大保护，加强了长江沿岸各省份之间的交流合作。同时长江经济带生态环境联防联治建立了许多机制体制，比如上游重庆、四川、云南、贵州四省市建立的省际协商合作机制，通过《长江上游地区省际协商合作机制实施细则》明确了具体运行机制和操作细则。下游浙江、江苏、安徽和上海“三省一市”成立长三角环保长效协同机制，签订了《长三角区域环境保护领域信用联动奖惩合作备忘录》，明确环保领域区域信用合作内容，建立完善区域信用合作机制，发布首个区域严重失信行为认定标准、联合惩戒措施（汤学兵，2019）。

二　行政法规类政策

行政法规类政策主要指中央和地方政府以及环保等相关职能部门制定的条例、法规、政策等，本节主要梳理了近年来由中央颁布的长江经济带生态环境保护的纲要、规划和法规，由长江沿线的湖北、重庆等省市相关部门制定的一些政策措施。改革开放以来，长江经济带健康绿色发展的法制环境逐渐健全，相关法律法规不断出台。在国家层面上，《环境保护法》

《环境影响评价法》《中华人民共和国环境保护税法》等有关法律的修订和颁布为保护长江流域生态环境提供了法律支撑；在整个长江流域层面上，《长江经济带发展战略规划纲要》《长江流域综合规划（2012—2030年）》《长江经济带生态环境保护规划》等文件的制定和出台，为长江经济带的生态环境保护提供了有力的政策保障；《长江河道采砂管理条例》《太湖流域管理条例》等行政法规的发布，也为长江经济带的良性发展提供保护和导向。2021年3月1日正式施行的《中华人民共和国长江保护法》（以下简称《长江保护法》），也进一步表明了国家对长江流域生态环境保护和绿色发展的引领、指导和约束作用。

长江沿岸各地方政府积极响应国家号召，各省市根据管辖区域内长江生态环境的具体情况颁布了一系列地方性法规、规章。如污染较为严重的重庆市、湖北省各自颁布了《重庆市长江三峡水库库区及流域水污染防治条例》和《湖北省汉江长江水污染防治条例》，为流域水污染防治提供了法律保障（张婷和赵怡琳，2019）。对于滇西北横断山区有着丰富生物资源的地区，各市县分别制定《云南省三江并流世界自然遗产地保护条例》《云南省大理白族自治州洱海管理条例》《云南省大理白族自治州苍山保护管理条例》等，从法律层面进一步保护地区生物多样性（薛达元和武建，2016）。地方性法律文件保守统计有几十部，这些行政法规类政策为长江流域生态环境的良好发展提供了较为健全的法律保障体系。

三 财政类政策

财政类政策是基于财税视角来完善生态补偿机制、健全长江流域生态补偿机制，是长江经济带实现可持续发展的迫切需求。对于长江经济带生态系统的保护，财政类政策主要是以生态补偿机制与绿色金融等方式为主的生态保护政策，进而调节保护者与破坏者、受害者与受益人之间的经济利益关系。近年来，国家和地方政府大力建设与完善生态补偿制度，以推动和保障长江流域生态环境的建设。洞庭湖作为长江流域重要的湖区，对于生态系统具有重要的调节作用。近年来，政府加大了对洞庭湖生态环境保护投入的力度，投入资金占政府财政支出的比重持续上升（杨芳和邝奕轩，2014)。2018年，湖南省先后出台了《洞庭湖生态环境专项整治三年行动计划（2018—2020年）》和《洞庭湖生态环境专项整治工作财政奖补方案（2018—2020年）》，制定了一系列奖补措施，支持洞庭湖生态经济区范围内长沙市、岳阳市等25个县市区，重点推进农业面源污染、城乡生活污染、船舶污染、水源地污染、湿地保护和修复、重点片区等八大领域治理工作。此外，地方上也建立专项资金来落实区域生态建设目标，如常德市围绕“2020年洞庭湖湖体水质达到Ⅲ类水质标准”的总目标，2018~2019年财政共安排市本级专项资金6.2亿元；益阳市为尽快建立和实施洞庭湖生态补偿制度，2018年发布《益阳市人民政府办公室关于健全生态保护补偿机制的实施意见》，由益阳市生态环境局对每年度各负责单位工作绩效进行评估并给予一定奖惩。2019年5月8日，国家发改委修订印发的《长江经济带绿色发展专项中央预算内投资管理暂行办法》，提出了高比例的补贴标准，如生态环境突出问题整改项目、长江生态环境污染治理“4+1”工程项目、绿色发展示范工程、长江干支流水生态环境监测项目，对中、西部地区分别按照不超过项目总投资45%、60%的标准予以补助（钱立华等，2020）。

此外，“绿色金融”方式也在不断助力长江流域生态环境建设。“绿色金融”强调通过主体多元化来扩大环保资金来源，上海、江苏以及湖北将此作为主要的市场激励型政策工具（肖芬蓉和王维平，2020）。在上游地区，2017年初重庆市政府印发的《重庆市建设国内重要功能性金融中心“十三五”规划》提出，“十三五”期间将加快建立绿色金融体系，加大绿色信贷投放力度，研究建立绿色信贷贴息机制和绿色项目担保机制；在中游地区，湖北省正积极打造碳交易中心。截至2014年11月底，湖北碳排放配额交易总量达621万吨，占全国累计总额的47%，交易总额占全国的30%，累计日均成交量占全国的56%。在下游地区，2017年3月，“陆家嘴金融城理事会绿色金融专业委员会”和“陆家嘴绿色金融发展中心”两大平台在上海建成。在江苏省，江苏银行建立了能效贷款、合同能源管理项目贷款、光伏贷等绿色信贷产品体系；光大银行苏州分行与政府合作，由政府建立低碳节能风险补偿资金池，通过“资金池+担保+银行”等多种风险分担方式，为苏州工业园区内的低碳节能企业提供融资支持（冯俊，2017）。

四　控制类政策

控制类政策主要针对某些区域严重的生态问题，政府或相关部门制定有针对性的、严格的专项政策措施来抑制生态问题的进一步恶化，从而达到生态系统保护与修复的目的。长江经济带控制类政策主要包括针对污染治理、污染排放与生物多样性等具体生态问题提出的政策措施。长江经济带的快速发展不可避免地给长江流域生态环境带来了一定程度的污染，对此中央和地方都十分重视。在污染治理方面，在国家层面，国家发改委、生态环境部等五部委发布《关于加快推进长江经济带农业面源污染治理的指导意见》，计划到2020年实现种养业布局进一步优化，农业农村废弃资源化利用水平明显提高，流域水质的污染显著降低的目标。在地方层面，上海市提出“对污水直接排向环境的工业集聚区实施集中排污口管理，增减总氮、总磷等控制指标”；浙江省提出2020年底前无法落实危险废物出路的工业集聚区应按要求建成危险废物集中处理中心，安装监控设备，实现自产自销以及实施重点水污染行业废水深度处理；江苏省提出太湖流域停止审批增加氮磷污染物排放的新建工程项目，淮河流域限制发展高耗水产业，沿江地区严格限制新建中重度污染化工项目，沿海地区严格限制新建医药、农药和染料中间体项目；安徽省印发了《长江（安徽）经济带船舶和港口污染突出问题整治工作方案》，提出对长江（安徽）经济带船舶和港口污染突出问题开展为期一年的集中整治工作，同时将交通运输部、国家长江办移交的有关水污染问题一并纳入整治，并保证2020年底前见成效（董帮友，2020）。在污染物排放方面，各地也出台了一系列政策，江苏省提出沿海地区实行总氮总量控制、强化海上排污监管、建立海上污染排放许可证制度、建设省级排污权交易中心，在全国首次提出完善全省的废水污染源自动监控网络。上海市提出开展排污权交易试点以及建成排污许可证证后监管系统，强化事后监管以及对一类污染物及其他主要污染物的在线监控（童坤等，2019）。

在长江流域，污染物的不合理排放，严重危害了流域内丰富的生物资源，因此中央和长江沿线各省份出台了一系列生物保护政策。2018 年国务院出台《国务院办公厅关于加强长江水生生物保护工作的意见》，提出从源头防控，涉及水生生物栖息地的规划和项目应依法开展环境影响评价工作；加快保护地建设和长江流域生态保护红线的划定，在水生生物重要栖息地和关键生境建立自然保护区、水产资源保护区和其他保护地，从而对水生生物实行严格的保护和管理；此外，还应进一步提升保护地功能，保障水生生物生存环境的健康和稳定。农业农村部原部长韩长赋认为保护长江水生生物资源要求紧迫、任重道远，并提出在前期工作基础上，加大工作力度，开展珍稀濒危水生生物迁地保护行动，实施自然种群与栖息地就地保护工程，进一步加强长江水域网格化监测站点布局建设，大力建设兼顾生态修复保护和渔民生计保障，探索建立多元化生态补偿机制（韩长赋，2018）。农业农村部、财政部、人社部联合印发《长江流域重点水域禁捕和建立补偿制度实施方案》，在长江流域实行 10 年禁捕，辅以增殖放流，由此来达到恢复渔业资源的目标（王明旭，2019）。除了对水生生物进行严格的保护和管理，各地也出台了一系列保护野生动物的政策。《湖南省人民政府关于禁止猎捕野生动物的通告》要求，全面禁猎重点保护野生动物，使野生动物得到休养生息和种群恢复。云南省政府办公厅印发的《关于加强长江水生生物保护工作的实施意见》提出到 2020 年，金沙江云南段重点水域实现常年禁捕，水生生物保护区建设和监管能力显著提升，并充分发挥保护区的保护功能，水生生物重要栖息地得到有效保护，关键生境修复取得实质性进展，水生生物资源恢复性增长，水域生态环境恶化和水生生物多样性下降趋势基本遏制。到 2035 年，金沙江云南段生态环境能够明显改善，水生生物栖息生境得到全面保护，水生生物资源显著增长，水域生态功能有效恢复。

第二节 长江经济带整体生态环境保护政策

在长江经济带战略背景下，长江流域不仅是一个经济共同体，也是一个生态共同体。长江经济带整体生态环境保护政策是指从保护与修复整个长江流域的生态环境出发，编制下发长江流域整体性规划、政策与措施。本节主要梳理总结了2012~2019年，由国务院、环境保护部（生态环境部）、国家发展改革委、水利部等国家部门颁布下发以及地方相关部门和机构制定的规划、政策与措施，具体见表5-2。习近平总书记多次提及长江经济带的生态环境保护，2017年在党的第十九次全国代表大会上明确提出了长江经济带发展要坚持生态优先、绿色发展的战略，指出长江经济带发展要以共抓大保护、不搞大开发为导向；2018年习近平总书记在深入推动长江经济带发展座谈会上强调，新形势下推动长江经济带发展的关键是正确把握整体推进和重点突破、生态环境保护和经济发展的关系，以长江经济带发展推动经济高质量发展。国家相关部门也出台了一系列长江经济带生态系统保护的规划与政策，2012年，长江水利委员会（简称长江委）牵头编制了《长江流域综合规划（2012—2030）》，并获得国务院批复。2014年9月，国务院《关于依托黄金水道推动长江经济带发展的指导意见》指出："依托黄金水道推动长江经济带发展，打造中国经济新支撑带，是党中央、国务院审时度势，谋划中国经济新棋局作出的既利当前又惠长远的重大战略决策。"2016年2月、2017年12月国家分别出台《最高人民法院关于为长江经济带发展提供司法服务和保障的意见》与《最高人民法院关于全面加强长江流域生态文明建设与绿色发展司法保障的意见》两份司法文件，对加强长江流域生态环境司法保护工作进行全面部署，提出要以保护和改善水环境与水生态为核心，立足长江上、中、下游生态环境特点，明确各区段重点案件的审理规则，同时要树立系统保护理念，健全体制机制，积极推进全流域协同治理。2018年，生态环境部召开常务会议，审议并原则通过《长江流域水环境质量监测预警办法（试行）》，要求扎实做好长江水环境质量监测预警工作，为打好长江保护修复攻坚战提供重要支撑。"十三五"规划纲要明确指出："将长江经济带建设成为中国生态文明建设先行示范带、创新驱动带、协调发展带。"2021年3月1日《中华人民共和国长江保护法》正式施行。此外，国家相关部门也联合制定了一系列政策措施来保护长江经济带的生态环境。2016 年 9 月，水利部、国土资源部正式印发由长江委牵头编制完成的《长江岸线保护和开发利用总体规划》，全面分析了长江岸线保护和开发利用存在的主要问题及经济社会发展对岸线开发利用的要求，并对各功能区提出了相应的管理要求和保障措施。2017 年 7 月 13 日，为落实党中央、国务院关于推动长江经济带发展的重大决策部署，环境保护部、国家发展改革委、水利部会同有关部门编制了《长江经济带生态环境保护规划》，划定了生态保护与修复等任务，以大工程带动大保护，加强了长江沿岸各省份之间的交流合作，同时也制订了《2016—2017 年长江经济带生态环境保护行动计划》。2019 年 1 月，生态环境部、国家发展改革委两部委联合印发《长江保护修复攻坚战行动计划》，明确提出以提高长江生态环境质量为核心，并提出了强化生态环境空间管控、严守生态保护红线等 8 项主要任务。此外，长江沿线各城市也积极响应国家号召保护长江经济带生态环境，2014 年 11 月 23 日，长江沿岸 27 个城市正式达成《长江流域环境联防联治合作协议》，共同探索并设立区域性环境资源交易平台，建立流域上、中、下游生态补偿制度。

表 5-2 长江经济带整体生态环境保护政策

时间	政策
2012 年 12 月	长江委牵头编制了《长江流域综合规划（2012—2030）》，并获得国务院批复
2014 年 9 月	国务院出台《关于依托黄金水道推动长江经济带发展的指导意见》
2014 年 11 月	长江沿岸 27 个城市正式达成《长江流域环境联防联治合作协议》
2016 年 9 月	水利部、国土资源部正式印发由长江委牵头编制完成的《长江岸线保护和开发利用总体规划》
2016 年 10 月	习近平总书记在党的第十九次全国代表大会上明确提出了长江经济带发展要坚持生态优先、绿色发展的战略
2016—2020 年	“十三五”规划纲要明确指出：“将长江经济带建设成为中国生态文明建设先行示范带、创新驱动带、协调发展带。”
2017 年 7 月	环境保护部、国家发展改革委、水利部会同有关部门编制《长江经济带生态环境保护规划》，划定了生态保护与修复等任务

续表

时间	政策
2017 年 10 月	党的十九大报告中指出长江经济带发展要以共抓大保护、不搞大开发为导向
2018 年 4 月	习近平总书记在实地调研长江经济带生态环境修复工作时，进一步强调，新形势下推动长江经济带发展的关键是正确把握整体推进和重点突破、生态环境保护和经济发展的关系，以长江经济带发展推动经济高质量发展
2018 年 9 月	生态环境部召开常务会议，审议并原则通过《长江流域水环境质量监测预警办法（试行）》，要求扎实做好长江水环境质量监测预警工作
2018 年 11 月	在中国环境与发展国际合作委员会上，第一份《长江保护法（建议稿）》报送国务院和相关部门审核
2019 年 1 月	生态环境部、国家发展改革委两部委联合印发《长江保护修复攻坚战行动计划》
2021 年 3 月	《中华人民共和国长江保护法》正式施行

第三节　长江经济带上、中、下游生态环境保护政策

长江经济带按地理位置可划分为长江经济带上游、长江经济带中游与长江经济带下游。长江经济带上、中、下游由于气候、地理位置、资源禀赋等的不同，面临的生态问题有所差异，因此，各地区生态环境保护政策的侧重面亦有所不同。长江经济带包含大巴山区生物多样性、三峡库区水土保持、武陵山区生物多样性与水土保持等多个国家重点生态功能区以及洞庭湖和鄱阳湖等重要河湖湿地，近年来由于过度开发、湖泊围垦、大型基础设施功能建设等，整个长江经济带存在流域森林生态系统破坏严重，河湖、湿地生态系统面临退化风险，湿地面积不断萎缩，水土流失、石漠化、水生生物多样性受损严重等突出问题。针对这些生态问题，各地区都制定、下发了因地制宜的政策措施，具体见表 5-3。

表 5-3 长江经济带各流域生态环境保护政策

长江经济带上游		长江经济带中游		长江经济带下游	
2015年12月	贵州省人民政府对《贵州省生物多样性战略与行动计划（2016—2026年）》进行了批复	2015年4月	《长江中游城市群发展规划》正式获批，长江经济带形成了长三角、长江中游和成渝三大城市群	2016年1月	上海“十三五”规划纲要提出，到2020年，上海将明显提高水环境质量；有效提高空气质量等具体要求
2016年1月	在重庆召开的推动长江经济带发展座谈会上，国家主席习近平强调：推动长江经济带发展必须走生态优先、绿色发展之路	2017年1月	湖北省出台《关于全面推行“河湖长制”的实施意见》，从落实水资源管理、划定河湖水生态空间等方面提出了更高要求	2016年9月	浙江省人民政府印发《关于浙江省参与长江经济带建设实施方案（2016—2018年）》
2017年6月	重庆、四川、云南、贵州四省市在首届长江上游地区省际协商合作联席会上通过了《长江上游地区省际协商合作机制实施细则》	2017年11月	湖北省环境保护厅编制了《湖北长江经济带生态环境保护规划》，明确提出“四屏、三带、一区”的全省生态网络框架	2017年9月	浙江省编制印发了《浙江省长江经济带发展实施规划》，明确了浙江参与长江经济带建设的四大战略定位、“两核两带三区”的空间布局
2018年5月	重庆市政府印发《关于建立流域横向生态保护补偿机制实施方案》，在多个次级河流建立横向补偿机制	2017年12月	湖南省政府办公厅通过《洞庭湖生态环境专项整治三年行动计划（2018—2020年）》	2018年1月	《安徽省地表水断面生态补偿暂行办法》出台，生态补偿机制在安徽省全域实行

续表

长江经济带上游		长江经济带中游		长江经济带下游	
2018 年 6 月	云南省发布《云南省生态保护红线》，明确划定全省生态保护红线面积	2018 年 1 月	湖北省出台了《湖北长江经济带绿色宜居城镇建设专项规划（2016—2020年）》	2018 年 4 月	《南京市长江岸线保护办法》正式实施，这是全国第一部聚焦长江岸线保护的地方性法规
2018 年 9 月	《云南省生物多样性保护条例》出台，以保护生物多样性，保障云南省及长江经济带生态安全为目的	2018 年 5 月	江西省人民政府印发《江西省长江经济带“共抓大保护”攻坚行动工作方案》，走生态优先、绿色发展之路	2018 年 5 月	上海市人民政府审议通过了《崇明区总体规划暨土地利用总体规划（2017—2035年）》
2018 年 10 月	贵州省出台《贵州省饮用水水源环境保护办法》，以强化水源保护	2019 年 2 月	湖南住房和城乡建设厅印发《长江经济带住建领域环境问题整改排查方案》	2018 年 6 月	下游三省一市成立长三角环保长效协同机制，签订《长三角区域环境保护领域信用联动奖惩合作备忘录》
2019 年 6 月	四川省研究制定了《四川省长江生态环境问题整改方案》，目前正按程序报批	2019 年 7 月	湖南、湖北两省高级人民法院签订《环洞庭湖环境资源审判协作框架协议》，为洞庭湖生态环境提供司法保护	2018 年 6 月	江苏省出台《江苏省长江经济带生态环境保护实施规划》

一　长江经济带上游

长江经济带上游的省份主要是地处西部地区的重庆、贵州、四川和云南四个省市，目前存在水土流失加重、石漠化、水污染严重、森林质量与水源涵养功能较低、地质灾害威胁严重、野生动植物栖息地减少等生态问题。长江经济带上游四省市在 2017 年 6 月的首届长江上游地区省际协商合作联席会上，建立了省际协商合作机制，通过了《长江上游地区省际协商合作机制实施细则》，明确提出了具体的运行机制和操作细则。长江上游四省市的相关部门结合各自省份主要生态问题制定了生态环境保护政策措施。

（一）重庆市

重庆市作为三峡水库建设工程主要承载地区，长江干流上的三峡库区及其关联水域的保护与治理是重庆市生态环境建设的重中之重。2011 年 7 月，重庆市第三届人民代表大会常务委员会第二十五次会议通过了《重庆市长江三峡水库库区及流域水污染防治条例》。2016 年 1 月 5 日，在重庆召开的推动长江经济带发展座谈会上，国家主席习近平强调，推动长江经济带发展必须从中华民族长远利益考虑，走生态优先、绿色发展之路。2018 年 5 月，重庆市政府印发建立流域横向生态保护补偿机制实施方案，规定 2020 年前在龙溪河、璧南河等 19 条流域面积 500 平方千米以上且跨两个或多个区县的次级河流建立横向补偿机制。

（二）四川省

四川省境内流经长江八大支流中的两条——岷江、嘉陵江，属于长江水域大省，工农产业发达，由此带来的生态环境污染问题也较为突出。2017 年，四川省以习近平总书记重要讲话精神为引领，按照环境保护部的安排部署，分别制定岷江、沱江、嘉陵江全流域污染防治规划。2019 年 6 月，结合国家移交的 20 个生态环境问题和省内第一批排查出包括城镇基础设施类、生态破坏类、畜禽养殖类、工业污染类等方面的 168 个问题，四川省研究制定了《四川省长江生态环境问题整改方案》，目前正按程序报批（王小玲，2019）。同时，近年来四川省各相关部门陆续制定出台了

《四川省进一步加强入河排污口整改提升工作实施方案》《四川省长江经济带固体废物大排查行动工作方案》等实际政策，决心打好污染防治攻坚战，认真组织开展长江经济带生态环境问题排查和整改。

（三）贵州省

贵州省是中国唯一没有平原的喀斯特山区省份，也是长江上中游岩溶地区石漠化问题的中心省份，生物资源的保护与水土资源的调配是生态环境保护的重点。贵州省人民政府于 2015 年 12 月对《贵州省生物多样性战略与行动计划（2016—2026 年）》进行了批复。2017 年 4 月，印发了《贵阳市“六个一律”环保“利剑”执法专项行动 2017 年百日攻坚行动方案的通知》，启动了“六个一律”环保“利剑”执法专项行动与 2017 年百日攻坚行动。2018 年 10 月，贵州省出台了《贵州省饮用水水源环境保护办法》，以强化水资源的保护。2019 年 4 月，在贵州省第十三届人民政府第二十九次常务会议上，研究部署中央生态环保督察“回头看”和全国人大常委会水污染防治法执法检查反馈意见整改工作，并审议了《2019 年国家生态文明试验区（贵州）建设工作要点》。

（四）云南省

云南省境内有北回归线横贯南部，全省遍布起伏纵横的高原山地，穿插断陷盆地，地跨六大水系，几乎集中了从热带、亚热带至温带甚至寒带的植物品种，形成了寒温带热带动物交汇的奇特现状，属于亟须保护的生物资源多样省份。2018 年 6 月，云南省发布《云南省生态保护红线》，明确划定全省生态保护红线面积，并将境内六大水系的上游区，特别是金沙江、怒江、澜沧江等约 70%的面积纳入生态保护红线。2018 年 9 月，《云南省生物多样性保护条例》出台，以保护生物多样性、保障贵州省及长江经济带生态安全。同时，云南对接《长江经济带发展规划纲要》，印发实施《长江经济带发展云南实施规划》，并研究制定云南省长江经济带森林和自然生态保护与恢复、长江岸线（云南段）开发利用与保护等专项规划以及发布《云南省长江经济带发展负面清单指南实施细则（试行）》等一系列文件。

二　长江经济带中游

长江经济带中游的省份主要是地处中部地区的江西、湖北和湖南三个省份。长江经济带中游目前主要存在森林生态系统破坏严重、生物多样性丧失严重、湖泊湿地生境破碎化、水流通性差、农业面源污染严重等生态问题。长江中游三省份在生态系统保护过程中已初步形成合作共赢的局面，联合制定了一系列政策措施。2019 年 7 月，湖南、湖北两省高级人民法院签订《环洞庭湖环境资源审判协作框架协议》，合力为洞庭湖生态环境提供司法保护。在生态系统的保护过程中，区域间的合作很重要，但合作的前提是各省份要先制定针对各自省份的生态问题的政策措施，江西、湖北、湖南也结合各自省份生态问题的状况制定了一系列行之有效的政策措施。

（一）江西省

江西省水域面积广阔，山地峻峭延绵，植被覆盖率较高，生态环境较为优越，把生态环境放在首位，走一条生态与经济共赢的发展之路是江西省发展的重点。2018 年 5 月 22 日，《中共江西省委办公厅江西省人民政府办公厅关于印发〈江西省长江经济带“共抓大保护”攻坚行动工作方案〉的通知》指出坚决落实习近平总书记关于“把修复长江生态环境摆在压倒性位置，共抓大保护、不搞大开发”重要指示精神，坚定不移地走生态优先、绿色发展之路，以长江经济带发展推动经济的高质量发展。

（二）湖北省

湖北省作为“千湖之省”，以河湖湿地等水资源为中心的生态环境保护是政策的侧重点，与此同时，山地约占全省总面积的 55.5%，也是不可忽视的重点区域。2018 年 4 月，习近平总书记在考察湖北时强调，实施长江经济带发展战略要加大力度，必须从中华民族长远利益考虑，把修复长江生态环境摆在压倒性位置。湖北为贯彻落实习近平总书记的指示，在把握好发展与保护的辩证关系，促进长江大保护和长江经济带高质量发展方面做出了不少的努力。2017 年初，湖北出台《关于全面推行“河湖长制”的实施意见》，从落实水资源管理、划定河湖水生态空间、加强水污染防治、强化水环境治理、推进水生态修复与保护、加强执法监管等方面提出了更高要求。2017 年 11 月，湖北省环境保护厅编制了《湖北长江经济带生态环境保护规划》，清晰地把全省 18.59 万平方千米的范围，勾勒为大别山区、武陵山区、幕阜山区、秦巴山区四个生态屏障，以及长江、汉江、清江三条水土保持带，再加上江汉平原的湖泊湿地，由这“四屏、三带、一区”构成了全省的生态网络框架。2018 年 1 月，湖北省出台了《湖北长江经济带绿色宜居城镇建设专项规划（2016—2020 年）》，着重从绿色生态空间、特色景观、美丽乡村等方面，提出新型城镇化和绿色宜居城镇发展的路径。同时，湖北省在全国率先出台《湖北长江经济带生态保护和绿色发展总体规划》，围绕水污染治理、水生态保护、水资源利用，初步建立总投资 1.14 万亿元的项目库，助力长江大保护。而《湖北省水污染防治条例》《关于农作物秸秆露天禁烧和综合利用的决定》《湖北省土壤污染防治条例》等政策的出台，是湖北为保护长江、建设生态长江群策群力的顶层设计。各地市也纷纷用新理念、新制度、新实践，为生态长江建设注入更多源头活水。例如，武汉出台《水生态文明城市建设试点工作方案》，打造“江—河—湖—城”交相辉映的世界名城。黄石在全国率先成立首支环境保护警察支队，成为生态长江建设“急先锋”。宜昌加强城区山体、水域保护，创建国家首批生态文明先行示范区（郑明桥，2017）。

（三）湖南省

湖南省除湘南、湘东极少数小河分属珠江和赣江水系之外，均属长江流域，自西、南、东三面汇入洞庭湖，注入长江，由此可见以洞庭湖为核心的水系整治和污染防治是湖南省生态环境保护的绝对中心。2019 年 2 月，湖南省住房和城乡建设厅印发《长江经济带住建领域环境问题整改排查方案》，要求结合推进水污染防治行动、洞庭湖专项整治行动和城市黑臭水体整治攻坚，坚决抓好长江经济带生态环境涉及住建领域的相关问题整改，助力全省水环境持续改善。全面落实《洞庭湖生态经济区规划》，巩固提升洞庭湖水环境综合治理五大专项行动成果，实施《洞庭湖生态环境专项整治三年行动计划（2018—2020 年）》，加快推进农业面源污染防治、城乡生活污染治理、工业污染集中整治、船舶污染防治、湿地生态修复等十大重点领域整治，突出大通湖、华容河、珊珀湖、安乐湖、东风湖等重点片区整治；继续实施湘江保护和治理“一号重点工程”，顺利完成第二个“三年行动计划”（2016—2018 年），研究谋划第三个“三年行动计划”（2019—2021 年）；严格执行《湖南省饮用水水源保护条例》，落实饮用水水源保护区的各项管理措施和保护要求。加强生态环境保护立法，加快制定出台《洞庭湖保护条例》，修订完善《湖南省湘江保护条例》和《湖南省长株潭城市群生态绿心地区保护条例》。

三　长江经济带下游

长江经济带下游的省份主要是地处东部地区的上海、浙江、江苏和安徽“三省一市”，长江经济带下游目前主要存在森林生态系统破坏严重、涵养水源和土壤保持功能下降、洪涝灾害风险增大、动物栖息地破碎化严重等生态问题。在生态系统的保护与修复方面，长江经济带下游“三省一市”于 2018 年成立长三角环保长效协同机制，签订了《长三角区域环境保护领域信用联动奖惩合作备忘录》，明确环保领域区域信用合作内容，建立完善区域信用合作机制，发布首个区域严重失信行为认定标准、联合惩戒措施（汤学兵，2019）。此外，在 2019 年 11 月，上海、江苏、浙江、安徽等高级人民法院签署《长三角地区人民法院环境资源司法协作框架协议》，为构筑长三角区域环境司法一体化保护协作机制奠定基础。长江经济带下游“三省一市”也结合各自省份的生态问题制定了规划、政策与措施。

（一）上海市

上海市绝大部分为坦荡低平的平原，并拥有上海崇明东滩鸟类国家级自然保护区，改善生态是未来上海生态环境保护的重要议题。上海“十三五”规划纲要提出，到 2020 年，上海将明显改善水环境质量，基本消除黑臭水体；有效改善空气质量，优良率达到 80% 左右；增加绿色生态空间，生态用地面积达到 3500 平方千米……这些具体的目标，未来都将构成长江经济带流域生态环境改善的重要组成部分。同时，为了进一步推动绿色发展，上海市人民政府于 2018 年 5 月审议通过了《崇明区总体规划暨土地利用总体规划（2017—2035）》，要把崇明打造成长江经济带生态大保护的标杆和典范。预计至2035年，崇明将基本建成长江生态环境大保护的示范区、国家生态文明发展的先行区。

（二）江苏省

近年来，江苏省长江经济带生态环境保护实施规划，省委、省政府系统谋划沿江地区环境污染防治、生态保护修复等各项工作，陆续出台长江经济带《江苏省长江经济带生态环境保护实施规划》等多个专项规划，开展长江经济带污染整治专项执法行动。在地方上，2018年4月10日，《南京市长江岸线保护办法》正式实施，这是全国第一部聚焦长江岸线保护的地方性法规，力求通过法制化提升保护标准、落实保护责任、推进保护工作。泰州市也出台了针对江边所有小化工、小船厂进行关停拆除处置等措施（陈明慧，2018）。

（三）浙江省

作为长江经济带的重要成员之一，浙江致力于率先建成长江经济带水清地绿天蓝的绿色生态区和生态文明建设先行示范区，已先后制定并发布了《浙江省参与长江经济带生态环境保护行动计划》和《长江经济带生态环境保护规划浙江省实施方案》等政策。2016年，浙江省发布《浙江省人民政府办公厅印发浙江省参与长江经济带建设实施方案（2016—2018年）的通知》，该通知部署了近三年浙江省推动长江经济带发展的主要工作任务，明确了具体任务分工。根据实施规划和三年行动方案确定的目标任务，制定实施年度工作要点，明确当年需要重点推进的各项工作任务，并积极督促抓好落实。次年9月，浙江省编制印发了《浙江省长江经济带发展实施规划》。规划近期至2020年，远期展望到2030年，明确了浙江参与长江经济带建设的四大战略定位、“两核两带三区”的空间布局，以及发展目标和主要任务举措（刘乐平，2018）。

（四）安徽省

安徽拥有五大淡水湖之一的巢湖，同时也是长江下游地区的农业大省，保护水资源，实现农、林、牧、渔各业与生态环境系统协调发展是其重点推进的方向。2018 年 1 月 10 日，《安徽省地表水断面生态补偿暂行办法》出台，生态补偿机制在安徽省全域实行。同年年初，安徽省农委出台政策，全省 44 个水生生物保护区逐步全面禁捕，到当年年底前禁捕保护区内的渔民全部退出捕捞，实现永久禁止生产性捕捞作业，助推长江大保护和水域生态文明建设。同年 6 月，安徽省环保厅印发《贯彻落实〈中共安徽省委安徽省人民政府关于全面打造水清岸绿产业优美丽长江（安徽）经济带的实施意见〉工作方案》。工作方案强调，全省环保系统需紧紧围绕水更清、岸更绿、产业优三大目标，着力构筑 1 千米、5 千米、15 千米三道防线，坚持把山、水、林、田、湖、草作为生命共同体，努力将水清岸绿产业优的美丽长江（安徽）经济带建设成为美丽中国建设的安徽样板。

本章小结

长江经济带作为我国综合实力最强、战略支撑作用最大的区域之一，也是生态文明建设的先行示范带，在长江经济带社会经济不断发展、城镇化快速推进的背景下，长江经济带的生态环境也成为我国关注的重点。因此，国家、相关地区与部门近年来为长江经济带推出了一系列与时俱进、因地制宜的规划，同时对长江经济带生态环境的相关方面也提出了一系列的政策和措施。

本章主要对长江经济带生态环境保护的相关规划、措施和政策进行梳理与总结。首先对近年来长江经济带的相关政策措施与规划进行分析总结，在此基础上进行分类汇总与梳理，主要分为以不同省份、不同部门合作提出的跨界合作类政策；以中央和地方相关法律法规为主的行政法规类政策；以生态补偿和绿色金融为主要生态环境保护方式的财政类政策以及针对生态环境污染、生物多样性等方面提出的控制类政策。其次，结合长江流域的整体情况以及“山、水、林、田、湖、草”全域生态系统修复与保护的视角，梳理了 2012~2019 年长江流域保护整体性政策。最后，基于长江经济带上、中、下游的视角，分区域梳理了长江经济带包括重庆、四川、贵州、云南四个省市范围的长江经济带上游，江西、湖北和湖南三个省份范围的长江经济带中游，以及上海、江苏、浙江、安徽“三省一市”长江经济带下游的生态保护政策。

参考文献

[1] 陈明慧:《江苏各地共抓大保护推进长江经济带绿色发展》,《新华日报》2018 年 5 月 17 日。

[2] 董帮友:《长江（安徽）经济带船舶和港口污染问题分析及对策》,《交通企业管理》2020 年第 4 期，第 39~41 页。

[3] 董晓伟:《长江流域水权排污权交易平台建设初探》,《长江技术经济》2019 年第 1 期，第 21~25 页。

[4] 冯俊:《绿色金融助力长江经济带国家战略的对策思考》,《金融与经济》2017 年第 6 期，第 31~34、67 页。

[5]《国务院办公厅关于加强长江水生生物保护工作的意见》,《中国水产》2018 年第 11 期，第 11~13 页。

[6]《关于依托黄金水道推动长江经济带发展的指导意见》, http://www.gov.cn/zhengce/content/2014-09/25/content_9092.htm。

[7]《重点流域水污染防治规划（2016—2020 年）》(环水体〔2017〕142 号), http://www.mee.gov.cn/gkml/hbb/bwj/201710/t20171027_424176.htm。

[8] 韩长赋:《保护长江水生生物资源 确保生命长江永续发展》,《农民日报》2018 年 11 月 26 日。

[9]《中共湖南省委关于坚持生态优先绿色发展深入实施长江经济带发展战略大力推动湖南高质量发展的决议》,《湖南日报》2018 年 5 月 13 日，http://www.czt.gov.cn/Info.aspx? ModelId=1&Id=44723。

[10]《江苏省人民政府，省政府关于印发江苏省水污染防治工作方案的通知》(苏政发〔2015〕175 号), http://www.jiangsu.gov.cn/art/2015/12/28/art_46143_2543072.html。

[11]《中共江西省委办公厅江西省人民政府办公厅关于印发〈江西省长江经济带“共抓大保护”攻坚行动工作方案〉的通知》, http://jxrd.jxnews.com.cn/system/2018/08/09/017060379.shtml。

[12] 江必新:《最高法就长江经济带生态环境保护典型案例举行新闻发布会》, 2020 年 1 月 9 日。

[13] 李荣:《长江沿岸中心城市达成流域环境联防联治合作协议》, http://www.gov.cn/xinwen/2014-11/23/content_2782492.htm。

[14] 刘乐平:《浙江省高质量参与长江经济带建设》,《浙江日报》2018 年 8 月 14 日。

[15] 钱立华、周嵘、方琦:《鲁政委·绿色金融助力生物多样性保护的风险与机遇》,

《环境保护》2020 年第 12 期，第 30~34 页。

[16]《人民长江报：〈长江岸线保护和开发利用总体规划〉解读》，http：//www.cjw.gov.cn/zwzc/zcfg/zcjd/28252.html。

[17]《上海市人民政府关于印发上海市水污染防治行动计划实施方案的通知》（沪府发〔2015〕74 号），http：//www.shanghai.gov.cn/nw2/nw2314/nw2319/nw2404/nw39352/nw39353/u26aw46193.html.

[18] 汤学兵：《跨区域生态环境治理联动共生体系与改革路径》，《甘肃社会科学》2019 年第 1 期，第 147~153 页。

[19] 童坤、孙伟、陈雯：《长江经济带水环境保护及治理政策比较研究》，《区域与全球发展》2019 年第 1 期，第 5~16、第 153~154 页。

[20]《五部委联合加大长江经济带污染治理》，《长江技术经济》2018 年第 4 期，第 57 页。

[21] 王小玲：《保护长江，四川这么做》，《中国环境报》2019 年 6 月 20 日。

[22] 王明旭：《湖南生物多样性保护现状及对策》，《林业与生态》2019 年第 11 期，第 16~18 页。

[23] 肖芬蓉、王维平：《长江经济带生态环境治理政策差异与区域政策协同机制的构建》，《重庆大学学报》（社会科学版）2020 年 8 月 11 日，第 1~11 页。

[24] 薛达元、武建勇：《长江中上游生物多样性与保护研究——以滇西北为例》，《环境保护》2016 年第 15 期，第 31~35 页。

[25] 徐浩：《长江经济带跨界污染合作治理策略研究》，《现代管理科学》2019 年第 8 期，第 47~49 页。

[26] 新华网：《首届长江上游地区省际协商合作联席会召开》，http：//www.xinhuanet.com/local/2017-07/05/c_ 129647413.htm。

[27] 习近平：《在重庆召开推动长江经济带发展座谈会上的讲话》，《人民日报》2016 年 1 月 7 日。

[28] 杨芳、邝奕轩：《长江中游城市群战略视野下洞庭湖生态补偿机制政策体系研究》，《现代商业》2014 年第 29 期，第 93~94 页。

[29]《云南省人民政府办公厅关于加强长江水生生物保护工作的实施意见》（云政办发〔2019〕31 号），http：//www.yn.gov.cn/zwgk/zfgb/2019/2019d6q/szfbgtwj/201905/t20190515_ 146121.html。

[30] 张婷、赵怡琳：《长江经济带生态环境保护法律保障机制现状研究》，《法制与经济》2019 年第 8 期，第 35~37 页。

[31]《浙江省人民政府关于印发浙江省水污染防治行动计划的通知》（浙政发〔2016〕12 号），http：//www.jiangsu.gov.cn/art/2015/12/28/art_ 46143_ 2543072.html。

[32] 郑明桥：《湖北长江经济带生态保护和绿色发展总体规划》，《经济日报》2017 年 11 月 16 日，http：//www.ce.cn/xwzx/gnsz/gdxw/201711/16/t20171116_26875111.shtml。

第六章　长江经济带国土空间生态修复和保护

生态系统的修复，可以全面提高各类自然资源的生态服务功能，提升生态系统的稳定性，提供牢固的生态安全屏障。习近平总书记在党的十八大报告中提出“山水林田湖草”生命共同体的重要理念，强调人的命脉在田，田的命脉在水，水的命脉在山，山的命脉在土，土的命脉在树，山水林田湖草各要素之间通过物质的运动和能量的转移，形成了一个复杂的系统，该系统内各要素之间相互依存、相互作用，共同构成一个有机的生命共同体（张惠远等，2017）。因此要对山水林田湖草进行系统的保护和修复，需要加强国土空间的用途管制，指导生态系统修复措施的实施，统筹各类生态要素的保护。

第一节　国土空间生态修复的内涵剖析

在国土空间生态修复内涵剖析的基础上，本研究采用基于扎根理论和案例分析的研究方法，结合地方政府实践工作逐级提炼出国土空间生态修复的空间范畴。扎根理论是从经验资料的基础上建立理论的质性研究方法，是一种直接从实际观测入手自下而上建立实质理论的过程，同时它吸收了编码等量化研究方法的思想，通过开放式、关联式和核心式编码技术，提高了质性研究过程的科学性和系统性，加深了质性研究成果的普遍化和通则化程度（Charmaz，2014；贾哲敏，2015）。案例分析法则是通过选取有代表性的事物进行深入而周密的研究从而获得总体认识的一种科学分析方法，主要包括收集资料、整理分类、逐项分析、综合分析等步骤。结合扎根理论和案例分析，本文对地方政府上报的部分生态修复项目进行资料分解、关键词提取、空间分类与重组，实现对生态修复项目到生态修复空间的溯源分析，构建实践与理论的关联。

本研究以6种国土空间要素作为主空间范畴，构建空间实体与国土空间要素之间的关联关系，得到生态修复的主轴译码（见表6-1）。其中6种国土空间要素既包含山地空间、水域空间、林地空间这样的基于土地覆盖/土地利用类型的单一用地空间，又包含生态脆弱空间、生物复合空间、流域复合空间这样囊括山水林田湖草生命共同体的多要素生态系统空间。初始空间范畴和主空间范畴之间存在着点与面、实体与要素、介质与主体的关系。

表6-1　生态修复的主轴译码

初始空间范畴	主空间范畴	关系
矿山	山地空间	矿山是山地空间的一种具体利用类型，与林地空间关系紧密，涉及全域整治
河道和水体	水域空间	水域空间包含了水体、河道、水库、河湖湿地和人类及其活动的共同体，与林草地空间、农田空间、建设用地空间关系紧密
水库		
河湖湿地		
森林	林地空间	林地空间包含了多种森林类型及其监测和保护体系，与山体空间和水域空间关系紧密
生态脆弱点	生态脆弱空间	生态脆弱空间是在生态问题诊断下评估得到的生态敏感区，是生态脆弱点的综合，是国土要素的空间综合体
自然（野生动植物）保护区	生物复合空间	生物复合空间主要针对保护物种多样性的自然保护区，是国土要素的空间综合体
流域	流域复合空间	流域复合空间是流域内山水林田湖草的综合体，是国土要素的空间综合体

在基于扎根理论的开放性译码和主轴译码的基础上，进一步通过文献回顾和案例分析，利用选择性译码剖析国土空间生态修复的内涵以及空间

理论（见图 6-1）。国土空间生态修复主要是针对受损或脆弱的生态系统，以山水林田湖草等国土要素作为修复对象，通过自然和人工修复模式，提升生态系统稳定性，助力国土空间格局优化的过程。从“国土”“空间”“生态”“修复”四个维度来看，“国土”要素是主轴译码中的主空间范畴，国土资源的开发和利用是社会经济发展的基础，亦是生态系统受损的起因，需要辩证地理解“开发利用”和“保护修复”之间的关系，从而实现国土资源的可持续利用。“生态”体现了山水林田湖草生命共同体的理念，与开放性译码中的初始空间范畴形成呼应，强调了生态系统的完整性，同时也体现了国土空间生态修复的系统功能，保障和提升生态系统服务价值的目标。“修复”是具体的治理路径，在生态问题的诊断下，分级分类采用不同类型的措施，实现保育保护、自然修复、人工辅助、生态重塑等修复模式的适宜性选择，开放性译码中的原始文本内容是修复措施的具体体现。

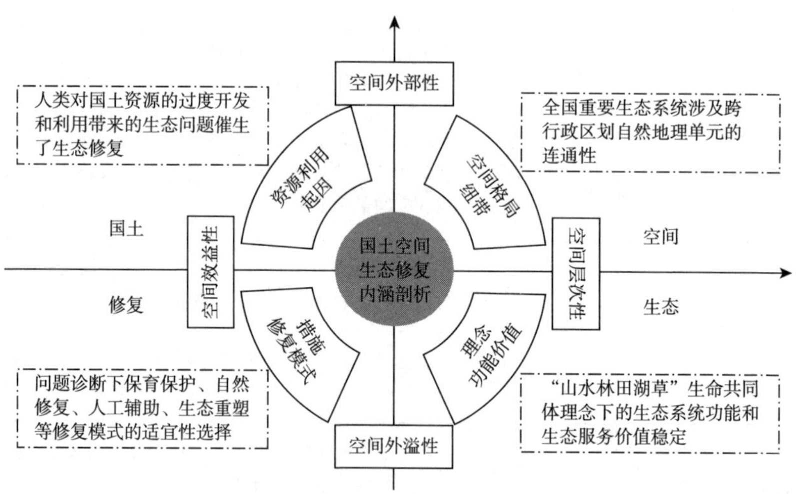

图 6-1 国土空间生态修复的空间内涵剖析

“空间”作为纽带，强调不同地理尺度下的国土空间格局优化，全国重要生态系统往往涉及跨行政区划的“大山”“大河”“大湖”的自然流域或区域，需要对自然要素的空间流动和空间互动机理有更深入的理解，从而满足国土空间生态修复对自然地理单元连通性的要求。在国土空间生态修复的空间理论构架和实践应用中，“空间外部性”“空间层次性”“空间外溢性”“空间效益性”则是将“空间”作为纽带的具体体现。国土空间生态修复中的空间外部性是某个地理单元的某项人类活动在一定空间范围内对其周围地理单元产生的影响，强调地理上的邻接作用；空间层次性体现的是我国行政区划体系下生态系统保护和修复的府际关系实现路径，强调纵向管理体制下的总量控制、指标分配和约束关系；空间外溢性则是一定空间范围内某种要素的变化对系统内的其他要素产生的溢出效应，强调的是通过某种介质产生的不同生态要素间的外溢；空间效益性则是通过国土空间优化所提升的效益，重在利用国土要素的空间重组实现资源利用效率的提高和正面效应的扩展（胡鹏和覃成林，2011）。国土资源的开发和利用作为国土空间生态修复的主要起因，由于具有较强的区域联动效应，空间外部性的特征较为明显（Zeng et al.，2017b）。生态系统由于突破了行政区划边界，往往需要具有空间层次性的规划体系和管制手段，其结构和功能稳定的实现过程体现了纵向的空间层次性（王静等，2019）。生态修复的过程则在生态系统完整性的基础上，强调不同生态要素之间的空间互动，以及生态要素作为介质所产生的空间外溢效应（Yang et al.，2020）。修复路径和措施的选择则主要依据目标导向下的投入产出关系，通过国土资源开发和利用的空间布局优化实现效益最大化，更多地体现了空间效益性（Zeng et al.，2017a）。

第二节　生态系统的保护和修复综述

生态系统的保护和修复是通过限制人类行为，如限制人类对自然资源的开发强度，以自然修复为主、人工修复为辅，来实现生态系统的保护和受损生态系统的修复。在开展流域整体生态系统修复的过程中，需要打破行政区划、部门管理、行业管理和生态要素界限，统筹考虑各要素保护需求，健全生态环境和自然资源管理体制机制（王夏晖等，2018）。推进生态系统综合治理，系统修复和保护山水林田湖草生命共同体，主要以矿山生态修复与治理工程、流域水资源环境综合治理工程、防护林与水土保持工程、农田防护与土壤污染修复工程和河湖湿地生态保护修复工程为重点内容。矿山开采业是国民经济的基础产业（杨辉，2019），但是目前矿山的生态环境形势严峻，保护矿山生态环境刻不容缓。流域水环境生态系统的结构和功能与河流、湖泊、水库、湿地、河口以及水生生物资源和受其影响的陆生生物资源紧密相关，形成了一个相对封闭的生态系统（高利红和李培培，2018）。因此对于流域水资源环境的综合治理工程以及河、湖、湿地生态保护修复工程必须进行一体化的保护和修复，通过采用一些生物的工程方式，例如：利用生态拦截沟、生态拦截坝对流域水体内的点源污染和面源污染进行处理，提出生态护岸工程修复河、湖和湿地生态系统，通过建立生态池、生态坑塘、生物通道来修复生物生境工程，确保流域水生态环境的稳定和可持续发展。森林在调节气候、保持水土、为微生物提供生存空间等方面起着重大的作用，但为了保证社会经济的发展，森林植被的数量和质量受到巨大威胁，生态平衡遭到了破坏。因此对于森林资源，我们必须合理利用和保护，通过建立防护林，加强人工造林，不断学习和利用最新的营林工程技术来保护和维护生态林，促进林业的健康发展，改善生态环境，实现可持续发展（张洪军，2018）。防护林工程可有效防止自然灾害，改善土壤、气候、水文条件，提供有利于农作物和牲畜生长繁殖的环境。其中农田防护林是防护林中的重要组成部分，在保护农田生态系统的同时起着降低风速、控制土壤侵蚀、塑造农田景观、创建生物栖息环境等调节区域农业环境的功能（雷娜，2017）。对农田防护林工程进行综合整治对农业的可持续发展具有重要意义，同时也是实现农业现代化的重要举措。

总之，在“山水林田湖草”生态系统中，根据生态修复对象的不同、受损程度的不同、时期的不同，在一定的空间内将各要素串联成一个整体，在对其进行生态修复和保护时，要结合当地经济、社会、环境等因素，按照系统的工程思想来进行综合整治，整体推进，确保生态系统稳定健康，促进生态系统的可持续发展。

第三节　国土综合整治中生态修复标准的探索
——以湖北省为例

随着人类社会的发展，国土综合整治有着不同的定义，学者们关注的重点也存在较大的差异。刘新卫认为国土综合整治是指“人类采取综合措施对低效利用、不合理利用国土进行综合性治理，对已经遭受破坏或者潜在受到破坏的国土进行修复性治理，以提高国土利用效率和效益的地理建设活动”（刘新卫，2015）。还有学者将国土综合整治的内涵定义为“采取综合措施对某一空间范围内国土资源进行开发、利用、整治、保护的全部活动，最终实现永续发展的过程”（夏方舟等，2018）。在推进生态建设的背景下，全域国土综合整治应包括两个内涵：一是要通过“田水路林村镇”对国土进行整治以提升人类的生产生活水平；二是通过“山水林田湖草”对国土空间进行整治以改善人类的生态空间。

追溯国土综合整治内涵的演变，可以看出国土综合整治在不同的时期往往体现着不同的时代特征，逐步从零星、分散、简单的整治活动向综合、有序、系统的全面整治演化。国土综合整治内涵大体上可以分为四个阶段（夏方舟等，2018）。第一阶段，国土综合整治被界定为“对国土资源的开发利用和治理保护”（程潞，1982；包浩生等，1987），此阶段研究的重点是注重国土区域开发利用规划。第二阶段，加入了区域的经济系统和人地系统的协调发展（方磊，1991；吴传钧，1994），研究的重点是注重人地关系，实现经济、人口、资源、环境的均衡协调发展。第三阶段，高度强调了耕地的重要性，此阶段研究的重点是在人地关系协调的基础上，在保护耕地、保障环境资源和生态空间的同时，运用当前新的科学技术，使得国土综合整治工程更加有计划地实施。第四阶段，国土综合整治的内涵与社会经济的布局进一步结合，最终要实现永续发展，该阶段更注重全区域、全要素、全周期的整治，其目标和效益体现了多元化特征，更加强调城乡一体化、区域协调发展、人与自然和谐发展的统筹管理，通过“田水路林村镇”和“山水林田湖草”的综合整治最终实现整个区域生态、生产和生活的空间重构（严金明等，2017；张侃等，2019）。

因此，为了进一步适应新时期国土综合整治的要求，体现生态文明建设理念，本研究在现有《湖北省国土综合整治项目规划设计规范》（DB42/T681-2011）的基础上，通过实地调研的方法，选取湖北省天门市、仙桃市、嘉鱼县地方政府作为试点进行调研，对国土相关部门、乡镇部门以及农业现代集团进行了访谈调查，全面考察试点县市在国土综合整治中的基本思路和采取的新模式、新路径，总结出湖北省国土综合整治的实践创新（并阅读国外土地整治科学技术的最新成果以及学习国内其他省份的国土综合整治规范给出了综合生态系统修复的国土综合整治重构思路）。表 6-2 列出了湖北省国土综合整治项目规划设计的内容。

表 6-2 湖北省国土综合整治中的生态修复规划设计

一级	二级	三级
生态修复	矿山生态修复与治理（山）	土壤基质改良、边坡治理、生态景观重建、矿山梯田改造等工程
	水资源环境综合治理（水）	雨水治理、水环境保护措施、流域污染治理工程
	防护林与水土保持（林）	防护林网和水土保持工程
	农田防护与土壤污染修复（田）	土壤污染修复、土壤改良、农田景观工程
	河湖、湿地生态保护修复（湖）	湿地修复、河湖生态保护与修复、生物生境修复

在国土综合整治规划设计的生态修复部分，从山、水、林、田、湖五个方面进行了微观层面的规划设计（由于湖北省草地面积比例整体不高，故修订稿中未涉及），具体体现在矿山生态修复与治理（山）工程中的土壤基质改良工程、边坡治理工程、生态景观重建工程、矿山梯田改造工程等，水资源环境综合治理（水）工程中的雨水治理、水环境保护措施、流域污染治理工程，防护林与水土保持（林）的防护林网和水土保持工程，农田防护与土壤污染修复（田）中的土壤污染修复、土壤改良、农田景观

工程，河湖、湿地生态保护修复（湖）中的湿地修复、河湖生态保护与修复、生物生境修复。

（一）矿山生态修复与治理

矿山生态修复与治理主要可以分为土壤基质改良、边坡治理、生态景观重建、矿山梯田改造等工程。

1. 土壤基质改良工程

主要包括物理改良、化学改良和生物改良工程。对于缺乏土地资源的地区而言，可利用农田废弃物如秸秆、枯枝落叶、凋落物等来代替土壤进行基质改良，农废物带来了有效的氮素、微生物，为矿区植被的重建生长创造有利条件；金属矿山污染由于重金属污染、土层过薄甚至完全没有土壤层，常用客土法改良基质。土壤化学改良过程中需要通过施用 N、P、K 等改善和提高土壤肥力，对于土壤 pH 值调整较大的土壤类型，可根据肥料的 pH 值特性和改良对象的 pH 值，施用一定比例的化肥，对于土壤 pH 值调整量小、肥力较差的土壤，强黏、保水有机肥（如锯末、堆肥、粪肥、有机污泥、粉煤灰等）能提高土壤 pH 值，提高土壤肥力，改善土壤质地，提高土壤持水能力和阳离子交换能力；碱荒地适宜采用硫酸亚铁和硫酸氢钠等物质改善，酸性荒地通常用石灰或碳酸钙中和，磷酸盐通常被应用于土壤中，形成不溶性盐，从而降低大部分重金属的生物利用度。在生物改良过程中利用一些特殊的植物吸收土壤中的重金属，将土壤中的重金属迁移到地上部分，固氮植物在土壤改良中也很常用。向矿山污染中引入经筛选和驯化后的蚯蚓，土壤微生物通过代谢活动，将重金属溶解、转化或固定，减少土壤中有毒有害物质的浓度。

2. 边坡治理工程

主要包括边坡坡面治理工程和边坡植被恢复工程。边坡坡面治理工程中，通过边坡路堤、开挖和设置安全平台等措施来控制边坡的高度和坡度，从而实现边坡稳定。在保证边坡安全稳定的前提下，可进行局部路堑工程或危岩清理工程；边坡植被恢复工程中，坡度>60 度时，可以选择飘台修复模式、燕巢植藤修复模式；35 度<坡度<60 度，可选择挡墙蓄土修复模式、客土喷播修复模式；坡度<35 度，可选择生态草毯修复模式，结

构设计是针对坡度大于60度的高陡岩石边坡实现快速生态恢复的新型绿化方法。

3. 生态景观重建工程

矿区废弃地生态景观建设是在原有景观的基础上，合理开发新的旅游资源，合理规划和设计景观，将自然资源和历史文化资源转化为经济优势，创造经济效益和生态效益的过程。主要包括火山口充填整平、裂缝修补、岩桩污染治理、体型修复绿化、坡地整平、坡地绿化、文化景观开挖修复、梯田水利建设等内容。

4. 矿山梯田改造工程

梯田分为旱田和水田，水田不宜修建于物料堆积体边坡上。梯田改造规模应根据矿山修复区的地形条件、规划的耕作方式、作物种类和种植习惯等综合因素来确定。在露天矿山采空区，塌陷区边坡和经自然沉降的排土场、废石场、尾矿堆积体、工业废渣堆积体边坡，可实施梯田修建工程。

（二）水资源环境综合治理

水资源环境综合治理主要包括雨水治理工程、水环境保护措施、流域污染治理工程。

1. 雨水治理工程

规划雨水沿村庄路面排放，就近排入水体。村内绿地可采用下凹式绿地，雨水就地入渗，用于回补地下水，充分利用村内自然坑塘渠蓄集雨水，截留地表径流，削减雨水洪峰，建立良性的雨水资源动态平衡系统。采取雨污分流、河道两侧截留管网工程和调蓄处理工程。建设控源截污工程。截流旱季产生的污水、雨季初期雨水、合流制溢流污水，并对污水及初期雨水进行净化、存储，加快城镇污水处理厂站的重新布局及提标改造；加快农村生活污水处理系统的全覆盖；提升污水利用效率和中水回用的比例。

2. 水环境保护措施

水环境保护措施以调整产业结构、推进污染集中治理和提标改造为主要手段，高标准实施工业和生活污染源控制，控制外来污染与减少流域内污染并重，在较短时间内使河流水质达到功能区划要求，削减污染物总量，改善沿河两岸居民的生活环境，以实现当地社会经济的可持续发展。区域农业面源污染分为乡村分散居民生活污水、农田流失、畜禽养殖、水产养殖、航运污染等，通过乡村生活污水生态净化处理方案、农药化肥减施与控制农田氮磷流失措施、规模化畜禽养殖场搬迁方案、水产养殖控制规模等减少污染；工业污染源应进行合理治理与削减，确保区域企业稳定达标排放。

3. 流域污染治理工程

严格项目立项、审批及环境准入制度，杜绝“两高一资”项目在流域内再新建、扩建；加强农业面源污染治理划定流域畜禽养殖禁养区方案，开展畜禽养殖专项整治，依法关闭或搬迁禁养区内的畜禽养殖场（小区）和养殖专业户。

（三）防护林与水土保持

防护林与水土保持工程主要包括防护林网工程和水土保持工程。

1. 防护林网工程

田块、沟渠、道路与防护林等工程项目应相互配合，构建多元化、多层侧、结构稳定、功能完善的综合防护林体系；建立林业有害生物监测预警机制，重点开展景区、道路周边的林业有害生物防治；经济林建设要考核林业生态建设、森林覆盖率、新增林地面积、林地封禁面积、林地保有量、低质低效林地改造面积、林木储蓄量等指标。尽可能使用乡土树种，结合引进种，做到适地适树，兼顾经济、生态、景观的效果；防护林的生态结构布局需进行空间上的合理化配置，结合各小区域的不同功能，以及景观轴线的实际需求，对防护林带增加的植物品种进行选择。

2. 水土保持工程

应因地制宜采取农田防洪、防风、防沙、水土流失控制等农田防护措施，优化农田生态景观。在水土流失严重区域，应以小流域为单元，采取岸坡防护、坡面防护等工程。护堤可采取工程措施和植物措施相结合的方式，坚持以自然修复为主、人工修复为辅。

（四）农田防护与土壤污染修复

农田防护与土壤污染修复主要包括土壤有机污染物生物修复、农田土壤重金属污染修复、土壤改良与培肥、农田景观工程。

1. 土壤有机污染物生物修复

利用植物根系控制污染扩散及恢复生态功能进行植物稳定修复，利用植物代谢功能进行植物降解修复，利用植物转化功能进行植物挥发修复，利用植物根系吸附功能进行植物过滤修复；选取无毒、无病原性、无副作用的多种微生物组合，包括好氧、厌氧、兼性好氧或者厌氧菌，采取有机污染物高效降解菌筛选技术、微生物修复剂制备技术和有机污染物残留微生物降解田间应用技术对有机污染物进行处理。

2. 农田土壤重金属污染修复

农田土壤重金属污染修复工程主要有工程措施、化学修复和生物修复技术。工程措施主要包括客土、换土和深耕翻土等。化学修复主要是电动修复和淋洗技术，电动修复是通过在污染土壤两侧施加直流电压形成电场梯度，常用的人工螯合剂，如乙二胺四乙酸（EDTA）对 Pb 和 Cd 都能达到理想的淋洗效果。生物修复是采用植物修复、动物修复、微生物修复相结合的方式进行农田土壤重金属修复，且可以采用生物联合技术、物理化学联合技术和物理化学—生物联合技术等方式进行生物修复。

3. 土壤改良与培肥

土壤改良可分为中低产培肥型农田土壤改良、渍涝潜育型农田土壤改良、干旱农田土壤改良、板结土壤改良、贫瘠土壤改良、矿毒污染型农田土壤改良等六类。中低产培肥型农田土壤改良需要增施有机肥，秸秆还田，合理调整氮磷钾化肥施用比例；渍涝潜育型农田土壤改良需要实行水旱轮作制，伏天晒田并晒透，灌水前翻耕一次，冬季可根据情况进行冻垡，有针对性地补充施用化学肥料，如磷、钾肥，矫正土壤缺素；干旱农田土壤改良需要兴修水利，保证灌溉，如修建蓄水池或塘堰收集降水，提高农田抗旱能力；板结土壤改良需要施用天然土壤改良剂，增施有机肥，实行堆沤肥、秸秆肥、畜禽肥、土杂肥共用，采取粮肥轮作等措施；贫瘠土壤改良需要秋冬深耕，增肥改土，秸秆还田，配施氮肥，施用生物菌肥和种植绿肥；矿毒污染型农田土壤改良需要隔离污染物，改善灌溉水源，施用石灰、钙镁磷肥，降低重金属含量，增施有机肥，条件允许时休耕。

4. 农田景观工程

农田景观工程主要包括自然景观生态工程、污染隔离带工程、景观美化生态工程。自然景观生态工程主要包括具有明显地域特点和重要生态功能的天然林地、草地、水体、裸岩等，主要分布在田块内部或边界，这些自然景观往往具有其独特的观赏价值和生态价值，在土地整理过程中应加以重点保护，维护其原有的天然景观。污染隔离带工程包括防止工业“三废”、垃圾处理、汽车尾气、噪声等污染源污染的农田边界以外绿色隔离带（缓冲区）建设工程等。景观美化生态工程主要是从生态审美角度考虑增强景观美感度而兴建的人工景观，充分考虑绿化和美观结合，包括观赏植物的种植、农田建筑物的设计、农业主题公园建设、名胜古迹的保护等。

（五）河湖、湿地生态保护修复

河湖、湿地生态保护修复主要包括湿地生态保护与修复工程、河湖生态保护与修复、生物生境修复等措施。

1. 湿地生态保护与修复工程

湿地生态保护与修复工程主要包括湿地基底恢复、湿地水状况恢复、湿地土壤恢复和湿地生物恢复。湿地基底恢复采取工程措施，维护基底的稳定性，稳定湿地面积，并对湿地的地形、地貌进行改造。基底恢复技术包括湿地及上游水土流失控制技术、湿地基底改造技术等。湿地水状况恢复包括湿地水文条件的恢复和湿地水环境质量的改善。水文条件的恢复通常是通过筑坝（抬高水位）、修建引水渠等水利工程措施来实现的；湿地水环境质量的改善包括污水处理技术、水体富营养化控制技术等。湿地土壤恢复包括土壤污染控制技术、土壤肥力恢复技术。湿地生物恢复主要包括物种选育和培植、物种引入、物种保护、种群动态调控、种群行为控制、群落结构优化配置与组建、群落演替控制与恢复等。

2. 河湖生态保护与修复

采用非经典性生物操纵技术、微生物治理和生态浮岛净化进行河湖水体修复，其中非经典性生物操纵技术是利用食浮游植物的鱼类和软体动物来直接控制藻类，治理湖泊富营养化。投放摄食浮游生物食性鱼类（鲢、鳙）来控制富营养化和藻类水华现象，利用大型软体动物滤食作用控制藻类和其他悬浮物，如螺、蚌、贝类拥有较好的生物净化作用。

微生物治理是选取无毒、无病原性、无副作用的多种微生物组合，包括好氧、厌氧、兼性好氧或者厌氧菌，针对不同深度的水体溶解氧状况，对水体中的营养物质进行分解转化。生态浮岛净化是一种针对富营养化的水质，利用生态工学原理，降解水中的COD、氮、磷含量的人工浮岛。在水环境治理方面，采用生态净化池进行水环境综合治理，利用原有塘堰、低洼地等布设生态净化池，合理确定净化池尺寸，水深不低于60厘米，水力坡度宜0.5%~1%。池壁宜采用生态衬砌方式，池底应平整并略具坡度，倾向出口，生态净化池堤岸应采取防护措施，合理布置基质和种植本土净化植物。

3. 生物生境修复

平原区和丘陵区的耕地范围内应配置一定面积的林地（乔-灌-草搭配），作为鸟类和昆虫等野生动物的栖息地；田间路和生产路路面以碎石、泥土为主（交通干线除外），禁止水泥混凝土硬化，斗（沟）渠及其以下等级的沟渠护边应以自然材料为主（如石块、泥土），必须要防渗；建设生态型渠、沟、林、路植被与农田斑块的连接度和环度要达到0.5以上，农田中不允许出现孤立的景观斑块；沟渠顶部应设置生物通行面板，在田间路、生产路的路基下面或在与沟渠交叉的地方设计直径20厘米的涵管/生态孔，在河流、池塘周围保留和规整出2~3米的洼地作为农田边界，保护自然界天然的湿地环境。

第四节　长江流域重点生态区

长江经济带横跨我国东中西三大区域，覆盖面积广，含多个全国重要生态功能区和生态脆弱区，其生态环境的保护对我国生态安全格局的构建具有至关重要的作用。在2020年6月印发的《全国重要生态系统保护和修复重大工程总体规划（2021—2035）》（以下简称《总体规划》）中，长江重点生态区（含川滇生态屏障）生态保护和修复重大工程是国家九大重要生态系统保护和修复工程之一。长江重点生态区涉及长江经济带的11个省（市），从宏观上布局了秦巴山区生物多样性、三峡库区水土保持、武陵山区生物多样性与水土保持、大别山水土保持等6个国家重点生态功能区以及洞庭湖和鄱阳湖等重要湿地，是推动长江经济带社会经济高质量发展和川滇生态屏障建设的重要区域。

在长江经济带“共抓大保护、不搞大开发”的基本理念下，本区域的生态环境保护和修复以推动亚热带森林、河湖、湿地生态系统的综合整治和自然恢复为导向，加强森林、河湖、湿地的生态环境保护，实施天然林保护、还林还草、退垸还湖、退田还湿、矿山生态修复、国土综合整治，大力开展森林质量精准上升、河湖和湿地修复、石漠化综合治理工作，切实加大大熊猫、江豚等珍稀濒危野生动植物及其栖息地的保护修复力度，增强区域水源涵养、水土保持等生态功能，逐步提升河湖、湿地的生态系统稳定性和生态服务功能，加快打造长江绿色生态廊道，构建长江经济带的生态网络体系。

根据《总体规划》，长江重点生态区的生态系统保护和修复工程不仅涉及山、水、田、湖、草等多个生态要素，同时也涉及长江经济带的多个省（市），全域生态要素的共同治理、跨行政区的综合协调，以及多个部门的统筹决策成为重点生态区生态系统保护和修复的关键（见表6-3）。横断山区水源涵养与生物多样性保护涉及四川省、云南省、青海省和西藏自治区的多个县市，主要包括天然林保护、退化林修复、草地治理和水土流失治理等多种生态保护与修复措施。长江上中游岩溶地区石漠化综合治理涉及湖北省、江西省、云南省、贵州省、重庆市、四川省、广西壮族自治区的多个县市，主要包括天然林保护、退耕还林还草、水土保持等生态保护与修复措施。大巴山区生物多样性保护与生态修复涉及湖北省、四川省、重庆市、陕西省的多个县市，主要包括天然林保护、退化林修复、水资源补给、小流域综合治理和生物栖息地保护与修复等措施。三峡库区生态综合治理涉及湖北省和重庆市的多个县市，主要包括天然林保护和公益林建设，库区消落带生态修复，国土综合整治和自然保护地建设等措施。鄱阳湖、洞庭湖等河湖、湿地保护和修复（包括长江干流及重要支流）涉及湖北省、湖南省、江西省、安徽省、浙江省的多个县市，主要包括河道整治，水资源优化配置，水生生物通道恢复，退垸还湖、退耕还湖、植被恢复、生态湖滨带和水源涵养林建设等生态保护和修复措施。大别山—黄山水土保持与生态修复涉及湖北省、江西省、安徽省、浙江省、河南省的多个县市，主要包括公益林建设和管护、水源涵养林和防护林建设、退化林修复、河湖湿地保护和修复等措施。武陵山区生物多样性保护涉及湖北省、湖南省、重庆市和贵州省的多个县市，主要包括天然林保护和公益林建设、生态廊道建设、稳定和扩大栖息地、水源涵养林和防护林建设等生态保护和修复措施。长江重点生态区矿山生态修复涉及湖北省、四川省、云南省、重庆市、贵州省、湖南省和江西省的多个县市，主要包括边坡治理、植被重建等矿山生态保护和修复措施。

表 6-3 长江重点生态区生态系统保护和修复工程

重大工程名称	重点工程和涉及的主要生态要素	涉及的主要省份
长江重点生态区（含川滇生态屏障）	横断山区水源涵养与生物多样性保护（主要生态要素：山、水、林、草）	青海省、四川省、西藏自治区、云南省
	长江上中游岩溶地区石漠化综合治理（主要生态要素：林、水、田、草）	广西壮族自治区、贵州省、湖北省、江西省、四川省、云南省、重庆市
	大巴山区生物多样性保护与生态修复（主要生态要素：山、林、水、草）	湖北省、陕西省、四川省、重庆市
	三峡库区生态综合治理（主要生态要素：林、水、田、草）	湖北省、重庆市
	鄱阳湖、洞庭湖等河湖、湿地保护和修复（包括长江干流及重要支流）（主要生态要素：水、林、田、湖、草）	安徽省、湖北省、湖南省、江西省、浙江省
	大别山-黄山水土保持与生态修复（主要生态要素：山、水、林）	安徽省、河南省、湖北省、江西省、浙江省
	武陵山区生物多样性保护（主要生态要素：山、林、水、草）	贵州省、湖北省、湖南省、重庆市
	长江重点生态区矿山生态修复（主要生态要素：山、水、林）	四川省、云南省、重庆市、贵州省、湖北省、湖南省、江西省

本章小结

在长江经济带自然地理概况、生态系统概况、土地利用概况以及现有生态环境保护政策总结的基础上，本章以保护优先、自然恢复为主作为生态保护实践工作的基本方针，以《全国重要生态系统保护和修复重大工程总体规划（2021—2035）》为依据，基于扎根理论和案例分析的研究方法，结合地方政府实践工作逐级提炼出国土生态修复的空间范畴。在国土空间生态修复的空间理论构架和实践应用中，“空间外部性”“空间层次性”“空间外溢性”“空间效益性”是“空间”作为纽带的具体体现。从宏观上结合新时代生态修复的转型路径和策略，对长江经济带重点生态区的生态保护战略布局进行概述，同时，也从微观上对国土综合整治规划设计中的生态修复工作从矿山生态修复与治理（山），水资源环境综合治理（水），防护林与水土保持（林），农田防护与土壤污染修复（田），河湖、湿地生态保护修复（湖）几个方面展开梳理，分析了国土综合整治实践中生态修复的具体措施方法。

参考文献

[1] 包浩生、彭补拙、倪绍祥：《国土整治与自然资源研究》，《地理学报》1987 年第 1 期，第 62~68 页。

[2] 程潞：《关于国土整治的若干问题》，《经济地理》1982 年第 4 期，第 247~251 页。

[3] 方磊：《协调好经济发展与人口、资源、环境的关系，是国土开发整治工作的一项根本任务》，《中国人口·资源与环境》1991 年第 1 期，第 13~16 页。

[4] 高利红、李培培：《中国古代流域生态治理法律制度及其现代启示》，《吉首大学学报》（社会科学版）2018 年第 6 期，第 52~59 页。

[5] HJ 651-2013《矿山生态环境保护与恢复治理技术规范（试行）》。

[6] 雷娜：《中国平原地区农田防护林研究进展》，《农村经济与科技》2017 年第 16 期，第 33~35+37 页。

[7] 刘新卫：《构建国土综合整治政策体系的思考》，《中国土地》2015 年第 11 期，第 43~45 页。

[8]《全国重要生态系统保护和修复重大工程总体规划（2021-2035）》，2020，https：//www. ndrc. gov. cn/xxgk/zcfb/tz/202006/t20200611_ 1231112_ ext. html。

[9] HJ 2005 HJ 2005-2010《人工湿地污水处理工程技术规范》。

[10] TDT 1012-2016《土地整治项目规划设计规范》。

[11] DB42/T 681-2011《土地整治项目规划设计规范》。

[12] GB 36600-2018《土壤环境质量建设用地土壤污染风险管控标准（试行）》。

[13] GB 15618-2018《土壤环境质量农用地土壤污染风险管控标准（试行）》。

[14] 王夏晖、何军、饶胜等：《山水林田湖草生态保护修复思路与实践》，《环境保护》2018 年第 C1 期，第 17~20 页。

[15] 吴传钧：《国土整治和区域开发》，《地理学与国土研究》1994 年第 3 期，第 1~12 页。

[16] 夏方舟、杨雨濛、严金明：《中国国土综合整治近 40 年内涵研究综述：阶段演进与发展变化》，《中国土地科学》2018 年第 5 期，第 78~85 页。

[17] 严金明、陈昊、夏方舟：《“多规合一”与空间规划：认知、导向与路径》，《中国土地科学》2017 年第 1 期，第 21~27 页。

[18] 杨辉：《矿山生态修复与景观再造理论初探》，《国土资源》2019 年第 1 期，第 46~47 页。

[19] 曾晨、刘艳芳、邹亚锋：《基于生态思考的土地整理测度与评价——以湖北省土地整理项目为例》，《节约集约用地及城乡统筹发展——2009 年海峡两岸土地学术研讨会论文集》，2009。

[20] 张洪军：《浅谈针对生态防护林营林工程技术的措施》，《科学技术创新》2018 年第 31 期，第 129~130 页。

[21] 张惠远、郝海广、舒昶、王一超：《科学实施生态系统保护修复　切实维护生命共同体》，《环境保护》2017 年第 6 期，第 31~34 页。

[22] 张侃、杨青、宋晗：《国土空间规划中综合整治与生态修复机制探讨》，《活力城乡　美好人居——2019 中国城市规划年会论文集（08 城市生态规划）》，2019。

[23] Charmaz，K.（2014）. *Constructing grounded theory*. sage.

[24] 胡鹏、覃成林：《空间外部性、空间依赖与空间外溢之辨析》，《地域研究与开发》2011 年第 1 期，第 5~9 页。

[25] 贾哲敏：《扎根理论在公共管理研究中的应用：方法与实践》，《中国行政管理》2015 年第 3 期，第 90~95 页。

[26] 王静、李泽慧、宋子秋、方莹、刘晶晶、翟天林：《走向可持续城市生态系统管理的国土空间规划方法与实践——以烟台市为例》，《中国 土地科学》2019 年第 9 期，第 9~18 页。

[27] Yang J.，Zeng C.，Cheng Y. J.（2020）. Spatial Influence of Ecological Networks on Land Use Intensity. Science of The Total Environment，717，137-151.

[28] Zeng，C.，Zhang，A. L，Liu L.，Liu Y.（2017）. Administrative Restructuring and Land-use Intensity-A Spatial Explicit Perspective. Land Use Policy，67，190-199.

[29] Zeng C，Yang L. D.，Dong J. N.（2017）. Management of Urban Land Expansion in China Through Intensity Assessment：A Big Data Perspective. Journal of Cleaner Production，153，637-647.

第七章　主要山脉生物多样性的保护和修复

——以大巴山和武陵山为例

大巴山和武陵山生物多样性保护和修复是长江重点生态区中的重点工程，本章以“大巴山和武陵山生物多样性的保护和修复”为切入点，结合山区实际情况，以社会经济发展与自然地理和生态要素相结合的研究为前提，将理论与实践相结合，对大巴山与武陵山区的生物多样性问题进行综合评价，并对生态问题进行诊断，进而针对相关问题提出大巴山和武陵山生物多样性保护与修复的相关对策建议。

第一节　生物多样性保护综述

随着城镇化、工业化的快速发展，人口集聚、经济开发及能源消耗对生态环境产生胁迫效应，同时生态环境通过人口驱逐、资金争夺及政策干预等对城市经济发展产生约束，在此背景下，环境恶化、资源枯竭及生态破坏等一系列问题日益凸显，严重影响人类生活质量及生存状态，生态环境问题已经成为制约区域经济发展最突出的问题（卢炎秋，2015）。我国是世界上少数几个“生物多样性特别丰富的国家”之一。目前，中国高等植物大概有 3.5 万种，其中 1.5 万多种植物是中国特有的。陆栖脊椎动物 1800 多种，其中爬行类 300 多种，鸟类 1100 多种，兽类 400 多种，占世界陆栖脊椎动物种类的 10%。淡水鱼已见记载的有近600种，海产鱼1500多种，占世界鱼类种数的10%左右。此外，还有许多世界特有的珍稀动植物，如大熊猫、朱鹮、金丝猴、白头叶猴、羚羊、黑颈鹤、扬子鳄、白鳍豚等动物以及银杉、人参、银杏、红豆杉、攀枝花、苏铁、金花茶、水杉、珙桐等植物（龚文娟和姜凌霄，2016）。然而，中国又是世界上人口最多、人均资源占有量较低的国家，并且是一个农业大国，70%左右人口分布在农村，相较于其他国家而言，对生物多样性依赖性更强。但是，巨大的人口压力、高速的经济发展、日益增加的资源需求以及不当的生态资源利用模式对中国生物多样性产生严重威胁。据调查，我国的生态系统有40%处于退化甚至严重退化的状态，生物生产力水平较低，已经危及社会和经济的发展；此外，有15%～20%的物种受到严重威胁，遗传多样性大量丧失。且中国的保护区多在经济欠发达地区，用于保护区的费用是113美元/平方千米，远远低于世界893美元/平方千米的平均水平，甚至低于第三世界国家的水平（157美元/平方千米）。若不立即采取有效措施，遏制生物多样性恶化的态势，将严重威胁可持续发展（李文瑞，2013）。党的十九大报告指出，建设生态文明必须遵循人与自然、社会和谐发展规律，尊重自然、顺应自然、保护自然，建设人与自然和谐共生的现代化。物种、基因和生态系统构成的生物多样性是生态文明的物质基础，对重点生态区生物多样性现状进行评价，对维护生态平衡、保护区域环境具有重要的作用（刘世梁等，2017）。

快速城镇化进程对生物栖息地的保护提出了更高的要求，生态学家、环境保护专家、土地管理专家等相关学科领域的专家学者展开了生物多样性指标测度，研究人类活动对生物多样性的影响，并对生物多样性的保护途径展开多方位的探讨。

在生物多样性指标测度方面，有学者认为生物多样性评价指标体系是针对特定评价目的，按照特定规则和结构组织构建的若干生物多样性指标的有机集合，是表达生物多样性现状、趋势及其保护状态的交流工具（Hellawell，1991；李昊民，2011）。不同国家对于生物多样性评价有着不同的指标测度方式。瑞士将不同尺度上的物种数列为生物多样性评价指标之一（Weber and Zangger，2004）。2005 年，南非生物多样性监测指数选择了结合物种、种群以及生态系统等多种相关数据的生物多样性完整性指数（Scholes，2005）。德国的生物多样性评价指标体系由 19 个指标组成，其评价内容主要涵盖生物多样性保护、生物多样性的可持续利用、环境影响、遗传资源以及公众关心等方面。墨西哥生物多样性指标分为环境状况指标和关键指标两组。环境状况指标包括了 49 个指标用于全面评估生物多样性受到的压力、目前的状态和采取的管理行动；关键指标包括自然植被受到保护、可持续管理的国土面积、受威胁的物种 3 个指标，反映了最受公众关注的问题。日本生物多样性评价指标主要从森林与山地系统、种植系统、城市系统、内陆水体系统、海洋海岸系统与岛屿系统这六大系统进行评价。我国生物多样性评价指标主要包括野生维管束植物丰富度、野生高等动物丰富度、生态系统类型多样性、物种特有性、受威胁物种的丰富度和外来物种入侵度（孟令玉，2019）。

在人类活动对生物多样性的影响研究方面，有学者从生态系统敏感度方面提出在人类活动干预下，生态系统的演替过程以及由此带来的系统功能、结构的改变，导致各类生态环境问题（如石化、水土流失、生物多样性锐减、生态失衡等）出现的概率增大，并进一步促使区域生态系统对外界干扰的自我调节能力下降，生态系统敏感性提升（刘闯和孙小琼，2018）。通过对湖北省优先区生态系统格局变化进行原因分析，有学者得出生态系统格局变化是导致生态系统类型和面积发生变化的因素，其驱动力包括自然生物、社会经济、制度及技术等因素（程腊梅等，2019）。也有学者认为生态系统的空间格局是地区水热条件和人类活动长期作用的结果（吴凯等，2017）。城镇和农田生态系统是典型的以人类活动为中心，按照人类的理想要求建立的人工生态系统，具有受人类社会经济强烈干预和影响的典型特点（黄河仙等，2015），因此社会经济的发展是影响和改变人工生态系统格局的重要因素。城镇化是社会经济发展的一个重要标志，城镇化进程的推进，使得农田缩减严重，同时也侵占了部分自然生境，因此城镇化也是影响优先区生态系统变化的主要因素。但城镇化加剧了农村人口向城镇的转移，减少了人类对生态系统的依赖，在一定程度上促进了生态系统的保护和恢复（Liu et al.，2008）。

生物多样性是指在地球上生存的全部生物（包含了动物、植物、微生物，以及它们所拥有的基因和生存环境）的遗传多样性、物种多样性和生态系统多样性。生态系统多样性是生物多样性的基础，物种多样性是生物多样性的关键，遗传多样性具备最大的潜在价值（龚文娟和姜凌霄，2016）。人类目前对森林生物多样性的认识仍存在许多不确定性，比如可观测物种、复杂的生态相互作用及来自各方面压力的协同作用（Neil Brummitt et al.，2017）。开展生物多样性保护一般是就地保护和迁地保护。而普遍认为，生态环境的“就地保护”是生物多样性保护最为有力和最为高效的方法。就地保护措施是建立自然保护区，通过对自然保护区的建设和有效管理，使生物多样性得到切实的人为保护（洪柳等，2020）。建立自然保护区，就是通过人为的保护，使其继续保持原始的自然面貌，维持生态系统内部各要素的平衡，珍稀野生动植物在自然保护区中得到充分保护，极大程度地发展了自然保护区的经济、社会效益（陈厚源，2020）。在建立大规模保护区比较困难的情况下，可以通过建立多个由小生态环境片段组成的保护网络来保护物种（李文瑞，2013）。与此同时，不同地理位置的生态环境受交通基础设施建设、河流水电资源开发、土地利用变化等大规模人类活动的影响，直接割裂了物种生态环境的整体性和连通性，导致物种数量减少、死亡率增加及迁移率下降等一系列问题（单楠等，2019）。生态系统各组成部分之间是相互作用、相互影响的，因此在实施生态保护和修复时务必要处理好局部与整体的关系，避免对生态系统各要素实施分隔式管理（史芳宁等，2019）。生物多样性的保护不应该停留在物种层次，注重对区域野生动植物及其生态环境的系统保护，才能达到自然保护区的建设管理目标。十二届全国人大常委会第十八次会议审议的《野生动物保护法（修订草案）》，也强调了对野生动物栖息地的保护，明确了对野生动植物生态环境加强保护，防治有关破坏活动等问题（郭子良，2016）。在建立自然保护区的基础上建设廊道，廊道作为物种的生活、移动或迁移的重要通道，可以促进和维持孤立栖息地斑块之间生态环境的连接，使物种能通过廊道在破碎化生态环境之间自由扩散、迁徙，增加物种基因交流，防止种群隔离，维持最小种群数量并保护生物多样性（穆少杰等，2014）。对于生物多样性保护除了国家宏观调控外，还需要地方的积极配合，加强对不合理人类活动的管理，减少对保护区资源的依赖，加强对外来入侵物种的清除和管理（姜杰和姜健发，2019）。退耕还林、封山育林是修复山区生态系统，提高森林质量的重要措施。森林可以涵养水分、调节气候、改善地质条件、阻止山区石漠化和湿地退化，起到防洪防涝的作用。对保护区内的林地和灌木林地采取封山禁牧、封育保护措施，减少人为破坏森林植被的行为，从而快速恢复植被，提高林分质量。对无立木林地、疏林地和宜林荒山荒地实行植被恢复，提高森林郁闭度，加快森林植被恢复速度（李春华和马龙黄，2020）。

关于生物多样性保护及评价的研究成果较为丰富，对于区域的生物多样性评价国内外已经建立了较为成熟的评价指标体系，同时保护生物多样性的措施及政策也已日益成熟。但是以自然地理要素为导向的生物多样性保护的评价和模式研究相对较少，尤其缺乏对跨行政区域边界的大山、大河、大湖系统性、完整性的生物多样性的评价成果，同时生物多样性保护与人类社会经济发展的联系相对不足，因此，本章采用压力—状态—响应（PSR）模型从 3 个准则层 13 个指标层对大巴山区及武陵山区进行生物多样性评价，以期为后续生物多样性保护提供参考。

第二节　研究区和方法

一　研究区介绍

大巴山位于中国西部，东西绵延 500 多公里，是陕西、四川、湖北、重庆 4 省市交界处山地的总称，平均海拔在 2000～2500 米，地理坐标为东经 108°27′07″～109°16′40″，北纬 31°37′27″～32°12′15″，是嘉陵江和汉江的分水岭。大巴山拥有丰富的生物资源，山区植物种类多，位于大巴山内的神农架林区面积有3253平方千米，森林覆盖率达70%，是中国原始林区之一，也是我国中亚热带气候和北亚热带气候的分界线。大巴山脉共分三段，其中东段地区坐落于湖北省西端，即武当山地区。

鄂西北武当山地区周边高峰林立，天柱峰海拔1612米，山体四周低下，中央呈块状突起，多由古生代千枚岩、板岩和片岩构成，局部有花岗岩，山地两侧多陷落盆地，如郧县盆地等。鄂西北武当山地区属亚热带季风气候，其地表水主要靠大气降水补给，水资源较为丰富，地表水系发达，河网密布，河流均属于长江支流。同时，鄂西北武当山地区孕育了丰富的生物资源，保存了大量珍稀濒危物种，是森林生态系统研究的天然实验室，也是生物演变、生物遗传和生物多样性的基因库。该区域内有世界极危等级物种崖柏、红豆杉、珙桐、独叶草、银杏等国家一级保护植物6种，国家一级保护动物豹、云豹、金雕、林麝，二级保护动物金猫、黑熊、猕猴等。该区域内有森林生态系统、灌丛生态系统、亚高山草甸生态系统、河流生态系统、亚高山湿地生态系统及农业生态系统、人工林和经济林生态系统、乡村生态系统等9种生态系统类型，保持了较高的生态系统多样性。

武陵山区位于北纬27°10′~31°28′，东经106°56′~111°49′，盘踞于湖北、湖南、重庆、贵州四省市交界地带，属于云贵高原云雾山的东延部分。武陵山（山脉或山系）海拔在1000米左右，最高峰凤凰山海拔2572米。山区南至苗岭、北抵巫山、东邻雪峰山、西连大娄山，总面积超过1万平方千米。该区域为亚热带向暖温带过渡类型气候，地表水系发达，水资源丰富，地表水主要由自然降水补充。本章主要聚焦于武陵山在湖北省段的区域，即鄂西生态圈。

武陵山鄂西生态圈是云贵高原向东南丘陵平原及长江中下游平原过渡的地带，主要位于湖北省恩施土家族苗族自治州，由一系列从西南至东北弧形延伸的岩溶山原和山地构成，东依武汉城市圈，南邻湖南省，北靠河南省，西与重庆市和陕西省毗邻。鄂西生态圈地处亚热带气候向暖温带气候过渡的交叉地带，位于典型的季风气候区，其地形以山地为主，平均海拔在 1000 米以上，有 6 座海拔 3000 米以上的高峰，被称为“华中屋脊”。该区域生态环境优良，森林茂密，植被种类繁多，其中国有林场 160 个，活立木蓄积量 3284 万立方米，分别占全省的 80.7%和 85%。同时，独特的地理位置和自然条件，孕育了圈内丰富的生物多样性，是我国最有战略意义的生物资源基因库之一，具有得天独厚的优越自然条件。圈内有我国第三纪植物区系重要保存地、省级大鲵自然保护区等生物重要保护区，且有众多诸如南方红豆杉、红豆杉（所有种）、水杉、银杏、秃松（台湾杉）、伯乐树（钟萼木）、苏铁、珙桐、银杉等国家一级保护植物和金钱豹、香獐等国家一级保护动物。

二　数据来源

本节以湖北省涉及大巴山与武陵山的县域单元为研究区，收集的数据类型主要包括中国省界以及湖北省县域单元的行政边界矢量数据、各市社会经济和土地利用数据等。其中社会经济数据主要来源于 2019 年《湖北省统计年鉴》《十堰市统计年鉴》《恩施州统计年鉴》《全国自然保护区名录》《中国城市年鉴》、湖北省林业局资料以及涉及的其他各城市年鉴、统计年鉴及国民经济和社会发展统计公报等；土地利用数据来源于 Landsat TM/ETM 遥感影像解译数据，空间分辨率为 30m×30m；景观指数统计数据利用卫星影像数据，通过 Fragstats 计算得到。

三　压力—状态—响应模型的构建

1.“压力—状态—响应”（PSR）模型

为了探索社会发展与生态自然环境对生物多样性发展与保护的影响，本研究采用“压力—状态—响应”模型，以期挖掘社会压力、自然以及社会经济发展为保护生物多样性而做出的响应，同时揭示这三者之间的内在联系。由于生态系统的复杂性，有效地评估生态系统健康与生物多样性需要结合自然和人为因素来综合构建评估指标体系和模型（徐洲洋，2020）。

“压力—状态—响应”（PSR）概念模型是由联合国环境规划署（UNEP）和经济合作与发展组织（OECD）共同提出的（王鹏等，2018；钟少华等，2019），目前该模型主要用于评价人类活动对生态的影响程度，被众多政府和组织认为是最有效的一个框架（梁龙武等，2019；赵衡等，2020）。该模型的主要优势是评价环境系统的持续性，分析系统内在的因果关系，并监测各个指标之间连续反馈机制（周博等，2018），突出了环境受到压力和环境之间的因果关系，压力、状态、响应 3 个环节相互制约、相互影响，是使用最广泛的因果链框架。在 PSR 模型中，社会经济发展和人口增长不可避免地对生态环境施加“压力”，而过度的“压力”会导致生态环境“状态”的恶化，干扰系统的功能和结构，影响各种生物的生存条件，对山区内的生物多样性造成威胁。为了防止生态环境的继续恶化，保护土地资源以及珍贵的生物物种，人类开始寻求提升生态环境质量的办法从而改善生物物种生存的环境条件，研究人类如何从经济、社会等方面对生态环境做出“响应”去改善物种生存条件，基于此，本研究适合运用 PSR 模型进行分析。

2. 数据标准化处理

在多指标综合评价中，数据的标准化处理可以消除量纲对评价结果准确性的不良影响，此外，由于每个指标作用效果的指向不同，应使用不同的标准化处理方式。不同指向指标的标准化方法如下［如公式（7-1）、(7-2）］：

$$\text{正向指标：} X_{ij} = \frac{X_{ij} - min\ X_j}{max\ X_j - min\ X_j} \tag{7-1}$$

$$\text{负向指标：} X_{ij} = \frac{max\ X_j - X_{ij}}{max\ X_j - min\ X_j} \tag{7-2}$$

公式中，$max\ X_j$ 为指标的最大值，$min\ X_j$ 为指标的最小值，X_{ij} 为指标的原始值。

3. 指标权重的确定

指标权重的确定关系到评价结果的可靠性和准确度，为了避免个人主观因素的影响过大，本研究使用熵权法进行指标权重的计算，熵权法是根据各指标信息量的大小来计算指标权重的方法（冯彦等，2017），某个指标的权重值越大则代表其包含的信息量越多，对评价结果的影响越大，公式如下：

计算指标原始值 X_{ij} 占指标项 i 的比重，n 为指标数量［如公式（7-3）］：

$$P_{ij} = \frac{X_{ij}}{\sum_{i=1}^{n} X_{ij}} \tag{7-3}$$

计算指标 i 的信息熵 e_{ij}［如公式（7-4）］：

$$e_{ij} = -k \sum_{i=1}^{n} P_{ij} \ln(P_{ij}) \tag{7-4}$$

其中，$k = \frac{1}{\ln 5}$，$0 \leqslant e_{ij} \leqslant 1$。

计算第 i 项指标的权重 w_i［如公式（7-5）］：

$$w_i = \frac{1-e}{\sum_{i=1}^{n}(1-e)} \tag{7-5}$$

公式中，w_i 为指标权重，e 为第 i 项指标的信息效用值。

4. 计算各层综合指数

采用综合指标来反映生物多样性的整体状况，具体采用加权平均综合评价方法来计算各层对应数值［如公式（7-6）］。

$$Q_m = \sum_{i=1}^{k} w_i \times x_i \tag{7-6}$$

公式中，Q_m 为第 m 个层级数值，$m=1$ 表示压力层，$m=2$ 表示状态层，$m=3$ 表示响应层，w_i 为第 i 项指标的权重，x_i 为第 i 项指标的原始值，k 代表该层级中所含指标个数。

第三节　大巴山区生物多样性评价和生态问题诊断

本案例以湖北省所涉及的大巴山区域的县域单元（丹江口市、房县、郧阳区、竹溪县、竹山县）为研究区，构建基于 PSR 模型的生物多样性保护综合指数评价指标体系，采用熵权法确定指标的权重，从而探究湖北省大巴山区生物多样性的具体水平及山区内存在的生态问题。

一　指标体系的构建

通过利用 PSR 模型对大巴山区生物多样性保护综合指数进行评估和诠释，在构建其综合评估指标体系时，从社会经济和自然生态两方面入手，充分体现人类、环境、生物等社会—生态系统中的子系统在对生物多样性保护中的相互作用。根据选取指标的科学性、可比性以及评价地区的数据可获得性、系统性等原则，借鉴相关学者已有的研究成果，我们构建了涵盖压力层、状态层、响应层在内的 13 个评价指标体系（如表 7-1 所示）。

表 7-1　大巴山生物多样性保护综合指数评价指标与权重

目标层	准则层	指标层及单位	说明	安全趋向	权重
生物多样性保护综合指数评价	压力层 P	X_1 人口密度（人/km^2）	每 1 平方千米的人口数，表征人口承载压力（刘海龙等，2018；徐嵩、曾坚，2019）	+	0.0772
		X_2 经济密度（万元/km^2）	区域国民生产总值与区域面积之比（王文萱、李明孝，2020）	+	0.0690
		X_3 人均耕地面积（km^2/人）	人均所占耕地面积，表征耕地资源压力（刘海龙等，2018）	+	0.0798
		X_4 空气质量优良率（%）	环境达标天数占总天数的比例（张崇淼等，2019）	+	0.0868
	状态层 S	X_5 森林覆盖率（%）	森林面积占区域总面积的比例（刘延国等，2018；梁龙武等，2019）	+	0.0740
		X_6 物种多样性指数	对国家级和省级保护动植物级别赋分（张志勇等，2019；王毅等，2019）	+	0.0754
		X_7 景观聚集度指数	描述景观中不同斑块类型聚集程度（王文萱、李明孝，2020）	+	0.0759
		X_8 多年平均降雨量（mm）	多年降雨量总和与年数之比（商震霖等，2019）	-	0.0761

续表

目标层	准则层	指标层及单位	说明	安全趋向	权重
生物多样性保护综合指数评价	响应层 R	X_9 人均 GDP（万元/人）	人均地区生产总值（徐珊等，2019）	+	0.0690
		X_{10}农村居民人均可支配收入（元）	农村居民个人可支配收入的平均值（匡丽花等，2019）	+	0.0648
		X_{11}第三产业产值比重（%）	第三产业占 GDP 的比重（刘延国等，2018）	+	0.0814
		X_{12}污水处理率（%）	污水处理量占污水排放总量的比例（秦趣等，2019；张崇淼等，2019）	+	0.0841
		X_{13}垃圾无害化处理率（%）	无害化处理的垃圾量占总处理垃圾量的比例（金辉、王思，2020；周博等，2018）	+	0.0864

其中，生物多样性指数通过对生物物种进行分级分类，并利用赋分法对不同物种进行赋值计算得来，赋分标准以陈龙等学者（2019）对太行山生物多样性保护评价所采用的方法为参考，具体标准如下：根据物种的保护等级将其分为国家Ⅰ级、国家Ⅱ级以及省级，分别赋值为10、5、2。景观聚集度数据则利用卫星影像数据，通过 Fragstats 计算得出。

二　生物多样性评价

研究基于 PSR 模型和熵权法，得到大巴山涉及县域的压力层、状态层和响应层的分数如图 7-1 所示。

根据总体平均水平，大巴山区域的压力层指数最低，平均为 0.18；响应层指数最高，平均为 0.22；状态层指数位于二者之间，平均为 0.20。数据表明大巴山区域人为因素对生物多样性的压力和环境的破坏在一定程度上可以通过人为手段进行干预，以减少人类活动对于生态环境的不良影响。相关县区也先后采取了一些措施缓解生态压力，如丹江口市通过提升基础设施建设、制定可持续有效的管理制度等，促进保护区规范化和科学

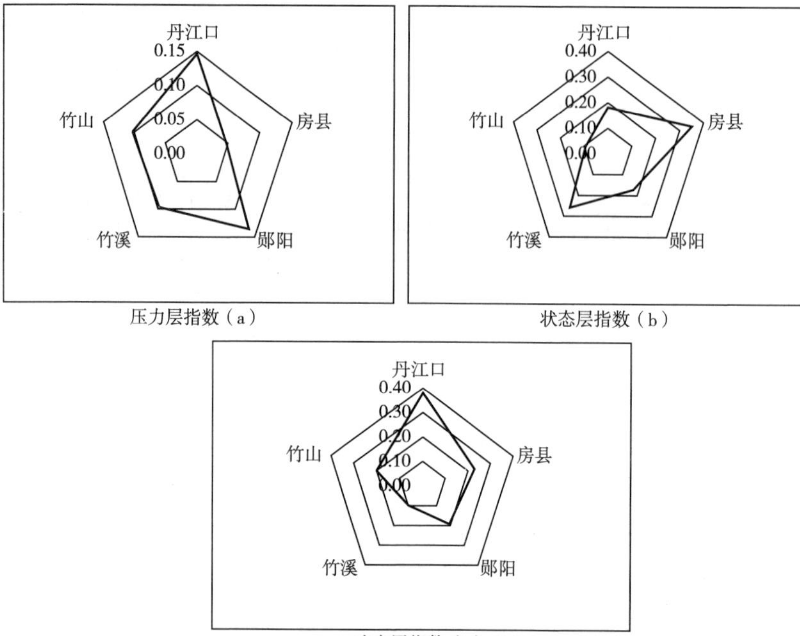

图 7-1　大巴山区域 PSR 模型各层级指数（a、b、c）

化管理；房县开展天然林保护修复工作，同时积极构建自然保护区；郧阳区对古树名木进行挂牌、编号保护，登记造册，对全区野生动物和珍稀植物资源进行野外监测；竹溪县开展湿地保育和退耕还林等工作，成效显著。

在大巴山涉及的县域中，丹江口市占据极其重要的生态战略地位，丹江口市境内的丹江口水库是我国南水北调中线工程的水源地、国家一级水源保护区、中国重要的湿地保护区、国家级生态文明示范区，丹江口市生态环境保护具有极其重要的意义。从评价结果看，丹江口市生物多样性保护综合评价的压力层和响应层指数最高，分别为 0. 15 和 0. 38。压力层结果表示，丹江口市在人口和经济方面数值较大，可见居民生活和经济发展对于生物多样性施加的压力较大，从某种程度上说，其也为丹江口市的生物多样性保护增强了驱动力，起到了一定的支持作用；响应层结果表示，丹江口市对于生物多样性问题采取措施成效良好，通过封山育林、人工造林等工作提高了林地覆盖率，同时也增加了经济效益。从数值上来看，无论是从经济方面还是环境方面，丹江口市的人为响应均居第一位。近年来，丹江口市水土保持综合治理工作取得较大成效，全市林草覆盖率迅速提高，人居环境不断改善，实现了村容整洁、生产发展、农民增收，这也体现了人为响应在生物多样性保护方面的重要性。

根据计算结果，房县的压力层指数最小，仅为0.05，其状态层和响应层指数较高，均超过0.2。其原因主要有两个方面，一方面，房县人口密度和经济密度较低，发展带来的生态环境压力较小，通过生态系统循环和自身恢复能力，生态环境的状态得以保持在较高的水平，其森林覆盖率、生物多样性和景观聚集度均位于各县域单元首位。另一方面，房县从用地管制、林地修复等方面开展的生态空间保护工作，如加快自然保护区建设，开展生态公益林建设等取得了一定的成果，增加了野生动植物的栖息场所，使得生态环境的状态进一步提升，促进了生物多样性的发展。

五个县域单元中，郧阳区、竹溪县和竹山县的生物多样性综合情况有待进一步提高，相对其他两个县域单元而言，这三个县域单元压力层指数均超过0.1，但响应层指数均小于0.2。主要是由于人口、经济发展对于生态环境的压力较大，生态环境受到了一定程度的破坏，生物多样性受到威胁，而相关部门做出的响应不能够平衡人类活动造成的压力，郧阳区、竹溪县和竹山县的人为响应还需要进一步提高。尤其是竹山县，其压力层指数位于第三位，但其状态层指数不到0.1，是大巴山所涉县域中状态层指数最低的县域单元。因此，不能因发展造成的生态压力较小而忽视人为响应。

大巴山处于丹江口市、房县、郧阳区、竹溪县和竹山县的交界地带，各县域生态环境质量直接影响了大巴山的生物多样性。因此，大巴山地区生物多样性保护要通过县域联动综合治理来实现，以减小发展压力、提高生态质量、做好人为响应为宗旨，实现县域保护信息共通、技术共享，取长补短，不断推动大巴山生态多样性保护向可持续方向迈进。

三　生态问题诊断

联合国可持续发展目标15（SDG15）：旨在保护、恢复和促进陆地生态系统的可持续利用及可持续管理，制止和扭转土地退化以及遏制生物多样性丧失，以实现可持续、公平的人类和生态系统福祉的总体目标。生态问题是可持续发展不可忽略的方面，通过研究分析发现，大巴山区的生态问题主要聚焦于森林覆盖率、病虫害问题、生物多样性与栖息地生境等方面。

生物栖息地生境破碎化，栖息地布局不够系统化。大巴山保护区境内分布着众多珍稀的动植物，有珙桐、红豆杉、独叶草等6种国家一级保护植物，以及豹、云豹、林麝、金雕等国家一级保护动物，因此评估生物栖息地生境破碎化程度对于保护珍稀动植物生物多样性十分重要。评估结果显示，大巴山地区景观聚集度指数较低，平均得分为0.18，表明大巴山的动植物栖息地生境存在一定的破碎化（Yang et al.，2020），空间布局细碎且分散，致使生物多样性受到损失，加上人类活动对自然资源的开发利用已超过生态系统的恢复能力，生物的栖息环境受到严重的破坏和改变，生态环境受到了不同程度的污染和破坏。大巴山区域虽然规划建设了多个自然保护区，但早期自然保护区多属于抢救性划建，存在空间布局不合理等问题，保护区之间大多未构建将破碎的生态环境建立联系的生态廊道，孤岛与破碎化现象严重，影响自然保护区功能发挥（陈龙等，2019）。

水生物种丰富度相对偏低，生物多样性受到严重威胁。生物多样性不仅反映自然生态环境的优劣，也是反映生态资源可持续利用的重要指标（胡义涛等，2016）。本研究采取的生物多样性评价是通过对各县域单元国家级和省级保护动植物的数量分级赋分来进行衡量。从计算结果来看，物种多样性指数平均得分为0.19，大巴山的物种丰富度相对偏低，仍需进一步重视生物多样性保护。近年来，大巴山生物多样性呈部分退化趋势，丹江口水库库容不断增加使野大豆、岩杉树、狭叶佩兰3种国家或地方重点保护植物在库区范围内的数量减少明显；大坝的建立把生物分隔为较小的异质种群，影响了水生生物的基因交流，继而影响了水生生物的遗传多样性；竹溪境内的34座中小型水库影响了部分水生动物的洄游产卵，一定程度上减少了水生动物的数量。

森林覆盖率较低，林业病虫害问题严重。大巴山多分布古老的特有植物，森林覆盖率为 60%左右。虽然大巴山的自然资源较为丰富，但评价结果显示，森林覆盖率这一指标平均得分仅为 0.17，森林覆盖率问题需要得到重视。近年来，造林育林劳动力和资金的缺失使得植树造林及植被修复的难度逐年增加，造林落实难、重造轻管等现实问题使森林覆盖率提升困难。此外，森林资源的退化加剧了雨水对土壤的侵蚀，使土壤肥力下降，遭到破坏的森林系统控制有害生物侵蚀的能力下降。大巴山较大的降雨量加快了林业有害生物滋生，同时有害生物的适应能力不断增强，入侵途径增多，林业病虫害问题严重，森林资源量严重下降，如房县 2019 年共计有 145254.5 亩发生林业病虫害问题，其中病害 50253.5 亩，虫害 95001 亩，有害植物（葛藤）16700 亩。

第四节 武陵山区生物多样性评价和生态问题诊断

本节以湖北省涉及武陵山区县域（鹤峰县、建始县、来凤县、利川市、咸丰县、宣恩县、恩施市、长阳土家族自治县、五峰土家族自治县）为研究对象，选用 PSR（压力—状态—响应）模型构建生物多样性指标体系，采用熵权法确定指标权重，对湖北省武陵山区生物多样性水平进行有效测度，从而为武陵山区生物多样性保护施策提供参考。

一 指标体系的构建

本节参照朱万泽等（2009）提出的生物多样性评价指标遴选原则，结合武陵山区主要生态环境问题和社会经济情况，考虑研究区数据的可获取性，最终以生物多样性保护综合指数为目标层，基于压力—状态—响应（PSR）模型构建生物多样性保护评价指标体系，通过 5 个压力层指标、5 个状态层指标以及 3 个响应层指标对湖北省武陵山区进行生物多样性保护综合评价（如表 7-2 所示）。

表 7-2 生物多样性保护综合指数评价指标体系

目标层	准则层	指标层	指标说明	安全趋向	指标权重
生物多样性保护综合指数评价	压力层 P	C_1固定资产投资额/万元	经济压力	+	0.0633
		C_2旅游人数/万人	经济压力	+	0.0653
		C_3年降水量/mm	自然压力	+	0.0668
		C_4年平均气温/℃	自然压力	+	0.0826
		C_5人口密度/（人/km^2）	常住人口/土地总面积	+	0.0761
	状态层 S	C_6森林覆盖率/%	森林面积/区域总面积	+	0.0734
		C_7国家重点保护动物数量	物种多样性	+	0.0839
		C_8国家重点保护植物数量	物种多样性	+	0.0804
		C_9空气质量优良率/%	环境达标天数/总天数	+	0.0832
		C_{10}水土流失程度/%	水土流失面积/土地总面积	−	0.0733
	响应层 R	C_{11}自然保护区数量	保护生物多样性措施	+	0.0813
		C_{12}第三产业产值比重/%	第三产业增加值/区域生产总值	+	0.0802
		C_{13}工业固废利用率/%	工业固体废物综合利用量/工业固体废物产生量	+	0.0902

（1）压力指标。根据武陵山区自然资源条件与数据的可获取性，并且结合武陵山区内的人类活动与社会经济情况，参考国内已有研究成果（黄备等，2016；徐国荣等，2019），选取固定资产投资额、旅游人数、人口密度、年降水量和年平均气温作为压力因子。各项指标数据来源于《恩施州统计年鉴》。

（2）状态指标。状态指标主要指武陵山区生态系统与生物多样性现状，武陵山区物种丰富、森林众多，同时武陵山区存在水土流失严重等问题。因此本案例借鉴相关文献（张锐等，2013；张楚楚等，2020；朱万泽等，2009）选取以下生物多样性现状相关指标：森林覆盖率、国家重点保护动物数量、国家重点保护植物数量、空气质量优良率、水土流失程度。指标数据来源于《恩施州统计年鉴》、湖北省林业局相关资料等。

（3）响应指标。响应是政府组织或个人为了预防和改善生物多样性现状而采取的一系列措施（黄备等，2016）。建立自然保护地是生物多样性保护的重要对策，参考李果等（2011）人提出的“中国生物多样性评价重点方面与参考指标”与国内相关研究（刘延国等，2018；黄备等，2016），结合武陵山区数据的可获取性，选取自然保护区数量、第三产业产值比重、工业固废利用率作为响应指标。各指标数据来源于《全国自然保护区名录》与各地统计年鉴。

二　生物多样性评价

研究基于 PSR 模型与熵权法，最终计算出湖北省武陵山区各县域压力层、状态层、响应层的综合分数（如表 7-3 所示）。

表 7-3　武陵山研究区压力—状态—响应各层综合指数

区域	压力层	状态层	响应层
鹤峰县	0.1441	0.3194	0.1359
建始县	0.2054	0.2169	0.1376
来凤县	0.0731	0.1303	0.2225
利川市	0.1524	0.2752	0.2101
咸丰县	0.1337	0.2017	0.2335
宣恩县	0.1328	0.2288	0.1735
恩施市	0.2877	0.1636	0.2195
长阳土家族自治县	0.1768	0.2109	0.0596
五峰土家族自治县	0.0823	0.2932	0.1401

从总体平均水平上看，武陵山区状态层指数最高，压力层、响应层指数相对持平，表明武陵山区生物多样性与生态环境现状较好，而人类活动对生态环境造成的干扰在一定程度上通过政府采取的相关措施有所缓解。在状态层中，“国家重点保护动物数量”这一指标权重较大，表明武陵山区珍稀物种的保护对生态多样性保护尤为重要。武陵山区物种丰富，境内国家重点保护动植物数量众多，各县域也采取了一系列生物多样性保护措施，如建立省级以上自然保护区，针对地区水土流失、石漠化、森林生态系统的突出问题开展生态修复治理等系列工程。

在武陵山区湖北段涉及县域中，综合压力—状态—响应三个层面来看，恩施市压力层指数最高，为 0.2877，而状态层的得分较低，说明恩施市生物多样性受人类活动与社会经济发展干扰程度较大。恩施市作为恩施州的首府，城市化建设程度高，人口密度较大，经济活动较为密集，经济发展需求对生态环境造成了不良影响，导致生物多样性现状较差，人口增长带来的压力使森林生态系统出现失衡。在响应层中，"工业固废利用率"指标得分最高，表明恩施市对生态污染问题进行相应的处理以维护生态环境的可持续发展的相关工作已取得积极成效。近年来恩施市人为干预生物多样性保护采取的系列措施颇有成效，说明了人为响应生物多样性保护对缓解压力因素有着重要的作用。

来凤县压力层、状态层指数在所有县域中得分最低，指数分别为 0.0731、0.1303，响应层在所有县域中得分较高。来凤县主要产生作用的压力因子为人口密度，其余指标对压力层影响微弱，对生态环境干扰程度较低。来凤县的生物多样性保护现状与生态保护状态指标得分较低，来凤县山高坡陡，降水量大，容易形成地表径流，进而导致水土流失程度较高。对此，来凤县以人工辅助修复的措施进行水土流失治理工程，增加资金投入，响应效果显著。

鹤峰县状态层综合指数最高，为 0.3194。其中"空气质量优良率"这一指标作用效果最大。随着我国城市化进程的加快，区域性的空气污染现象在我国频繁出现（丁卉等，2013），空气质量成为影响物种活动的重要因素之一，空气质量的恶化会导致生物栖息环境的破坏。在数值上，鹤峰县的森林覆盖率最高，为生物活动提供了"天然氧吧"，空气质量优良率达 100%。对于保护生态环境的响应措施，鹤峰县指数较低仅为 0.1359，相较于其他县域，鹤峰县应该积极保护生态环境，加大资金投入，建立自然保护区以保护区内物种活动，维持优良的生态环境质量。

响应层综合指数得分情况中，咸丰县响应层指数最高，为 0.2335，其中"工业固废利用率"指标作用最大，说明咸丰县工业污染治理措施实施效果较好。从数值上看，咸丰县自然保护区数量最多，"第三产业产值比重"也位居前列，一方面咸丰县有两个国家级自然保护区、一个省级自然保护区，说明咸丰县十分重视保护生物多样性；另一方面咸丰县状态层指数较高，压力较小，各种生物所依赖的生态环境受到人类活动及气候因素影响较弱，维持着良好的生态平衡。

长阳土家族自治县的响应指数最低，其中“工业固废利用率”指标得分为0，说明长阳土家族自治县工业污染治理措施不到位，固废利用率数值极低，这是生态环境保护的严重隐患，会对生物栖息环境造成严重威胁，长阳土家族自治县应加强工业污染治理，重视污染对环境造成的危害，积极响应生物多样性保护措施。长阳土家族自治县状态层指数较高，其中“国家重点保护动物数量”这一指标占比最大。在所有县域中，长阳土家族自治县的国家重点保护动物数量仅次于五峰土家族自治县，共41种，但长阳土家族自治县仅建立了1个自然保护区，保护力度较小，不利于生物维持稳定的物种活动。对此，长阳土家族自治县应加大保护区建设力度，针对重点保护动物、濒危生物等做出强有力的保护措施（见图7-2）。

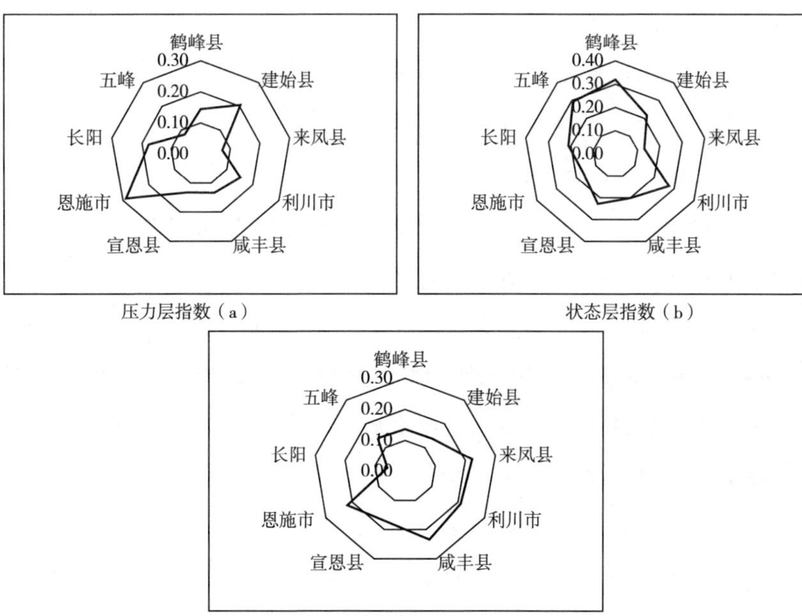

图7-2　武陵山区域PSR模型各层级指数（a、b、c）

注：五峰代表五峰土家族自治县，长阳代表长阳土家族自治县。

武陵山片区涉及县域较为广泛，山地相对高差大，生物气候复杂，独特的地理位置和自然条件孕育了区内丰富的生物多样性，是我国最有战略意义的生物资源基因库之一，具有得天独厚的优越自然条件。但其存在的生态保护隐患不容忽视，武陵山区涉及县域的人为响应措施对武陵山生物多样性保护至关重要，在发展社会经济的同时，要做好相应的生态保护措施，才能整体提高武陵山的生物多样性。

三 生态问题诊断

随着人类社会不断发展，人类对自然的干预、破坏以及对生态资源的不合理利用，致使环境出现石漠化、水土流失等诸多问题，甚至威胁到了物种的生存与繁衍。目前，生态问题已然成为国家重点关注的问题之一。人类经济活动与维持生态安全问题息息相关，本小节主要从自然资源条件（年降水量、年平均气温）、物种多样性及保护（区内重点保护动植物数量、自然保护区数量）、生态环境现状（森林覆盖率、水土流失程度）这三个方面探究武陵山区生态问题。从整体结果上看，物种多样性相关指数平均得分最高，生态环境现状相关指标平均得分最低。下面将结合当地实际情况对武陵山鄂西生态圈的生态问题进行诊断。

（一）森林生态系统问题突出

生物多样性评价结果表明武陵山区森林覆盖率指数最低，森林生态问题需要引起重视。武陵山区境内沟壑纵横，峰峦重叠，多数林地立地条件差，坡度大、土层薄，水土流失较重，容易形成低产低效林，人口增加与经济发展带来的压力以及不合理的生产建设活动使森林生态系统出现失衡，森林资源过度开发和利用，造成武陵山区部分植被覆盖脆弱，中幼林蓄积面积大，森林质量低，生物多样性受到威胁。

（二）生态保护区建设亟须加强

武陵山区自然条件优越，有诸如南方红豆杉、红豆杉（所有种）、珙桐、银杉等国家一级保护植物和金钱豹、香獐等国家一级保护动物，生物种类多样。区内尽管有我国第三纪植物区系重要保存地、省级大鲵自然保护区等生物重要保护区，但区内自然保护区建设存在经费和管理上的诸多问题（钱者东等，2016；王群和于佳，2013；韩念勇，2000），多元化的管理体制尚未健全，且存在个别地区的基础信息缺失、生态自然保护区信息更新不及时等现象，这对区内生物物种的基因交流与遗传造成不便，不利于生物多样性的保护。

（三）洪涝灾害和水污染问题并存

武陵山鄂西生态圈水环境主要面临涝灾和污染两大挑战。近年来，恩施州受连续降雨影响常发涝灾，容易引发泥石流等地质灾害，对生物栖息环境造成严重损害，同时对生物多样性产生不利影响。根据研究区自然资源现状调查，武陵山鄂西生态圈西南部和东北部降水量偏低，东部降水量偏高；5~8 月的降水占全年降雨量的 50%，水资源的补给在时间与空间上分布不均匀；此外，市场经济改革与自然配置滞后的矛盾使得粗放型经济增长方式和掠夺式资源开发利用方式仍未从根本上得到转变，武陵山区丰富的水资源有效利用率低下，不合理的产业结构和经济发展方式，使武陵山面临日渐严重的水污染问题。

第五节　生物多样性保护和修复措施

脆弱的生态系统与人类活动加剧了山区生物多样性的丧失。在对大巴山区和武陵山区生态多样性进行评估并对生态问题进行诊断的基础上，本节针对大巴山区和武陵山区森林系统问题突出、水生物种多样性破坏严重、栖息地生境破碎、保护区建设亟须加强、水土流失和水污染并存等问题提出以下四点修复措施，以期改善物种栖息地环境，保护生物多样性。

一　加强森林资源保护与修复，综合治理水土流失和石漠化

大巴山和武陵山同为山地，土地贫瘠，水土流失和石漠化问题严重，生态环境脆弱，同时不合理的生产建设活动使得原本已经支离破碎的生态系统环境进一步恶化。因此，森林作为山区生态系统的重要组成部分需要得到充分的保护和建设。政府有关部门要集中要素加快推进国土绿化，解决长江及其支流两岸造林绿化质量不高和生态屏障功能脆弱的问题，抓好退耕

还林、防治虫害的育林护林工作，加强水土保持和涵养力度。例如在岩溶地区和库区重点开展水土流失综合治理工程。同时积极响应国家共建“千里林带”的号召，促进区域跨省跨市的生态合作，充分发挥各地的区位优势，做好协调配合工作，整合资源力量，联合开展林业生态防护工程。

二 调整地区产业结构，探索因地制宜的可持续发展模式

大巴山和武陵山的土地较为贫瘠，不适宜传统粮食作物的大面积种植和畜牧业的过度发展，不合理的农牧业模式不仅会对生态环境造成“二次破坏”，加剧土壤的贫瘠化，从长远的角度看也不利于当地经济的可持续发展。因此，需要大巴山、武陵山地区“因地制宜”发展农业和畜牧业，根据不同区域的地质地貌、土壤类型发展农业，协调发展畜牧业，调整农业种植结构，做到以经济型作物为主、粮食作物为辅，大力推广地区的特色农牧产品，实现农业的可持续健康发展，如大巴山地区的特色银耳、武陵山特色的地牯牛等。同时，要积极探索和扶持第三产业的发展，开发旅游资源，结合当地文化风俗，发展具有地区特色的旅游产业，助力脱贫攻坚和乡村振兴。

三 加强国家级自然保护区的建设，提供生境完好的生物栖息地

大巴山和武陵山生物多样性较为丰富，地区自然保护地的建设对生物多样性保护起着至关重要的作用。研究所涉及县域共有 6 个国家级自然保护区，其中大巴山区 2 个，武陵山区 4 个。而已建设的自然保护区存在管理不善、资金不足等共性问题，其中包括基础资料缺失、信息更新滞后等缺陷。从国家生态安全的长远发展来看，需要大巴山、武陵山地区加大国家级自然保护区建设力度，提高管理效率，在人工辅助修复和生态重塑的过程中进一步明确生物化修复措施的一般规定，做到生态保护和修复有章可循，有标准可依；完善自然保护体系，构建实时信息网络提供基础数据，提升生态文明建设水平；同时也要突破行政区界线限制的保护管理机制，弱化行政区划界线，突出流域内各区域的主导生态系统功能，进行跨

行政区域的整体统筹，保障山脉生态系统的完整性。

四　加强库区水生态治理，提升水体的生态系统功能

大巴山区和武陵山区降雨充沛，区域内水系发达，但是受地形的影响，水资源空间分配不均，同时随着城市化、工业化以及农业化发展步伐的加快，生产生活产生的污染物排放不断增加，区内水体承受着越来越大的压力，如湿地污染加剧，水体富营养化等。除此之外，还有湿地过度利用，渔民过度捕捞，湿地内鱼类种群衰退，农田、滩涂等候鸟的栖息地破坏严重等问题。因此要加强山区内水体以及湿地的保护、治理。一是调整农业结构，发展生态农业。按照土地特点、环境条件和市场要求制定农业区划，调整农业结构，合理使用化肥农药，大力发展生物农药，防治农业环境污染。二是加强污染治理，改善水环境。对居民比较集中和有条件的地区，建立集中式污水处理工程，达标排放，实现生活垃圾集中管运，同时实施生物防治措施，在库、塘、河堤岸营造植物缓冲带、生物塘，通过植物的吸附、土壤的吸附与过滤和微生物的降解等物理、化学、生物作用，达到污染物降解效果。三是加快流域治理。以小流域为治理单元，以山、水、田、林、湖、草综合治理为基础，突出水土流失的坡耕地和沟道治理、河库塘水环境治理、村庄生态环境综合整治。四是恢复水生植被，改善水环境。提高人工栽植芦苇、菖蒲、芋屈菜、莲等水生植物的数量和面积，进而净化水质、优化水环境。

本章小结

本章以大巴山区和武陵山区为例，基于压力—状态—响应（PSR）模型，通过构建指标体系的方法，系统地对大巴山和武陵山生物多样性进行综合评价，诊断当前的生态问题并提出相应对策。经研究发现，在大巴山和武陵山生物多样性评价中，响应层指数高于压力层或基本持平，表明大巴山和武陵山生物多样性保护较好地平衡了发展与保护的矛盾。进一步对

大巴山和武陵山重点生态区的生态问题进行诊断，我们发现两个地区均存在生物多样性保护困难以及森林生态功能较弱等现象。具体而言，大巴山区存在森林覆盖率较低、林业病虫害问题严重、物种丰富度相对偏低、生物多样性受到严重威胁、生物栖息地生境破碎化、栖息地布局不够系统化等问题。武陵山区水环境问题形势严峻、生物多样性保护面临挑战、森林质量整体不高等问题突出。

通过归纳问题并进行分析，我们最终提出生物多样性保护和修复的四点对策建议：一是加强森林资源保护与修复，综合治理水土流失和石漠化；二是调整地区产业结构，探索因地制宜的可持续发展模式；三是加强国家级自然保护区的建设，提供生境完好的生物栖息地；四是加强库区水生态治理，提升水体的生态系统功能。

参考文献

[1]《长江经济带生态环境保护规划》，2017，http：//www.mee.gov.cn/gkml/hbb/bwj/201707/t20170718_ 418053.htm。

[2] 陈厚源：《自然保护区生态保护与发展研究进展与展望》，《农家参谋》2020 年第 7 期，第 117、165 页。

[3] 陈龙、刘春兰、马明睿、乔青、裴厦、刘晓娜：《太行山生物多样性保护优先区（北京区域）急需保护物种的空间分布、热点识别及保护成效评价》，《生态与农村环境学报》2019 年第 4 期，第 451~458 页。

[4] 陈少强：《保护生物多样性　推进生态文明建设》，《中国财经报》2020 年 6 月 18 日，第 6 页。

[5] 程腊梅、张旭、葛继稳、王立辉、王玲玲、李扬：《湖北生物多样性保护优先区域生态系统五年（2010-2015）变化》，《植物科学学报》2019 年第 2 期，第 144~153 期。

[6] 单楠、周可新、潘扬、唐夫凯：《生物多样性保护廊道构建方法研究进展》，《生态学报》2019 年第 2 期，第 411~420 页。

[7] 丁卉、刘永红、曹生现：《基于模糊-灰色聚类方法的城市空气质量评价研究》，《环境科学与技术》2013 年第 S2 期，第 374~379 页。

[8] 冯彦、郑洁、祝凌云、辛姝玉、孙博、张大红：《基于 PSR 模型的湖北省县域森林生态安全评价及时空演变》，《经济地理》2017 年第 2 期，第 171~178 页。

[9] 高正文：《开创地方立法先河　保护我国生物多样性宝库——〈云南省生物多样性保护条例〉解析》，《环境保护》2018 年第 23 期，第 12~15 页。

[10] 龚文娟、姜凌霄：《我国生物多样性保护的发展现状研究及对策》，《资源节约与环保》2016 年第 9 期，第 238 页。

[11] 郭子良：《中国自然保护综合地理区划与自然保护区体系有效性分析》，北京林业大学，2016。

[12] 韩念勇：《中国自然保护区可持续管理政策研究》，《自然资源学报》2000 年第 3 期，第 201~207 页。

[13] 洪柳、余夏君、吴林、牟利、李小玲、王涵：《鄂西南国家级自然保护区群——苔藓植物多样性保护的重要场所》，《广西植物》2020 年 7 月 29 日。

[14] 胡义涛、朱颖、莫晓琪、陈德超：《溧阳市生物多样性评价》，《贵州农业科学》2016 年第 7 期，第 130~132 页。

[15] 黄备、魏娜、孟伟杰、张明霞：《基于压力-状态-响应模型的辽宁省长海海域海洋生物多样性评价》，《生物多样性》2016 年第 1 期，第 8~54 页。

[16] 黄河仙、罗岳平、殷芙蓉、易敏、廖秀英等：《湖南省生态系统格局变化驱动力分析》，《湖南科技大学学报》（自然科学版）2015 年第 2 期，第 60~67 期。

[17] 姜杰、姜健发：《大理苍山洱海国家级自然保护区生物多样性保护对策研究》，《林业调查规划》2019 年第 6 期，第 51~55、60 页。

[18] 金辉、王思：《基于 PSR 模型的武汉城市圈生态安全评价及态势研究》，《安全与环境学报》2020 年第 1 期，第 352~363 页。

[19] 匡丽花、赵小敏、郭熙：《基于乡镇尺度的耕地生态安全时空格局演变——以鹰潭市为例》，《江苏农业学报》2019 年第 5 期，第 144~1153 页。

[20] 李春华、马龙黄：《草坪自然保护区生物多样性现状及保护措施》，《林业建设》2020 年第 1 期，第 18~23 页。

[21] 李果、吴晓莆、罗遵兰、李俊生：《构建我国生物多样性评价的指标体系》，《生物多样性》2011 年第 5 期，第 497~504 页。

[22] 李昊民：《生物多样性评价动态指标体系与替代性评价方法研究》，中国林业科学研究院，2011。

[23] 李文瑞：《生物多样性研究热点与武陵山区生物多样性调查策略》，《中央民族大学学报》（自然科学版）2013 年第 4 期，第 34~38 页。

[24] 梁龙武、王振波、方创琳、孙湛：《京津冀城市群城市化与生态环境时空分异及协同发展格局》，《生态学报》2019 年第 4 期，第 1212~1225 页。

[25] 刘闯、孙小琼：《基于生态服务价值的武陵山区生态系统敏感性评价——以松桃县为例》，《绿色科技》2018 年第 12 期，第 10~15、24 页。

[26] 刘帆、刘晖、徐凌翔、程玉、李伟：《青藏高原东部尕海湿地种子库沿水位梯度的分布格局》，《科学通报》2013 年第 14 期，第 1332~1339 页。

[27] 刘海龙、谢亚林、贾文毓、石培基：《山西省生态安全综合评价及时空演化》，《经济地理》2018 年第 5 期，第 161~169 页。

[28] 刘世梁、侯笑云、尹艺洁、成方妍、张月秋、董世魁：《景观生态网络研究进

展》，《生态学报》2017 年第 12 期。

[29] 刘延国、廖彦淞、王青、邹强：《生态旅游视域下的岷江上游贫困山区生态安全评价》，《中国农业资源与区划》2018 年第 2 期，第 189~195 页。

[30] 卢炎秋：《武陵山片区生态环境与社会经济协调发展研究》，中国地质大学，2015。

[31] 孟令玉：《济南市生物多样性评价及与生物入侵关系研究》，山东农业大学，2019。

[32] 穆少杰、周可新、方颖、朱超：《构建大尺度绿色廊道，保护区域生物多样性》，《生物多样性》2014 年第 2 期。

[33] 钱者东、郭辰、吴儒华、梁宇彤、杨泉光、潘子平、潘鸿、高军、蒋明康：《中国自然保护区经济投入特征与问题分析》，《生态与农村环境学报》2016 年第 1 期，第 35~40 页。

[34] 秦趣、黄艳、崔小平：《基于 PSR 模型的云贵高原湿地生态系统健康评价》，《水生态学杂志》2019 年第 5 期，第 26~31 页。

[35] 商震霖、王志齐、魏梦现：《基于 DPSIR 模型的许昌市水生态安全评价》，《水资源开发与管理》2019 年第 1 期，第 29~33+6 页。

[36] 史芳宁、刘世梁、安毅、孙永秀：《基于生态网络的山水林田湖草生物多样性保护研究——以广西左右江为例》，《生态学报》2019 年第 23 期，第 8930~8938 页。

[37] 王鹏、王亚娟、刘小鹏、陈晓、孔福星：《基于 PSR 模型的生态移民安置区土地利用系统健康评价——以红寺堡区为例》，《水土保持研究》2018 年第 6 期，第 270~276 页。

[38] 王群、于佳：《浅谈我国自然保护区资金问题》，《活力》2013 年第 4 期，第 109 页。

[39] 王文萱、李明孝：《基于 DPSIR 的湖南省土地生态安全时空变化》，《生态学杂志》，2020，第 1~13 页。

[40] 王毅、谢蓉蓉、王菲凤、王学福、郭生祥：《基于 Delphi-PSR 模型的祁连山国家级自然保护区生态安全评价》，《山地学报》2019 年第 3 期，第 328~336 页。

[41] 吴凯、王晓琳、刘培、许怡：《三峡库区生态系统时空分布及其演替特征》，《三峡生态环境监测》2017 年第 4 期，第 1~9，16 页。

[42] 徐国荣、马维伟、李广、张宏奎：《基于 PSR 模型的甘南尕海湿地生态系统健康评价》，《水土保持通报》2019 年第 6 期，第 275~280 页。

[43] 徐珊、杨光、张承舟、孙德华、孙小婷：《基于 PSR 模型的城市土地生态安全评价：以青岛市为例》，《环境工程》2019 年第 9 期，第 199~204 页。

[44] 徐嵩、曾坚：《山洪灾害背景下京津冀山区生态安全综合评价研究》，《北京社会科学》2019 年第 3 期，第 111~118 页。

[45] 徐洲洋：《基于 PSR 模型的四川生态系统健康时空动态研究》，《国土资源遥感》

2020 年第 2 期，第 251~258 页。

[46] 张崇淼、李森、张力喆、牛小勇、殷崎栋：《基于 PSR 模型的城市生态安全评价与贡献度研究——以铜川市为例》，《安全与环境学报》2019 年第 3 期，第 1049~1056 页。

[47] 张楚楚、王鹏、熊平生、张玉：《基于 PSR 模型—熵权法的土地生态安全时序评价——以衡阳市为例》，《衡阳师范学院学报》2020 年第 3 期，第 111~116 页。

[48] 张锐、郑华伟、刘友兆：《基于 PSR 模型的耕地生态安全物元分析评价》，《生态学报》2013 年第 16 期，第 5090~5100 页。

[49] 张志勇、张朴仙、杜虹蓉、伊炜、杨敏、张璠、赵寿斌：《普洱市航空护林区生物多样性评价及航空护林的作用》，《四川林勘设计》2019 年第 3 期，第 14~18+22 页。

[50] 赵衡、闫旭、王富强、康萍萍：《基于 PSR 模型的三门峡库区湿地生态系统健康评价》，《资源保护》2020 年第 4 期，第 21~25、74 页。

[51] 钟少华、时鹏、杨文刚、李占斌、李鹏、杨殊桐：《基于 PSR 模型的土地利用系统健康评价及障碍因子诊断——以延长县为例》，《水土保持研究》2019 年第 2 期，第 283~289 页。

[52] 周博、杜晓霞、马林兵、何桂林：《基于 PSR 模型的土地利用系统健康动态评价》，《中山大学学报》（自然科学版）2018 年第 4 期，第 9~15 页。

[53] 朱万泽、范建容、王玉宽、申旭红、田兵伟、魏宗华：《长江上游生物多样性保护重要性评价——以县域为评价单元》，《生态学报》2009 年第 5 期，第 2603~2611 页。

[54] Brummitt, N., Regan, E. C., Weatherdon, L. V., Martin, C. S., Geijzendorffer, I. R., Rocchini, D., Gavish Y., Haase P., Marsh C. J., Schmeller, D. S. (2017). Taking Stock of Nature: Essential biodiversity variables explained. Biological Conservation, 213, 252-255.

[55] Falk, D. A. (1990). Integrated Strategies for Conserving Plant Genetic Diversity. Annals of the Missouri Botanical Garden, 38-47.

[56] Hellawell, J. M. (1991). Development of a Rationale for Monitoring. In Monitoring for Conservation and Ecology (pp. 1-14). Springer, Dordrecht.

[57] Lamers, G., Platzer-Schneider, U., Prettennthaler, F., Mollov, B., Stoyanov, Y., Peev, P., & Patrizia, G. (2006). Handbook on SEA for Cohesion Policy 2007-2013.

[58] Liu, J., Li, S., Ouyang, Z., Tam, C., Chen, X. (2008). Ecological and Socioeconomic Effects of China's Policies for Ecosystem Services. Proceedings of the National Academy of Sciences, 105 (28), 9477-9482.

[59] Morse, L. E. (1981). Rare Plant Conservation: Geographical Data Organization (No. 04; QK86. A1, M6.).

[60] Weber, D., Hintermann, U., Zangger, A. (2004). Scale and Trends in Species Richness: Considerations for Monitoring Biological Diversity for Political Purposes. Global Ecology and Biogeography, 13 (2), 97-104.

[61] Yang, J., Zeng, C., Cheng, Y. (2020). Spatial Influence of Ecological Networks on Land Use Intensity. Science of The Total Environment, 717, 137-151.

[62] Scholes, R. J., Biggs, R. (2005). A biodiversity Intactness Index. Nature, 434 (7029), 45-49.

第八章　主要河湖湿地生态系统健康评价和保护

——以鄱阳湖、洞庭湖为例

长江经济带重要生态系统的保护与修复不仅包括主要山脉生物多样性的保护与修复，还包括河湖湿地生态系统的保护与修复。鄱阳湖、洞庭湖与长江保持着自然连通状态，作为长江的两片“肺叶”，有重要的泄洪、分流、调节作用，在长江经济带占据重要地位。本章主要以鄱阳湖与洞庭湖为研究区域，结合鄱阳湖与洞庭湖及其湿地实际情况，构建基于压力—状态—响应（PSR）模型的生态系统健康评价指标体系，对河湖和湿地生态系统健康进行评价，从而发现目前河湖和湿地生态系统存在的主要生态问题，并针对这些问题提出河湖和湿地生态系统健康保护与修复措施。

第一节　河湖和湿地生态系统的健康与保护综述

随着社会经济的不断发展，河湖和湿地生态系统健康问题日渐突出，成为流域生态系统退化的主要原因。河湖和湿地作为水生态环境的主要控制因素之一，对其进行生态系统健康评价可以为河湖和湿地生态保护和综合管理奠定基础。流域河湖和湿地生态系统的健康评价与保护是实现流域水生态文明建设的重要基础和保障，水生态文明建设是实现生态文明建设的基础与显著标志，对于实现人水和谐以及水域的科学发展具有关键的作用（余金龙，2015；郭勇，2017）。河湖湿地生态系统健康评价和保护是当前我国乃至全球关注的重点，我国不仅建立了严格的水生态保护制度，还出台了一系列强化水生态保护的政策举措，并且投入大量资金来保障水生态健康与保护工作的顺利开展，截止到2017年国家累计投入湿地生态保护修复资金55.6亿元（靳乐山和吴乐，2018）。开展河湖和湿地生态系统的健康评价和保护，建立河湖与湿地健康保障体系与制度，有利于协调好快速发展的经济与保护水资源生态环境之间的关系，是实现流域经济社会可持续发展的有效路径和全面实现生态文明建设的重要保障。

在社会经济快速发展、城镇化快速推进以及新型城镇化转型的关键阶段的背景下，河湖和湿地生态系统健康面临着巨大威胁，目前主要有水资源开发利用程度过高、河湖湿地生境破碎化严重、水污染程度加剧、水域生态系统功能减弱等问题，对此，生态与环境保护等相关学科领域的专家学者们从人类活动对河湖和湿地的影响、河湖和湿地生态保护指标测度、河湖和湿地生态系统健康的评价方法与指标框架的建立、河湖和湿地的修复和保护途径等方面展开系列研究。环境污染、河道采砂、河滩占用、河岸取土、流域内水电站的建设等人类活动对河湖和湿地生态系统产生了很多负面影响（马伟波等，2020），导致河湖和湿地生态系统健康面临着严重威胁。生活污水的排放、化肥农药的大量使用、工业废水和废弃物的排放，使得河湖污染问题日益严重，导致河道变窄、河湖与湿地水质恶化（应凌霄等，2019）。面对河湖和湿地日益严重、复杂的生态系统健康问题，以客观和定量的方法对河湖和湿地生态系统健康进行评价仍然是一项重大的挑战。对于河湖与湿地生态系统健康的评价，美国快速生物评估协议（RBPs）是具有代表性且可操作性较强的半定量分析方法之一（Zhao et al.，2019），“压力—状态—响应”（PSR）模型与模糊综合评价方法是针对河湖与湿地生态系统健康评价应用较为广泛的两种方法（Chen et al.，2019；史可庆，2011），可在模型框架下构建多层次的河湖和湿地健康评价指标体系。为了从人与自然环境和谐相处的角度研究河湖与湿地生态系统健康状况，可从生态系统完整性、人类的服务需求以及动态演化角度，在和谐理论框架下，基于预测模型和指标评价的方法构建河湖与湿地生态系统健康评价框架与模型（Luo et al.，2018）。底栖动物完整性指数（B-IBI）、底栖大型无脊椎动物指数（MMIF）、家庭生物指数（FBI）、栖息地指数（河流栖息地质量指数（RHQI））、水理化指标、底栖硅藻的群落结构、养分指标和水质选择指数（改进的水污染指数（IWPI））是水生态系统健康评价常用的指标（Cui et al.，2019；Cheng et al.，2018；Xue et al.，2019），其中，各指数因子权重的计算通常使用熵权法、基于最小偏差原理的加权法、专家判断法等（R. Bhutiani et al.，2016；Yang et al.，2020）。国内专家学者们主要依据重点流域水质监测断面的水质检测数据来判断重点流域河流水质的变化（王珂等，2019），通过河流底泥重金属含量与积累指数来判断河流污染等级与河湖生态风险等级（毛媛媛等，2015），依据治理河道长度、地表水水质达到或优于Ⅲ类水体的比例等指标来判断流域水生态环境的修复成果（宇振荣等，2019）。湿地和河湖生态系统健康评价与保护有着丰富的内涵和繁重的任务，不仅包括河湖和湿地资源内在要素的保护，如水量、水质等，还包括不同存在形式水资源的保护，如河流、湖泊、湿地等。其核心在于秉持系统思维，综合运用系统工程、自然修复以及生态技术等手段，重塑人与自然之间的健康耦合、协调共进的关系，最终实现水域生态系统的保护与修复、国土空间的优化、生态文明的建设（杨庆媛和毕国华，2019）。针对日益严重且复杂的河湖和湿地生态系统健康问题，河湖和湿地生态系统健康评价结果显示，河湖和湿地生态系统的保护与修复应紧紧围绕“管控、治水、互通、复绿、扩湿”等综合性治理措施，聚焦重点区域与突出问题，因地制宜，分区分段修复，统筹兼顾，重在保护，坚持自然修复为主、人为干预为辅的方式（宇振荣等，2019）。总之，河湖与湿地生态系统健康评价与保护是流域水生态文明建设的首要内容，河湖和湿地生态系统的保护与修复既要减少水资源的过度开发、不合理利用等人为活动，又要采取综合措施与修复保护措施以发挥河湖和湿地生态系统的自我修复能力。

目前，我国对流域河湖与湿地生态系统健康面临的严重问题、人类活动对河湖和湿地生态系统的干扰、河湖和湿地生态系统的健康评价指标的选取、模型的建立以及河湖和湿地保护与修复措施等的研究成果较为丰富，但是，以自然地理要素为导向的河湖与湿地生态系统评价与模式相对较少，尤其缺乏对于突破行政区域边界的大河、大湖等水域的系统性、完整性的河湖和湿地生态健康与保护的评价成果。因此，本研究以洞庭湖与鄱阳湖流域为例，进行生态系统健康评价与问题诊断，探索河湖与湿地生态系统存在的主要生态问题以及面临的严重生态风险，以期为流域河湖与湿地水生态文明建设、水域生态系统的保护与修复提供理论基础和实证依据。

第二节　研究区概况和数据来源

一　研究区概况

本章以鄱阳湖与洞庭湖流域涉及的县域单元为研究区。鄱阳湖与洞庭湖分别位于江西省北部和湖南省北部，分别为我国第一大淡水湖和第二大淡水湖。目前，鄱阳湖与洞庭湖依然保持着与长江的自然连通状态，对于维持长江中下游河湖和湿地复合生态系统的完整性具有重要意义。鄱阳湖与洞庭湖作为长江的两片“肺叶”，就像是长江的两个重要阀门，有着重要的泄洪、分流、调节作用，在枯水期它们为长江提供水量补给，在洪水期又会吸纳江河里多余的水，这种“一吞一吐”的模式对维持长江水势的相对稳定具有重要意义。

鄱阳湖位于长江中下游南岸，是中国第一大淡水湖泊，也是中国第二大湖，在改善气候、调洪蓄水、维持生态平衡、协调水文等方面都有重要作用。鄱阳湖流域位于长江中下游，流域面积 16.22 万平方千米，大约占长江流域面积的 9%，其中江西省境内面积为 157086 平方千米，占江西全省面积的 94%，汇集江西省境内的赣江、抚河、信江、饶河、修河五大河流来水，经调蓄后自湖口注入长江。该流域由丘陵山地、河流水系和大型湖泊三大要素构成独立完整的流域自然地理单元，流域系统由赣、抚、信、饶、修五河流域与鄱阳湖组成。气候类型属于亚热带季风气候，日照充足，光能资源与风能资源丰富，年均气温为 17.5℃，多年平均降水量为 1635.90 毫米，年内降雨分布不均，流域内大多数地区 4~6 月降雨量占全年降雨量的 45%~50%。鄱阳湖是长江中下游主要支流之一，是吞吐型、过水性、季节性湖泊，每年 4~6 月水位上涨并于 7~9 月受长江顶托作用维持较高水位，9 月份之后，湖水会随着长江水位的下降而加速出流，整个湖区的水位会有所下降。但是近年来，随着社会经济的不断发展，人类活动对鄱阳湖流域的影响也愈来愈大，使得鄱阳湖退水时间提前、流域营养盐浓度升高、水体富营养化状态加重、沉水植物死亡、湿地群落矮化、渔业资源减少、水环境污染严重等影响河湖和湿地生态系统健康的问题凸显出来。

洞庭湖位于湖南省北部，是我国第二大淡水湖，处于长江中游荆江南岸，跨岳阳、汨罗、湘阴、望城、益阳、沅江、汉寿、常德、津市、安乡和南县等县市，洞庭湖北纳长江的松滋、太平、藕池、调弦四口来水，南和西接湘、资、沅、澧四水及汨罗江等小支流，由岳阳市城陵矶注入长江，该湖泊可大致分为东洞庭湖、南洞庭湖和西洞庭湖三部分。洞庭湖流域面积 26.28 万平方千米，占长江流域总面积的 14.6%，洞庭湖是长江流域重要的调蓄湖泊，具有强大蓄洪能力。洞庭湖区年均温度 16.4~17℃，年降水量 1100~1400 毫米，4~6 月降雨占年总降水量 50%以上。统计数据显示，2017 年湖区农业生产总值 1523.57 亿元，占湖南省的 29.2%，粮食总产量 857.80 万吨，占全省的 27.91%，在湖南省农业经济发展中具有重要地位。但是近年来，受围垦，生活污水和工业废水的排放，化肥、农药和农膜等化学投入品的滥用等人为活动的影响，洞庭湖水体富营养化状态大大加重、农业生态环境污染日益加重、农业面源污染严重等影响河湖和湿地生态系统健康的问题凸显出来。

鄱阳湖与洞庭湖流域内部支流众多，初级支流到最大干流再到湖区水系路线完整，湿地资源丰富，且洞庭湖湿地是长江中下游最为重要的湖泊湿地生态系统，鄱阳湖湿地是亚洲第一大淡水生态湿地。鄱阳湖与洞庭湖对于维持长江中下游江湖洄游鱼类的生态空间、长江干流物种多样性、生态系统承载力的稳定具有重要意义。不仅如此，鄱阳湖与洞庭湖流域涉及众多行政单元，存在典型、复杂的生态系统健康问题，因此，本章选取鄱阳湖与洞庭湖流域作为研究区。

二　数据来源

本研究以鄱阳湖、洞庭湖流域所涉及的县域单元（东湖区、通城县、黄梅县、湖州市等 43 个县域单元）为研究区。统筹考虑数据的可获得性及统一性，本章使用的数据主要包括2017年鄱阳湖、洞庭湖流域所涉及的43个县域的土地利用数据、社会经济数据及气象、水质等相关数据。

第三节　鄱阳湖、洞庭湖生态系统健康评价

本节构建“压力—状态—响应”（PSR）模型，对研究区生态系统健康水平进行测度，模型中各指标的权重采用熵权法来确定，模型的构建及方法与第五章类似。通过对生态系统健康水平评价结果的分析与总结，剖析鄱阳湖、洞庭湖流域河湖和湿地生态系统目前存在的主要生态问题。

一　指标体系的构建

本节构建基于PSR模型的河湖和湿地生态系统健康评价指标体系，在指标的选取过程中，主要结合鄱阳湖、洞庭湖生态系统的特点及状况、湿地面积变化及资源禀赋等方面，统筹考虑自然、社会等子系统对生态系统健康的影响，遵循科学性、针对性、数据可获得性及全面性等原则，在借鉴相关学者已有研究成果的基础上，构建包含目标层、准则层和指标层在内的指标体系，具体指标如表8-1所示。

表8-1　鄱阳湖、洞庭湖生态系统健康评价指标体系

目标层	准则层	指标层及单位	指标含义及计算方法	影响方向	权重
鄱阳湖、洞庭湖湿地生态系统健康评价指标体系	压力层P	C1 多年平均降雨量（mm）	表示自然压力	+	0.0976
		C2 多年平均气温（℃）	表示自然压力	+	0.0851
		C3 人口密度（人/km^2）	表征人为压力，为常住人口/行政区划面积	+	0.0401
		C4 湿地受胁迫程度	表示湿地生态系统遭受人类破坏的影响程度，包括捕鱼、开垦、猎鸟等	+	0.0319
		C5 人类干扰程度	指城镇建设用地所占研究区面积的比例	+	0.0533
		C6 人均GDP（元/人）	研究区生产总值/地区人数	+	0.0734

续表

目标层	准则层	指标层及单位	指标含义及计算方法	影响方向	权重
鄱阳湖、洞庭湖湿地生态系统健康评价指标体系	状态层 S	C7 森林覆盖率（%）	森林面积/土地总面积×100%	+	0.0686
		C8 水域面积（km^2）	状态性指标体系，表征水域面积大小	+	0.0607
		C9 水文调节指数	表示为河流、滩地面积之和占湿地总面积的比例	+	0.0779
		C10 水体状况	表示为河流、滩地面积之和占湿地总面积的比例	+	0.0512
		C11 科教文娱功能	表示库区湿地在科研教育与文化娱乐方面发挥的作用	+	0.0319
	响应层 R	C12 湿地管理水平	表示库区湿地管理水平和建设情况	+	0.0803
		C13 生态环境修复	表示库区湿地生态系统现状及相关生态修复工程实施情况	+	0.0824
		C14 湿地建设投入	表示相关政府部门或机构在湿地保护建设中投入的资金或政策性措施	+	0.0824
		C15 第三产业增加值	表征区域内产业结构调整状况	+	0.0834

其中，湿地受胁迫程度采用定性的测度方法，以“优秀、良好、一般、较严重、严重”5 个等级来衡量，并且对相应的等级分别赋值为 5、4、3、2、1；科教文娱功能分为“完善、较完善、一般、不完善、非常不完善”5 类，并且对每一类功能等级分别赋值 5、4、3、2、1；湿地管理水平分为“优秀、良好、一般、较差、差”5 类，并且对每一类管理水平等级分别赋值 5、4、3、2、1；生态环境修复以有无生态恢复工程和工程规模来表示，分为“大型、较大型、一般型、小型、无生态恢复工程”5 类，并且对每一类分别赋值为 5、4、3、2、1；湿地建设投入按湿地建设的投入情况分为“大、较大、一般、较少、无”5 类，并且对每一类分别赋值 5、4、3、2、1。

二 评价结果分析

本节采用 PSR 模型建立生态系统健康评价指标体系，引入熵权法确定权重，从而对鄱阳湖、洞庭湖流域所涉及的 43 个县域单元生态系统的各准则层健康指数进行测度，各县域单元各准则层指数结果具体如图 8-1 所示，最大值、最小值、方差及均值如表 8-2 所示。

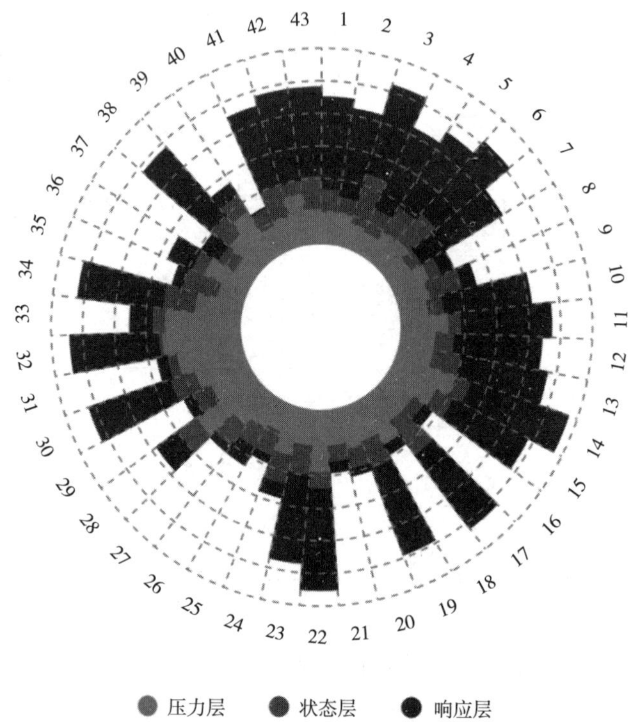

图 8-1 各县域单元各准则层指数分布

表 8-2 鄱阳湖、洞庭湖县域单元各准则层代表性指数

代表性指数	压力层	状态层	响应层
最大值	0. 2535	0. 1648	0. 3181
最小值	0. 0700	0. 0041	0. 0045
方差	0. 0020	0. 0009	0. 0143
均值	0. 1316	0. 0692	0. 1740

鄱阳湖、洞庭湖流域涉及湖北省、湖南省、江西省、浙江省和安徽省，各省的目标层、状态层、响应层指数如表 8-3 所示。

表 8-3　各省压力层、状态层、响应层指数

省份	特征值	压力层	状态层	响应层
湖北省	最大值	0.0141	0.1648	0.2786
	最小值	0.0724	0.0501	0.2700
	平均值	0.0915	0.092	0.2737
	方差	0.0002	0.0019	0.0000
湖南省	最大值	0.1968	0.1271	0.3181
	最小值	0.0815	0.0041	0.0269
	平均值	0.1299	0.0639	0.2056
	方差	0.0011	0.0012	0.0142
江西省	最大值	0.2535	0.1133	0.3148
	最小值	0.0700	0.0129	0.0235
	平均值	0.1516	0.0676	0.1281
	方差	0.0034	0.0007	0.0113
浙江省	最大值	0.1672	0.099	0.2811
	最小值	0.0922	0.0572	0.0045
	平均值	0.1235	0.0702	0.1431
	方差	0.0011	0.0004	0.0196
安徽省	最大值	0.1579	0.0956	0.2754
	最小值	0.1142	0.0412	0.2669
	平均值	0.1360	0.0684	0.2712
	方差	0.0010	0.0015	0.0000

从县域单元指数结果来看，鄱阳湖和洞庭湖生态系统健康指数总体不高，且 43 个县域单元所面临的可持续发展问题有相似之处，随着湖区人口密度的不断增加，人类对于河湖和湿地的破坏加剧，湿地受胁迫程度较高。鄱阳湖、洞庭湖压力层指数均值较高，为 0.1316，方差为 0.0020，说明鄱阳湖、洞庭湖流域自然压力与人为压力对当地社会经济发展造成巨大影响。

从压力层指数来看，青山湖区压力层指数最大，为 0.2535，并且该区人均 GDP 和人口密度、湿地受胁迫程度的数值均较高，说明该地区经济发展水平较高，人口城镇化推进速度较快，但发展可持续性较低，经济发展给河湖和湿地造成的压力尤为显著；鄱阳县压力指数最小，为0.0700，说明该地区所面临的人为压力与自然压力较小，湖泊与湿地的保护水平较高。

从状态层指数来看，状态层的方差较小为0.0009，鄱阳湖、洞庭湖湿地生态系统健康质量状况普遍较低，均值为0.0692，显著低于压力层和响应层，说明鄱阳湖、洞庭湖的生态系统健康水平较低，生态压力普遍较大。其中，洪湖市状态层指数最大，为0.1648，其水域面积、水文调节指数以及水质状况较高，湿地的生态系统健康程度较高；赫山区状态层指数最低，为0.0041，其最突出的问题在于森林覆盖率显著较低，并且河湖湿地面积较小，生态系统破坏程度较高。

从响应层指数来看，其均值为0.1740，大于压力层均值，说明各县域单元针对生态系统健康受损情况积极采取相应措施。岳阳楼区响应层指数最大，为0.3181，并且从响应层具体指标来看，该地区第三产业增加值为0.8758，位于43个县域单元前列，说明该地区在产业结构调整、实现产业结构转型升级、优化产业结构方面力度较大；宿松县响应层指数最小，为0.0045，该区最明显的特征是第三产业增加值占比最低，表明该区在实现经济转型、调整产业结构方面较为欠缺。同时，从指数结果来看，响应层指数的方差0.0143，表明各地区在提高生态系统健康水平时采取的措施各异，响应生态系统健康所面临的威胁时的应对模式也截然不同。响应层指数的方差较大，还说明该地区在应对生态系统破坏时的沟通与合作机制有所欠缺，区域防治污染的联动机制有所欠缺，在应对问题时的协作能力有待提高。各县域单元在第三产业增加值占比方面差异明显，岳阳楼区第三产业增加值占比为0.8758，而贵池区为0.0045，二者差距较大，说明湖区经济发展质量不高，地区发展极不均衡，粗放型经济发展模式使得该区出现了一系列生态问题，因此该区要实现经济的可持续发展，需要及时调整产业结构，推进产业结构转型升级，实现区域经济可持续发展。

从各省的各准则层指数结果来看，江西省所面临的生态系统健康问题较为严重，当地经济发展模式为典型的粗放型，以牺牲生态系统健康为代价来促进本地区经济的发展，给本区域生态系统造成了较为严重的压力与破坏，并且在提高与改善本行政区生态系统健康问题时意识较弱，所采取的措施力度不够，鄱阳湖的主体湖区分布在该区，侧面也反映出鄱阳湖的生态系统健康问题比洞庭湖更为严重。浙江省响应层指数的方差较高，该地区在应对本地区生态系统问题时缺乏必要的合作与沟通机制，区域联动机制较差。而从响应层的方差来看，浙江省最高，为0.0196，说明浙江省各县域在应对本省的生态系统健康问题时所采取的措施有所侧重；而安徽省和湖北省最低，为0，说明各县域呈现出明显的区域一致性，协同水平较高。

从鄱阳湖、洞庭湖所涉及五个省级单元总体结果来看，各省的压力层指数均值均处于较高水平，最低值为0.0700，说明经济发展给本地区生态系统造成了一定压力。状态层指数均值较小，最高值为0.1648，说明各省生态系统在承受自然与人为压力时，健康状况并不乐观，生态系统健康水平受到的威胁程度较高。从响应层方面来看，各省的均值均较高，大于压力层，最低值为0.0045，说明各省在应对生态系统健康问题时都积极采取措施，积极提高本地区生态系统健康水平。从鄱阳湖、洞庭湖所涉及五个省份的指数结果来看。在压力层指数平均值方面，江西省最高为0.1516，由于鄱阳湖湖区主体位于江西省，说明鄱阳湖地区生态系统健康所承受的压力高于洞庭湖，湖北省最低，为0.0915。从湿地、湖泊所涉及的区域来看，湖北省的县域单元较少，该省在谋求自身经济发展过程中，对于生态系统健康产生威胁的自然压力与人为压力较小，所以该区域生态系统健康状态较好。对于状态层平均值，湖南省得分最低，为0.0639，湖北省最高，为0.0920。综上所述，江西省生态系统所承受的压力最高，生态系统健康处于较低的水平，生态问题严重。而湖北省因外界压力作用于生态系统健康的力度较小，因此该省生态系统状况较为良好。在响应层指数方面，江西省得分最低为0.1281，而湖北省的得分最高，为0.2737，说明湖北省对于生态系统健康的保护意识较为强烈，并且积极采取保护措施来应对生态系统健康问题。

根据以上对于省域生态问题的分析可知，江西省生态问题较为突出，生态系统健康受到的威胁较大，生态系统健康水平较低，而湖北省在经济发展过程中同时也注重对于生态系统健康的保护，并不断采取相关措施来修复生态系统的健康问题，相对来说，其生态系统健康水平处于较为良好的状态。

第四节　鄱阳湖、洞庭湖生态问题诊断

通过对鄱阳湖、洞庭湖生态系统健康评价结果的分析，发现其目前存在较为严重的生态问题。对比鄱阳湖与洞庭湖研究区的压力层指数、状态层指数与响应层指数，可以发现该区域压力层指数 0.1316 略低于响应层指数 0.1740，总体来看二者都较高，而状态层指数最低，表明研究区最突出的问题是高速的经济发展给该地区生态环境造成很大影响，较为粗放的经济发展方式是以牺牲环境为代价的。高速的经济发展以及频繁、复杂的人类活动给该区造成了很大生态压力，产生了较为严重的生态问题，这些生态问题主要集中表现在植被覆盖率低、湿地面积萎缩、河湖和湿地生境破碎化、农业面源污染严重等方面。

一　河湖湿地生境破碎化严重，水生生物栖息地生境退化

从具体指标来看，人均 GDP 和人类干扰程度的权重都较高，它们在压力层指标中的影响较大，尤其江西省青山湖区的人类干扰程度与人均 GDP 的数值都显著较高，说明人类活动对河湖和湿地生态系统的健康产生显著影响。随着人口的不断增长，滥砍滥伐和不合理开发利用森林资源，以及毁林开荒、开矿、修路，造成环鄱阳湖区森林资源再生能力下降，森林植被和地表都遭受到了很大程度的破坏（贾超和史术光，2013）。快速城镇化的推进使大量农村人口涌入城市，而资源的有限性使得人类采取过度捕捞、破坏湿地生境的方式进行生产生活。受围湖造田、湖泊改造工程和沼泽围网养殖等人类活动的影响，区域水系分布破碎化严重，自然生境比例锐减，水生动植物群落数量及类型均大幅减少。受自然地理因素影响，河床多粗砂的结构，以及各河流、湖泊连通性差，部分地区只有排水，局部河道旱季容易出现断流。受人为因素影响，围湖造田、围网养殖不仅直接破坏湖区原有生态系统结构，导致原生植被消失，水生生物的栖息地生境退化，水生高等植物分布面积急剧减少，水生生态系统结构失衡，生物多样性急剧下降。

二　湿地萎缩严重，生态系统功能退化

农业生产使用的化肥、农药、除草剂，以及污水排放、粉尘污染等对湿地生态系统均造成不同程度的破坏，同时受夏季汛期洪水的顶托或倒灌和降水内渍影响，多处河湖连成一片汪洋，水质恶化，湿地萎缩，流域生态系统功能下降，生物多样性降低。水质质量恶化，湖区水域面积缩小，极大削弱了湖泊湿地的洪水调蓄功能。相较之下，处于压力层的降雨量指标的权重较高，说明降雨对河湖和湿地生态系统健康有着重要影响。然而，湿地调蓄能力的减弱，会导致在暴雨来临时出现洪涝灾害的风险增大，威胁生态系统健康。过度的生物肥料和农药的使用，改变了湿地植被的自然分布，导致湿地功能衰退，一定程度影响了湿地水体的健康。对湿地资源的过度利用，渔民的过渡捕捞，使湿地内鱼类种群衰退，湿地污染加剧。湖水富营养化，外来生物水葫芦入侵，严重影响水生生物的生存，导致候鸟栖息地破坏严重。此外，在森林覆盖、水文调节、水域面积等方面，也存在较为突出的生态问题，尤其是滥砍滥伐破坏生境现象的大量存在，导致河湖湿地面积萎缩，生态系统健康指数较低，生态系统功能严重退化。

三　河湖湿地水体富营养化严重，农业面源污染问题突出

从状态层指数来看，鄱阳湖与洞庭湖所涉及的 43 个县域单元水体质量的得分普遍低于 3 分，湖南鄱阳湖区域的沅江市、华容县、君山区、临湘市和湘阴县水体质量得分为 2 分，江西省洞庭湖区域的修水县、都昌县、湖口县、浔阳区和永修县的水体质量得分也为 2 分，说明这些区域湖泊、湿地污染严重，水资源质量普遍不高。生活污水与不达标工业废水的不合理排放导致研究区湖泊水质遭受严重的污染，水体富营养化严重，农业面源污染问题也较为突出。湖泊水质的污染和富营养化，造成水体生物的产量不断下降，濒危物种越来越多（刘谱阳，2019）。据调查，研究区域内居民的大量围湖造田，导致很多食草性的鱼类产卵场地减少，鱼类数量也因此不断减少。鄱阳湖环湖地区农村环保基础设施建设投入低，多数乡镇无生活污水收集管网和处理设施，生活污水任意排放，生活垃圾无害化处

理能力差，造成水体、土壤受到污染，尤其是规模化畜禽养殖污染问题日益突出，已经成为当前农业面源污染的主要来源（陶国根，2015）。

第五节　河湖和湿地生态系统健康保护与修复措施

河湖和湿地生态系统健康是实现流域生态文明建设的重要内容和关键所在，目前由于城镇化的快速推进和经济的高速发展，人为因素对河湖和湿地生态系统干扰越来越大，导致河湖和湿地生态系统压力增大，面临的威胁也越来越多。通过对河湖和湿地生态系统健康评价的结果分析，发现鄱阳湖与洞庭湖流域主要存在生态系统功能退化、河湖湿地面积萎缩、农业面源污染、河湖和湿地生境破碎化等严重生态问题，针对上述问题本节提出以下对策建议。

一　加强河湖湿地生境的恢复与建设，促进生态系统良性发展

河湖和湿地生境破碎化严重影响生态系统的健康，湿地面积的严重萎缩不利于湖泊湿地洪水调蓄功能的发挥，这两个突出的生态问题严重威胁河湖和湿地生态系统健康。为积极应对河湖和湿地生境破碎化和湿地面积的严重萎缩，可从以下几方面进行保护与修复：开展退垸还湖（河）、退渔还湖、退耕还湖（湿）、退林还滩和植被恢复，在重点湖泊和水域退出人类活动；实施长江干流及重要支流、湖泊生态保护修复，加强岸线资源修复治理。对部分河道进行底泥清淤，消除河道内源污染，将区域内破碎断流的河流进行水系连通，保证水生态系统“活水”；大力提高单位面积森林蓄积量，在重要水系岸线采取人工或自然方式进行复绿，打造重要生态功能区生态隔离带和湿地生态屏障。加强生态湖滨带和水源涵养林等生态隔离带的建设与保护，优化防风防浪林树种结构；积极营造鸟类栖息工程与两栖动物栖息工程，对湿地公园的动物栖息地进行必要的改造和修复，改善水禽栖息地生境，从而提升该区生态系统健康水平。

二　增加水体连通性，提升江河湖水系质量

根据以往研究资料发现，鄱阳湖和洞庭湖地区水系连通性较差，严重

的旱涝灾害给生态系统健康造成严重威胁，因此，为加强鄱阳湖和洞庭湖流域生态系统健康的保护与修复，湖区要以自然江河湖水系以及大中型调蓄工程和水系连通工程为依托，增强水体交换能力，提高河湖和湿地等水环境的承载能力和水域生态环境的自我修复能力。加强河道整治，优化水资源配置，提高江河湖泊连通性，恢复水生生物通道及候鸟迁徙通道。充分利用流域内各大河系相通的格局，经过整治实现河网化水量调配，充分利用雨洪资源，保证重点湿地和河段生态供水。并应着力推进大型水库、重要河系、重要湖泊湿地等相互之间连通工程的建设，形成全流域河湖水相通的水网体系，增强全流域水资源的调控能力，保障河湖与湿地生态廊道水量调配工作的顺利开展。

三　加强农业面源污染的防治，提高当地生态系统健康水平

针对鄱阳湖、洞庭湖地区农业面源污染严重的问题，应大力推广农作物病虫综合防治技术，建立安全用药制度，推广高效低毒低残留农药，并尽量减少农药使用量，开展以虫治虫、以菌治菌等生物防治工程，采取诱杀等农业防治措施。大力推广测土配方施肥及秸秆综合利用技术，增加有机肥施用量，减少化肥用量，提高肥料利用率。结合农业和农村经济结构调整，积极发展生态农业和有机农业，大力建设无公害农产品、绿色食品、有机食品生产基地。加强城镇和农村人畜饮用水源地规划建设，加强饮用水源保护区管理，切实保障农村人畜饮水安全，通过以上措施来提高水体质量，促进当地水循环，从而提高该地生态系统健康水平。

四　优化经济增长方式，建立跨行政区域综合协调管理机制

目前，鄱阳湖与洞庭湖流域部分地区的经济发展模式仍然较为粗放，这种粗放的经济发展模式是以牺牲生态环境来谋求经济的发展。从评价结果看，在响应层方面，各区第三产业增加值占比差异较大，说明各区在产业结构调整方面力度有所不同，在产业结构的调整与优化方面仍有很大发展空间。因此，在产业结构调整方面，需要适当淘汰一些落后的工业企业，发展高新技术产业以取代高排放、高污染型企业，并着力发展当地特色旅游业。

同时，应树立自己的品牌战略意识，利用好“鄱阳湖”“洞庭湖”这两张旅游名片，培育当地的特色农业与稀有品种，发展旅游观光业，延长产业链，增加附加值。此外，积极完善自己的交通网络，利用互联网等平台拓展自身的贸易渠道，从而推动第三产业的发展，实现产业结构转型升级。

鄱阳湖、洞庭湖涉及湖北省、安徽省、湖南省、浙江省和江西省，从评价结果来看，在响应层方面各省份方差较大，说明各区域在治理生态问题时缺乏统一规划，缺少合作与沟通。生态文明建设是一项涉及多部门、多行业、多层次和多地区的复杂的系统工程，不可能只依靠单个方面就得到解决，必须统筹考虑，合理布局，突出重点，分步实施，实行全流域统一规划，统一治理（陶国根，2015）。因此可以建立跨行政区域的全流域生态系统健康综合治理管理委员会，具体机构设置包括决策机构、执行机构等，负责整个流域生态系统健康问题的治理与管理，在发挥湿地自然保护区与林业、水利、环保、渔业等部门保护的优势基础上，实行鄱阳湖、洞庭湖区域生态系统整体联动机制，从法规制度、政策措施、资金投入、管理体系等方面加强湿地生态系统健康的保护与管理，从而促进跨行政区域的协调与合作。跨行政区域生态系统综合协调管理机制的建立，是提高河湖湿地生境修复与保护效率的重要方式，是发挥区域间生态修复与保护空间外溢效应的重要表现，同时也是实现跨行政区域的河湖和湿地生态系统健康良性循环的重要路径。

本章小结

河湖和湿地生态系统的健康评价与保护是长江经济带生态文明建设的关键所在。本章以鄱阳湖与洞庭湖流域作为河湖湿地典型研究区域，通过理论与实证相结合的方法定量评价鄱阳湖和洞庭湖流域生态系统健康情况并定性对生态问题进行诊断，提出相应修复措施，为河湖和湿地生态系统健康保护和修复，长江经济带的生态环境保护、治理和修复提供参考，对实现长江经济带的生态环境保护与修复具有重要意义。

本章首先在生态文明建设、流域水生态环境、河湖和湿地生态系统健康与保护等国家战略和政策的背景之下，对目前人类活动对河湖和湿地的影响、河湖和湿地生态系统的健康评价方法与指标框架的建立以及河湖和湿地的修复和保护途径等方面的系列研究进行了梳理与归纳，然后对研究区域进行了相关分析与介绍，构建基于 PSR 模型的生态系统健康评价指标体系，对鄱阳湖、洞庭湖的生态系统健康水平进行相关评价与分析，发现鄱阳湖与洞庭湖区域存在生态系统功能退化、河湖湿地面积萎缩、农业面源污染、河湖和湿地生境破碎化等生态问题，并针对生态问题提出了加强河湖和湿地生境的恢复与建设，促进生态系统良性发展；修复和完善江河湖水系连通，增加水体连通性；加强农业面源污染的防治，提高生态系统健康水平；优化经济发展方式与产业结构，建立跨行政区域综合协调管理机制等生态系统修复与保护措施。

参考文献

[1] 陈子月、卓子荣、陈卓杰：《深圳红树林湿地系统健康评价》，《中国人口·资源与环境》2016 年第 S1 期，第 149~152 页。

[2] 靳乐山、吴乐：《我国生态补偿的成就、挑战与转型》，《环境保护》2018 年第 24 期，第 7~13 页。

[3] 贾超、史术光：《鄱阳湖生态经济区环境保护问题与对策探讨》，《老区建设》2013 年第 8 期，第 14~16 页。

[4] 刘谱阳：《鄱阳湖区湿地生态环境存在的问题与措施》，《现代园艺》2019 年第 17 期，第 109 页。

[5] 马伟波、顾羊羊、周伟坚、邹长新、李海东、叶鑫：《基于水系控制单元的山水林田湖草生态保护修复实践——以尤溪流域为例》，《环境生态学》2020 年 2 期，第 9~18 页。

[6] 毛媛媛、兰林、张颖、蒋燕华：《里下河地区河湖水生态保护与修复措施研究》，《江苏水利》2015 年第 2 期，第 1~3 页。

[7] 彭文启、刘晓波、王雨春、邹晓雯：《流域水环境与生态学研究回顾与展望》，《水利学报》2018 年第 9 期，第 1055~1067 页。

[8] 史可庆：《基于 PSR 框架模型的南四湖健康评价》，《山东国土资源》2011 年第 6 期，第 23~26 页。

[9] 陶国根：《鄱阳湖生态经济区生态文明建设：现状、问题与对策》，《宜春学院学报》2015 年第 7 期，第 43~46 页。

[10] 吴珍、陈睿山：《海洋生态系统健康评价方法的比较分析》，《华东师范大学学

报》（自然科学版）2019 年第 4 期，第 174~187 页。

[11] 吴剑、王蓉：《洞庭湖湿地生态环境管理面临的问题及对策》，《文史博览（理论）》2013 年第 11 期，第 55~57 页。

[12] 王柯、郭义强、张建军、张亚男、刘时栋：《基于时空分析的生态保护与修复试点工程实施效果评估——以赣州市为例》，《生态学报》2019 年第 23 期，第 8867~8877 页。

[13] 徐浩田、周林飞、成遣：《基于 PSR 模型的凌河口湿地生态系统健康评价与预警研究》，《生态学报》2017 年第 24 期，第 8264~8274 页。

[14] 杨锐、曹越：《"再野化"：山水林田湖草生态保护修复的新思路》，《生态学报》2019 年第 23 期，第 8763~8770 页。

[15] 宇振荣、杨新民、陈雅杰：《河南省南太行地区山水林田湖草生态保护与修复》，《生态学报》2019 年第 23 期，第 8886~8895 页。

[16] 余金龙：《河流水生态保护与修复模式及措施探讨》，《陕西水利》2015 年第 1 期，第 153~154 页。

[17] 应凌霄、王军、周妍：《闽江流域生态安全格局及其生态保护修复措施》，《生态学报》2019 年第 23 期，第 8857~8866 页。

[18] 杨庆媛、毕国华：《平行岭谷生态区生态保护修复的思路、模式及配套措施研究——基于重庆市"两江四山"山水林田湖草生态保护修复工程试点》，《生态学报》2019 年第 23 期，第 8939~8947 页。

[19] 赵衡、闫旭、王富强、康萍萍：《基于 PSR 模型的三门峡库区湿地生态系统健康评价》，《水资源保护》2020 年第 4 期，第 21~25、74 页。

[20] 周浩、于晓英、李晶：《流域生态系统研究进展》，《现代农业科技》2017 年第 2 期，第 164、171 页。

[21] Berthelsen, A., Casanovas, P., Clapcott, J., Clark, D. E., Wagenhoff, A., Patterson, M., Sinner, J. (2020). Relationships in Ecological Health Between Connected Stream and Estuary Ecosystems. Ecological Indicators, 115.

[22] Zhao, C., Pan, T., Dou, T., Liu, J., Liu, C., Ge, Y., Zhang, Y., Yu, X., Mitrovic, S., Lim, R. (2019). Making Global River Ecosystem Health Assessments Objective, Quantitative and Comparable. Science of The Total Environment, 667, 500-510.

[23] Zhu, G., Noman, M. A., Narale, D. D., Feng, W., Pujari, L., Sun, J. (2020). Evaluation of Ecosystem Health and Potential Human Health Hazards in the Hangzhou Bay and Qiantang Estuary Region Through Multiple Assessment Approaches. Environmental Pollution, 264.

[24] Xue, H., Zheng, B., Meng, F., Wang, Y., Zhang, L., Cheng, P. (2019). Assessment of Aquatic Ecosystem Health of the Wutong River Based on Benthic Diatoms. Water, 11 (04), 1-17.

[25] Chen, J., Wang, Y., Li, F., Liu, Z. (2019). Aquatic Ecosystem Health Assessment of a Typical Sub-basin of the Liao River Based on Entropy Weights and a Fuzzy Comprehensive Evaluation Method. Scientific Reports, 09, 1-13.

[26] Bhutiani, R., Khanna, D. R., Kulkarni, D. B., Ruhela, M. (2016). Assessment of Ganga River Ecosystem at Haridwar, Uttarakhand, India with Reference to Water Quality Indices. Water Science, 06, 107-113.

[27] Cui, W., Guo, S., Meng, X., Kong, F. (2019). Application of Adapted Benthic Index of Biotic Integrity (B-IBI) for River Ecosystem Health Assessment in Zhanghe River Watershed, China. *Polish Journal of Ecology*, 66 (04), 407-415.

[28] Cheng, X., Chen, L., Sun, R., Kong, P. (2018). Land Use Changes and Socio-economic Development Strongly Deteriorate River Ecosystem Health in One of the Largest Basins in China. Science of The Total Environment, 616-617, 376-385.

[29] Luo, Z., Zuo, Q., Shao, Q. (2018). A new framework for Assessing River Ecosystem Health with Consideration of Human Service Demand. *Science of The Total Environment*, 640-641, 442-453.

[30] Yang, Z., Yang, K., Su, L., Hu, H. (2020). Two-dimensional Grey Cloud Clustering-fuzzy Entropy Comprehensive Assessment Model for River Health Evaluation. *Human and Ecological Risk Assessment: An International Journal*, 26, 726-756.

国土空间开发和保护篇

第九章　资源环境承载力的评估、建模和应用

第七章、第八章对长江经济带部分重点生态区山脉和河湖湿地生态保护与修复情况进行了评估，以期对重点生态系统的保护和修复提供支撑，但如何在保护的前提下实现绿色发展仍需探讨。从本章开始，本书将系统地研究生态—经济系统协调耦合关系，以期寻求保护与发展双赢的区域可持续发展之路。本章重点基于多指标综合评价法和生态足迹法对流域资源环境承载力进行测度，并研究社会经济系统对资源环境承载力的空间驱动效应，为区域绿色协调发展提供参考。

第一节　资源环境承载力的研究现状

资源环境承载力的概念是以承载力、生态足迹、生态系统健康和区域可持续发展等理论为基础发展而来的（曾晨等，2011）。杜文鹏曾提出资源环境承载力是自然圈层同人类活动相互作用呈现的资源属性、环境属性和灾害属性的总和所能承载人类生产和生活的能力；高吉喜则指出在资源环境承载力的内涵中，资源承载力是基础条件，环境承载力是约束条件，生态弹性力是支持条件（高吉喜和陈圣宾，2014）。区域资源环境承载力则是将区域的自然生态环境作为承载体，将人类的社会生产活动作为承载对象，综合了资源、环境和生态属性的概念。

从理论上说，承载力理论是区域资源环境承载力研究的基础，它告知了

人类为什么会有承载力、什么是承载力以及承载力测算的基本模型，并最早在资源有限、环境有容、物竞天择、适者生存的条件下得到了种群数量变化的规律（Malthus，1986）。资源环境足迹和生态系统健康理论则是区域生态承载力评价的主要依据，体现了生态承载力研究的基本途径和目标（Wackernagel et al.，1999；Mancini et al.，2016；Long et al.，2020），过去已有大量学者从不同的土地利用类型出发，通过测算生态足迹和生态承载力的动态变化，在省域尺度、市县尺度和典型地区分析生态赤字、生态盈余水平，为实现社会、经济和生态的和谐发展，代际、人际、区际的公平延续以及人口、发展、资源、环境的动态平衡提供理论依据（王业宁等，2020；闻熠等，2020；洪顺发等，2020；Xun 和 Hu，2019）。区域可持续发展理论则融合了区域规划、生态学、地理学、经济学的相关知识，以区域社会经济发展系统和生态环境系统作为研究对象，探索其在时间上和空间上的变化以及对可持续发展的影响，并涉及区域间生态破坏转移问题（彭文英等，2020），成为区域资源环境承载力研究的理论支撑，并为实现以生态文明为核心价值取向的区域协调发展战略目标提供决策参考。

流域资源环境承载力（岳东霞等，2019；Zeng et al.，2011）、城市生态承载力（崔昊天等，2020）、生态脆弱区承载力、农业生态承载力、生态旅游承载力（胡志毅等，2020）均有着众多交叉点，从区域发展的角度较为全面地反映了自然生态系统对人类社会经济的承载能力。区域资源环境承载力也是资源承载力、环境承载力以及生态承载力的有机结合，综合体现了水体和土地的资源属性和环境价值，因此有大量学者以不同生产性用地的生态承载力为切入点（顾康康等，2014），或以资源承载力、环境承载力为表征来衡量流域资源环境承载力。其实从本质属性上看，水资源和土地资源的供需平衡关系、环境容量和生态系统弹性力成为区域资源环境承载力的主体内涵，同时也是判断区域内生态系统健康的信号指示灯（王文国等，2010）。一旦水土资源的供需平衡无法满足，生态系统受到了其自身代谢无法平衡的破坏或者环境污染物的排放超过了一定的容限，生态系统的健康状况就会亮起红灯，区域发展就处于生态超载状态，因此有学者提出在环境管理中必须以资源环境承载力为标准判断经济发展的规模和速度是否合理（洪顺发等，2020）。从具体表现上看，区域资源环境承载力研究的出发点和归宿点均是保证自然资源环境和人口社会经济发展的平衡，这在区域资源环境承载力的评价过程中表现得尤为明显，比如 Dang 和 Liu（2012）利用环境能值综合的方法（Emergy），通过一系列能值指标，评价特定地区生态系统自然环境和社会经济可持续发展的状况；金悦等人（2015）则从生态弹性力、承载媒体的支撑力、承载对象的压力三方面提出对资源环境承载力进行量化的研究方法；徐美和刘春腊（2020）从资源承载力、环境承载力、生态承载力三方面构建资源环境承载力预警指标体系，并对湖南省资源环境承载力现状进行了分析和预测；黄贤金和宋娅娅（2019）基于共轭角力机制视角，从支撑力、恢复力、损害力以及发展力四个方面构建资源环境承载力指标评价体系。

从研究趋势上看，区域资源环境承载力的研究日益重视“质”和“量”的辩证统一，以及物质、能量、信息、空间和时间的系统综合。越来越多的学者已经意识到资源、环境、能源、生态的不可分割性，张雪花等人（2011）针对传统生态足迹模型的理论缺陷，从能值分析的角度对其进行改进，提出了能值生态足迹整合模型，并得到广泛应用（曹威威等，2020），曹智等人（2015）在分析当前生态承载力研究进展的基础上提出以“生态系统—生态系统服务—人口和经济（承载力）”为研究主线的基于生态系统服务的生态承载力理论。区域资源环境承载力作为资源承载力和环境承载力的有机结合，能源流动和生态服务的综合拓展，必然成为人类探索如何合理分配资源、控制点源污染和面源污染、节能减排以及提高生态服务价值的有效手段（梁流涛，2012）。在定量分析方面，对资源环境承载力的评价也经历了从单一指标制约到多因素多目标综合考虑，从孤立静态的分析到系统动态的讨论的发展历程，如今的资源环境承载力评价方法既包括指标体系评价方法，又包括以能量、物质流为基础的产品周期评价方法，同时还涉及综合性评价方法（赵东升等，2019）。在研究方法上，系统论、信息论、控制论、耗散结构、协同论、系统动力学、神经网络等相继被吸纳到资源环境承载力的研究中，同时为了更好地体现区域资源环境承载力在时间和空间上的变化，相关的时间序列模型、空间统计模型以及承载力的分区也将进一步被纳入流域水资源环境承载力的讨论中（曾晨等，2011）。比如张祺等人（2017）提出的基于系统仿真的生态承载力的方案设计；熊建新等人（2014）在构建洞庭湖区生态承载力评价体系的基础上，对洞庭湖区生态承载力的空间格局特征、空间关联特征和相对差异演变特征以及系统耦合协调度进行分析；刘金花等人（2019）在评价济南市资源环境承载力的基础上，探讨了其空间集聚形态；鹿瑶等人（2018）在基于生态足迹模型探讨江苏省生态盈亏的基础上，发现了生态足迹和生态赤字的空间分布规律。

基于文献梳理发现，现阶段国内进行资源环境承载力的研究方法主要分成两类，一类是基于生态足迹方法进行区域生态承载力测度，另一类是通过构建指标体系系统对资源环境承载力展开全面评估（张文彬等，2020）。在本章中，我们试图采用多指标综合评价和生态足迹的方法，分别对长江中下游部分地区市域和县域尺度层面的资源环境承载力进行测度，并研究其空间分布规律和驱动机制，以期为制定差异化生态保护政策提供参考。

第二节　长江中游城市群资源环境承载力评价

资源环境承载力是空间规划的基础，并决定了区域国土空间开发利用的潜力与空间格局布局（岳文泽等，2018；李林林等，2019）。资源环境承载力评价可以科学地评价自然资源和生态环境保护利用现状并评价资源环境的最大承载力限度，是自然资源统一高效管理和国土空间规划编制实施的基础前提（邓木林等，2019）。2019 年《中共中央　国务院关于建立国土空间规划体系并监督实施的若干意见》提出开展资源环境承载能力和国土空间开发适宜性评价的“双评价”工作，进一步突出了资源环境承载力评价在国土空间开发保护、格局优化（樊杰，2016），资源环境承载力在“三线”划定（丁月清等，2019），国土空间用途管制等方面的基础性地位（张书海和阮端斌，2019）。通过对区域资源环境承载力进行评价（王亚飞等，2019），可以摸清资源本底状况，为制定区域可持续发展战略提供依据。

我国是世界上最大的发展中国家，自然资源分布不均衡，加之社会经济发展迅猛，对区域资源环境承载产生严重压迫。为了摸清我国资源环境承载情况，早期部分学者以资源环境承载力评价为理论依据（雷勋平和邱广华，2016），从土地资源、水资源的评价方向向综合的资源环境承载力评价方向发展（张永勇等，2007），评价方法有生态足迹法、动态因子分析法等（李燕和张兴奇，2017）。当前诸多学者基于社会经济—资源环境系统特征，开展资源环境承载力的多指标综合评价体系研究（范珊珊和刘冀闽，2019）。郭亚峰等人（2019）从资源、经济、生态、民生四个方面构建了资源环境承载力评价指标体系，运用熵权 TOPSIS 模型对江西省抚州市 2007—2016 年的承载力和四个子系统内部承载力进行了计算与分析。陈晓雨婧等（2019）在综合考虑国家不同部门出台的政策基础上，构建了甘肃省资源环境承载力监测预警指标体系，采用基于 AHP—熵权法的综合赋权法确定权重，并借鉴已有成果对各项指标的警限阈值进行讨论确定。

随着学者们研究的不断深入，资源环境承载力评价的诸多问题也逐渐显现，如资源环境承载力的概念尚未统一、评价指标存在重复和冗杂的现象、评价指标体系依然有优化提高的空间。本节基于资源环境系统和社会经济系统对长江中下游四省资源环境承载力展开评价，以期摸清资源环境承载情况，为今后区域发展提供参考。

一　研究区域概况与数据来源

（一）研究区域概况

本节研究区域为长江中下游城市群四省份，包括安徽省、湖北省、湖南省和江西省，其中，湖北省、湖南省和江西省是长江中游城市群的重要主体部分。研究的基本单元为地级市，涵盖湖北省武汉市、黄冈市、鄂州市、潜江市、仙桃市、孝感市、咸宁市、天门市、黄石市、宜昌市、荆州市、襄阳市、荆门市；湖南省长沙市、岳阳市、益阳市、湘潭市、常德市、株洲市、娄底市、衡阳市；江西省南昌市、萍乡市、景德镇市、上饶市、九江市、宜春市、新余市、鹰潭市、抚州市、吉安市的部分县（区）；

安徽省合肥市、安庆市、马鞍山市、六安市、池州市、芜湖市、铜陵市和滁州市。长江中游城市群首届商会于2013年2月23日在武汉召开。湖北武汉、湖南长沙、安徽合肥、江西南昌签署《武汉共识》，标志着长江中游城市群建设进入全面推进阶段。长沙、合肥、南昌、武汉四省会城市将联手打造以长江中游城市群为依托的中国经济增长“第四极”。2015年3月26日，国务院发布《国务院关于长江中游城市群发展规划的批复》，范围涵盖湖北、湖南、江西三省，标志着长江中游城市群“中三角”格局正式得到国家批复，而此前一直参与长江中游城市群规划的安徽省因被划入长江三角洲城市群的范围，故正式退出长江中游城市群格局。

（二）数据来源

本节的数据来源于城市统计年鉴、统计公报。本节所涉及的常住人口、人口自然增长率、城镇登记失业率和工业废水排放量、城市污水排放量五个逆向指标采用倒数的方法进行正向化处理。本节涉及的数据包括常住人口、人口密度、城镇化率、人均公园绿地面积、城镇登记失业率、GDP、固定资产投资总额、社会消费品零售总额、第二产业增加值占比、第三产业增加值占比、城镇居民可支配收入、农村居民可支配收入、工业废水排放量、耕地面积、垃圾无害化处理率、建成区绿化覆盖率、城市污水处理率、城市污水排放量、城市污水处理厂处理能力。

二 研究方法

（一）多指标综合评价法

资源环境承载力包括社会经济系统和资源环境系统（牛方曲等，2018）。要想有效地提高资源环境承载力，实现可持续发展，就要保持社会经济和资源环境和谐发展，找到两者的均衡点。通过查阅并参考相关文献，本节选取社会经济系统和资源环境系统为一级指标。

1. 社会经济系统指标

区域资源环境承载力的发展离不开经济的物质基础，同时经济发展和社会进步是区域发展的外在表现。李扬和殷剑峰（2005）的研究认为，影响中国经济增长的基础性因素之一在于劳动力的转移，所以将常住人口以及人口密度纳入二级指标来研究社会经济系统。城镇化率与经济发展水平具有关联性和协调性，我国城镇化水平越高的省份，其经济发展水平就越高。反之，城镇化水平越低，其经济发展水平则越低。经济发展和城镇化水平最好协同推进，超前或滞后的城镇化水平会影响该城市的经济发展，所以城镇化率指标被纳入社会经济系统。固定资产投资总额是反映经济结构和经济水平的重要指标。社会消费品零售总额反映了一定时期内人民物质文化生活水平的提高情况以及一个地区的购买力水平（蔡宏友，2020）。此外，高质量的城市经济结构中，应该以第二、第三产业为主导，因此产业结构也是经济社会发展的重要反映。城镇登记失业率是评价城市就业状况的主要指标，就业态势是社会经济发展的反映（张晓娣，2016）。因此选取常住人口、人口密度、城镇化率作为社会系统的子指标。选取人均 GDP，固定资产投资总额，社会消费品零售总额，第二、第三产业比重，城镇登记失业率作为经济系统子指标。

2. 资源环境系统指标

城市的形成和发展离不开资源环境的支撑，现代社会要求人与自然和谐相处。自生态文明被提出以来，我国环境保护力度不断加强，污水处理技术不断成熟，虽然废水排放量有所减少，但总量仍处于较高水平。废水对自然环境和人们生活环境均会产生不利影响，所以将工业废水排放量、城市污水排放量、污水处理能力和城市污水处理率纳入资源环境系统二级指标（阿孜古丽·合尼等，2019；赵雪君，2020）。垃圾无害化处理对环境具有积极影响，垃圾处理的数量、质量直接影响城市环境状况（付燕燕，2019），所以引入垃圾无害化处理率这个二级指标。绿化环境具有防尘吸污、改善环境的效果，所以引入建成区绿化覆盖率和人均公园绿地面积（闻春林等，2018）这两个二级指标。耕地是生产—生态复合地类，具有重要的生态价值，所以将耕地面积纳入资源环境系统的二级指标。综上，本节选取与资源环境有关的指标，包括工业废水排放量、垃圾无害化处理率、人均公园绿地面积、建成区绿化覆盖率、污水处理能力、城市污水处理率和耕地面积等，具体见表 9-1。

表 9-1 长江中游城市群资源环境承载力评价指标体系

目标层	一级指标	二级指标	单位	指标属性
资源环境承载力	社会经济系统	常住人口	万人	逆
		人口密度	人/平方千米	逆
		城镇化率	百分率	正
		固定资产投资总额	亿元	正
		社会消费品零售总额	亿元	正
		第二、第三产业比重	百分率	正
		城镇登记失业率	百分率	逆
		人均 GDP	元	正
	资源环境系统	工业废水排放量	万吨	逆
		垃圾无害化处理率	百分率	正
		建成区绿化覆盖率	百分率	正
		污水处理能力	万立方米/日	正
		城市污水处理率	百分率	正
		人均公园绿地面积	平方米	正
		城市污水排放量	万吨	逆
		耕地面积	千公顷	正

（二）熵值法

本小节采用熵值法计算资源环境承载力的综合分值，具体计算步骤与公式如下。

1. 收集数据

收集湖北省、湖南省、江西省、安徽省各地级市 2010 年、2015 年和 2017 年的 18 个指标的相关数据，并计算各指标熵值，方便进行比较。其中 X_{ij}表示某市第 i 年第 j 个指标的数值，并将所有的逆向指标倒数化处理［如公式（9-1）］。

$$X_{ij}=\begin{bmatrix} X_{11} & \cdots & X_{1m} \\ X_{21} & \cdots & X_{2m} \\ X_{31} & \cdots & X_{3m} \end{bmatrix} \tag{9-1}$$

2. 对原始数据进行标准化处理［如公式（9-2）］

数据矩阵进行标准化处理后得到新的矩阵。

$$P_{ij} = \frac{X_{ij}}{\sum_{i=1}^{m} X_{ij}} \tag{9-2}$$

3. 根据公式（9-3）和公式（9-4）来计算各指标的熵值

e_j 表示第 j 项指标的熵值，之后再计算第 j 项指标的离散程度。G_j 越大表示指标的离散程度越大。

$$e_j = -\frac{1}{\ln n} \sum_{i=1}^{m} P_{ij} \ln P_{ij} \tag{9-3}$$

$$G_j = 1 - e_j \tag{9-4}$$

4. 计算每个指标的权重 W_j

如公式（9-5），即第 j 个指标在综合分值中所占指标数的重要程度。

$$W_j = \frac{G_j}{\sum_{i=1}^{m} G_j} \tag{9-5}$$

5. 计算综合分值 F_z

根据公式（9-6）计算出每个城市每年所有指标的综合得分。

$$F_z = \sum_{j=1}^{m} w_j P_{ij} \tag{9-6}$$

（三）空间自相关法

1. 全局空间自相关

采用全局空间自相关方法对长江中下游城市群资源环境承载力空间格局的聚集与离散程度进行研究，主要采用的是 Moran's I（莫兰指数）值（沈体大等，2011），见公式（9-7）和公式（9-8）。

$$I = \frac{\sum_{i=1}^{n} \sum_{j=1}^{n} w_{ij}(x_i - \bar{x})(x_j - \bar{x})}{S^2 \sum_{i=1}^{n} \sum_{j=1}^{n} w_{ij}} \tag{9-7}$$

$$S^2 = \frac{1}{n}(x_i - \bar{x})^2 \tag{9-8}$$

x_i、x_j 分别为城市 i 和城市 j 的资源环境承载力指数值；w_{ij} 为空间权重矩阵；莫兰指数的取值在［-1，1］，取值大于 0 表示城市 i 和城市 j 在全局相关性中表现为空间正相关，小于 0 表示城市 i 和城市 j 在全局相关性中表现为空间负相关，等于 0 表示城市 i 和城市 j 在全局相关性中表现为空间随机性。

2. 局部空间自相关

局部空间自相关是从微观局部的角度来考察城市群城市与城市之间是否存在资源环境承载力高低值的空间聚集状态。主要采用 Getis-Ord G_i^* 指数，见公式（9-9）。

$$G_i^*(d) = \frac{\sum_{i=1}^{n} w_{ij}(d) x_j}{\sum_{j=1}^{n} x_j} \tag{9-9}$$

采用公式（9-10）进行标准化处理。

$$Z(G_i^*) = \frac{G_i^* - E(G_i^*)}{\sqrt{Var(G_i^*)}} \tag{9-10}$$

当 Z（G_i^*）大于 1.96 时，表示显著的高值聚集，而小于 1.96 时表示显著的低值聚集，即 Z 值的正负分别为资源环境承载力高值区域与低值区域的集中，即热点区与冷点区。

三　资源环境承载力时空变化结果分析

（一）时空变化分析

2010 年、2015 年和 2017 年长江中下游四省的 39 个地级市资源环境承载力综合分值如图 9-1 所示。

整体而言，39 个城市资源环境承载力逐年提高，2017 年达到最高值。

2010 年，中承载力水平地区、中高承载力水平地区和高承载力水平地区所占的比重最大，其中低承载力、中低承载力、中承载力、中高承载力和高承载力水平的城市分别为 5 个（占 12.8%）、9 个（占 23.1%）、10 个

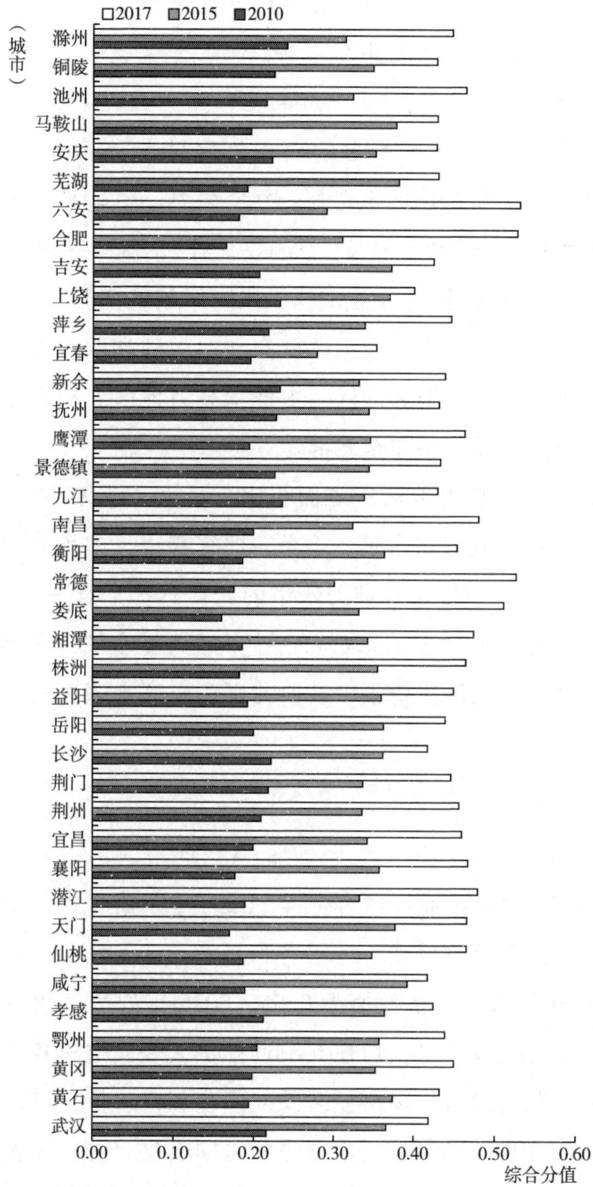

图 9-1　长江中下游 39 个地级市资源环境承载力综合分值

（占 25.6%）、8 个（占 20.5%）和 7 个（占 17.9%）。高承载力地区主要集中在研究区域的东南部，中高承载力地区主要集中在湖北，中承载力地区分布较广，中低承载力地区主要集中在西南部，东北部也有两地为中低承载力。低承载力地区分布较散，分别位于襄阳市、常德市、娄底市、天门市和合肥市。其中，合肥市的资源环境低承载力与大量污水产出（30856 万吨）有关。

2015 年，高承载力地区所占的面积比重最大，涵盖 10 个城市，占 25.6%。其中低承载力、中低承载力、中承载力、中高承载力城市分别为 5 个（占 12.8%）、9 个（占 23.1%）、9 个（占 23.1%）、6 个（占 15.4%）。高承载力地区较为分散，位于研究区域的南部、中部和东北部。中高承载力地区分布较为集中，主要分布在西南部和西北部地区。中承载力地区分布在东北部和东南部地区。中低承载力地区分布在中东部和西北部。低承载力地区主要集中在东北部。

2017 年，中低承载力地区所占面积比重最大，涵盖 14 个城市，占比为 35.9%。其中低承载力城市只有 1 个，即宜春市。中承载力水平的城市有 10 个（占 25.6%），中高承载力水平的城市有 7 个（占 17.9%），高承载力水平的城市有 4 个（占 10.26%）。中承载力城市和中高承载力城市分布较集中。中承载力地区主要集中在西北部，中高承载力地区主要集中在西部。

（二）空间相关性分析

1. 整体性分析

对 2010 年、2015 年和 2017 年三年的长江中下游城市资源环境承载力全局莫兰指数值进行计算发现，三年 Z 值都小于 1.96，p 值都没有通过显著性检验，2010 年的莫兰指数值为 0.05，2015 年的莫兰指数值为 -0.05，2017 年的莫兰指数值为 0.1，均在 0 附近徘徊，表明这三年长江中下游城市群资源环境承载力没有呈现出显著的空间依赖性，资源环境良性空间互动机制不显著，今后更应该加强区域之间协同发展，充分发挥城市的协同带动效应，形成城市间良性模仿和示范机制。

2. 局部性分析

为了进一步探寻长江中下游四省资源环境承载力局部演化的特征，将长江中下游四省资源环境承载力分成四个等级，分别是热点区、次热点区、次冷点区和冷点区，以探索长江中下游四省资源环境承载力的发展演变情况。

（1）热点区的演变。热点区域整体变化幅度较大，2010 年热点区集中在东南部，2015 年集中在中部，2017 年集中在东北部和西南部。具体而言，2010 年主要分布在宜春市、南昌市、上饶市、景德镇市、鹰潭市和池州市。2015 年主要分布在仙桃市、武汉市、鄂州市、黄石市和咸宁市。2017 年热点区域为衡阳市、娄底市、益阳市、常德市、池州市、六安市和安庆市。此外，热点区域覆盖的范围呈现出由大变小再变大的趋势。城市数量由 2010 年的 6 个变成了 2015 年的 5 个，最后变成 2017 年的 7 个。

（2）次热点区的演变。次热点区 2010 年集中在中部和南部；2015 年较为分散，分布于中部、西部和东部；2017 年主要集中在西北部和东北部。2010 年属于次热点区的城市有黄冈市、鄂州市、黄石市、咸宁市、九江市、萍乡市、新余市、吉安市、抚州市、铜陵市、芜湖市、马鞍山市和合肥市。2015 年属于次热点区的城市为宜昌市、荆门市、潜江市、天门市、孝感市、黄冈市、池州市、铜陵市、上饶市、岳阳市、长沙市、娄底市、衡阳市、湘潭市、株洲市。2017 年为次热点区的城市有襄阳市、宜昌市、荆门市、潜江市、天门市、湘潭市、抚州市、铜陵市、芜湖市、合肥市、马鞍山市和滁州市。其中，芜湖市、合肥市、马鞍山市、抚州市 2010 年属于次热点区，2015 年不属于次热点区，2017 年重属于次热点区。

（3）次冷点区的演变。从空间格局热点演化图中可以看出次冷点区于 2010 年、2015 年和 2017 年三年呈现出由分散变成集中的趋势。其中 2010 年属于次冷点区的城市有襄阳市、宜昌市、荆门市、潜江市、天门市、孝感市、武汉市、仙桃市、常德市、岳阳市、长沙市、萍乡市、安庆市、六安市、滁州市（共 15 个）。2015 年属于次冷点区的城市有襄阳市、荆州市、益阳市、九江市、萍乡市、抚州市、鹰潭市、景德镇市、滁州市、合肥市、马鞍山市和芜湖市（共 12 个）。2017 年属于次冷点区的城市有孝感市、仙桃市、武汉市、黄冈市、池州市、景德镇市、上饶市、鹰潭市、株洲市、长沙市和岳阳市（共 11 个）。城市数量呈现不断减少的趋势。最东部的地区由最初的 2010 年的热点区，变成了 2015 年的次热点区，最后变成了 2017 年的次冷点区，如上饶市。

（4）冷点区的演变。冷点区在 2010 年集中在西南部，2015 年较为分散，2017 年集中在中部。2010 年属于冷点区的城市有荆州市、益阳市、娄底市、湘潭市、衡阳市。2015 年属于冷点区的城市有六安市、安庆市、常德市、宜春市、新余市、吉安市、南昌市。2017 年属于冷点区的城市有鄂州市、黄石市、咸宁市、九江市、南昌市、宜春市、新余市、吉安市。西南部的大部分城市由刚开始 2010 年的冷点区，变成 2015 年的次热点区，最后变成 2017 年的热点区，如衡阳市。

四　结论与对策

（1）本节基于经济社会系统—资源环境系统理论框架构建资源环境承载力评价体系，运用熵值法对长江中下游四省 39 个城市 2010 年、2015 年和 2017 年的资源环境承载力展开评价，发现在研究期间 39 个城市的资源环境承载力得分呈现上升趋势，但从承载力水平看，中承载力水平的城市数量最多，2010 年有 10 个，2015 年有 9 个，2017 年有 10 个，分布由集中到分散再到集中。中低承载力水平的城市随时间推移逐渐向东南方向集中。

（2）从长江中下游 39 个城市资源环境承载力的时空演变趋势看，其资源环境承载力全局相关性不显著。从局部空间格局演化图的角度看，热点区、冷点区位置变化较大，分布不稳定，建议加强区域之间的合作发展，重视资源环境对于社会经济产生的影响，减少环境污染，提高该区域的总体资源环境承载力，促进城市健康稳定发展。

（3）在经济发展过程中，长江中下游四省要突破传统行政区划对地域的限制，加快区域联动发展，加快共同体构建。同时开放市场体系，促进市场转型，完善交通网络，促进劳动力分工。

（4）在环境发展过程中，要时刻坚持绿色发展，坚持人与自然和谐发展的原则，发展绿色经济；加强城市污水处理，防治水资源污染；提高土地利用率，因地制宜利用土地，以实现区域可持续发展的目标。

第三节　基于生态足迹的武汉城市圈生态承载力的评价和生态补偿研究

一　生态承载力的评价和生态补偿研究概述

资源环境承载力的探索是21世纪人类社会经济系统和生态环境系统耦合的重要手段（孙新章，2016）。生态系统完整、资源丰厚是人类可持续发展的必要条件。改革开放以来，快速的工业化和城镇化进程严重威胁了生态环境的平衡，影响着社会经济的可持续发展（李爱梅等，2013）。在面临严峻资源环境问题的当下，探索生态承载力的演变既有利于挖掘自然环境破坏的原因，又可以根据实际情况实施改善措施，从而实现可持续发展的目标。

近年来，学者对生态承载力的研究方法可分为：自然植被净第一性生产力估测法（NNP）（曾晨等，2011）、综合指标评价法（向芸芸和蒙吉军，2012）、生态足迹法（方恺，2015）、资源与需求的差量法（顾康康，2012）、状态空间法（顾康康，2012）。自然植被净第一性生产力估测法、资源与需求的差量法更偏向于自然方面，综合指标评价法和状态空间法针对不同的研究对象没有统一的评判标准，而生态足迹法则常用于区域承载力的研究。1992年Wackenagel（1996）首次提出生态足迹法，并在全球层面上应用该方法对52个国家和地区的生态承载力进行了比较。在城市尺度上，Moore（2013）、Blasi（2016）等学者测算分析了各地方的生态足迹，对该区域的生态承载力进行评价。国内学者基于生态足迹模型的生态承载力研究大致可以分为两类：第一类是通过水足迹、碳足迹、旅游足迹等不同物质资源模型研究特定的资源（陈文辉等，2016；黄雨生等，2016；李俊等，2015；刘莉等，2015；焦文献等，2012），如基于消费量法和碳足迹与碳承载力计算模型对中国30个省份的能源碳足迹和碳承载力进行计算并针对区域差异进行分析；第二类是针对区域性的整体研究，龙海峰、熊鹰等学者构建了具有地域特征的指标体系，评估了市县级或省级的生态承载力状态（郭秀锐等，2003；龙海峰和赵兵，2014；熊鹰，2012；尹勇平等，2009；田玲玲等，2016），如以黑水县为例，针对不同土地类型测算了生态足迹和生态承载力，得出黑水县总的生态承载力约是总生态足迹的 2.6 倍，这一地区的发展处于可持续阶段。

区域的生态承载力若无法完全支持该区域的人类生产生活，则需要进行生态补偿（戴君虎等，2012；王振波等，2009）以平衡该区域生态供给与人类生活的需要。生态补偿是对遭受破坏的生态系统进行修复或者异地重建以弥补生态损失的做法（Cuperas，1996）。生态补偿标准大多通过生态足迹/承载力进行测算（刘春腊等，2014），其研究对象多集中于湿地、耕地、草地等（刘子玥等，2015；赖敏等，2015；杨欣等，2015），如以松花江流域湿地为例，通过分析松花江流域湿地的生态现状，结合生态补偿的案例，探讨松花江流域湿地保护生态补偿机制。也有不少学者在区域或流域尺度（卢新海和柯善淦，2016；许丽丽等，2016）上直接进行了整体性的生态承载力评价和补偿策略的研究，如采用以生态系统服务价值为基础的区域差异化生态补偿估算方法，对中国 14 个集中连片贫困区生态补偿标准进行了估算。生态补偿作为生态文明建设的重要方面，是为有效改善区域生态状况而建立的，其主要依托财政转移支付制度（廖晓慧和李松森，2016）。

总体来看，目前针对区域整体的生态承载力研究多为大中尺度，而忽略了县区单元之间的异质性，并且较少提出量化解决区域生态压力的方法。县区单元是我国城市体系中最基本，也是最活跃的行政单元。本节通过生态足迹模型，计算武汉城市圈 48 个县区单元的生态承载力状况，针对生态足迹/承载力的结果，测算县区单元的生态补偿，量化生态盈亏，从而为达到生态供需均衡、缓解各行政区的生态压力提供数据支持，本节对政府制定相关环保政策、调控社会经济发展有着十分重要的现实意义。

二　生态足迹和生态补偿模型

（一）生态足迹模型

根据 WWF 提出的 Guideline for LPR，生态足迹模型核算包括六类土地类型：耕地、草地、林地、渔业用地、碳吸收用地与建设用地。生态足迹表示人类对不同土地类型生产的产品与服务的需求量，该区域提供各类土地的数量就是生态承载力（WWF，2010），其生态足迹的计算公式为：

$$EF = N \times r_j \times \sum_{j=1}^{n}(aa_j) = N \times r_j \times \sum_{j=1}^{n}(C_j \times P_j) \tag{9-11}$$

$$EC = N \times \sum_{n=1}^{6}(a_n \times r_j \times y_j) \tag{9-12}$$

$$ED = EC - EF \tag{9-13}$$

式中，EF 为总的生态足迹，EC 为总生态承载力，N 为人口数，EF 为人均生态足迹，EC 为人均生态承载力，j 为所消费商品和投入的类型；r_j 为均衡因子；aa_j 为第 j 种消费项目的人均占有的生物生产面积；C_j 为第 j 种商品的人均消费量；P_j 为第 j 种消费商品的平均生产能力；n 为生物生产性土地类型；a_n 为各类人均生物生存性土地面积；y_j 为产量因子。

ED 为生态盈余或赤字，当 $ED>0$ 时，说明该区域表现为生态盈余，该地区土地环境利用状况较好；当 $ED<0$ 时，说明该区域表现为生态赤字，处于不可持续发展状态，区域生态压力大。

（二）生态补偿模型

根据生态经济学的理论，区域之间的物质交换是一个跨越行政边界而存在的持续过程，区域补偿量化是生态补偿中的难点和核心，跨区域的生态补偿额度核算要综合运用生态服务价值、生态足迹和生态承载力的方法来解决（马爱慧等，2010）。本节在测算各个县域需要支付或者获得补偿的转移额度时，需要以生态服务价值为基础，以生态足迹和生态承载力作为支付或补偿的决定因素，以该区域的 GDP 比例作为经济发展水平的指标来调节整个模型。具体公式如下：

$$E_i = V_i \times R_i \times K_i \tag{9-14}$$

$$V_i = Q_j \times S_j \tag{9-15}$$

$$R_i = \frac{GDP_i}{GDP} \tag{9-16}$$

$$K_i = \frac{ED_i}{EC_i} \tag{9-17}$$

式中，E_i 为转移额度，V_i 为区县的生态服务价值，Q_j 为某个区县的某种土地类型的单位生态服务价值，S_j 为某个区县的某种土地类型的面积，R_i 为经济调节系数，K_i 为生态盈余系数。

三 数据和研究区概况

（一）研究区概况

武汉城市圈是以武汉为中心，由武汉及周边100千米范围内的黄石、鄂州、孝感、黄冈、咸宁、仙桃、潜江、天门9个城市构成的区域经济联合体，是湖北省产业和生产要素最密集、最具活力的地区，是湖北省经济发展的核心区域。2013年，武汉城市圈土地总面积为58051.9平方千米，占湖北省土地面积的31.2%；常住总人口为3073.82万人，占湖北省常住总人口的53%。2015年4月5日，《长江中游城市群发展规划》由国务院批复实施。长江中游城市群是以武汉城市圈、环长株潭城市群、环鄱阳湖城市群为主体形成的特大型城市群，长江中游城市群正式定位为中西部新型城镇化先行区、内陆开放合作示范区和“两型”社会建设引领区，旨在推动中国经济朝着健康稳定的方向发展。

（二）数据介绍和处理

生态足迹的核算包括生物资源消费和能源消费两个部分（见表9-2）。从湖北省农村统计年鉴及9个城市统计年鉴上整理、归纳得到生物资源和能源的消费数据。化石燃料用地包括原煤、燃料油、汽油等，每个县域单元的能源消费数据没有录入统计年鉴，所以具体数据是根据该地级市的经济状况计算转换而来的（彭继增等，2011）。

表9-2 生态足迹核算选取数据

消费产品	选取数据	生产性面积类型
农产品	粮食作物、棉花、油料、糖类、蔬菜及瓜果	耕地
动物产品	牛、猪、羊、家禽、禽蛋、蜂蜜	草地
林产品	油桐籽、板栗、茶叶、水果	林地
水产品	水产品	水域
能源	原煤、煤炭、汽油、煤油、柴油、燃料油、液化石油气	化石燃料用地
能源	电力	建筑用地

在生态承载力的计算中，生产性土地的实际面积数据来源于 2008 年和 2013 年的 30 米空间分辨率的 TM 影像。其中均衡因子（见表 9-3）的数据根据世界自然基金（WWF）公布的《生存星球报告》（WWF，2014；谢高地等，2008）来确定。土地的产量因子与生态承载力有着密切的联系，所以产量因子需要根据研究区域的产出水平进行调整。根据 2008~2013 年湖北省的谷物平均单产为 6144 千克/公顷和谷物世界年均产量，计算出产量因子为 3.71。根据水产品的平均单产为 5295 千克/公顷，计算出产量因子为 176。林地、草地产量因子变化不大，采用《生存星球报告》中的数据。没有任何地方特意留出化石燃料用地，所以其值取 0。生态足迹和生态承载力计算中所采用的人口数据为分县区的常住人口。

表 9-3　均衡因子和产量因子的选取

土地类型	均衡因子	产量因子
耕地	2.8	3.71
林地	1.1	0.91
草地	0.5	0.19
水域	0.2	176
建设用地	2.8	3.71
CO_2 吸收	1.1	0

根据生态补偿模型，各县区单元的 GDP 数据来自各县区的统计年鉴，谢高地等于 2008 年提出了全国生态系统服务价值的测算结果（谢高地等，2008），因存在地域差异，为使结果更加精确，本节生态服务价值当量表参考曾杰等 2014 年的研究成果（曾杰等，2014）。

四　结果和分析

（一）生态足迹/承载力的时空变化

根据生态足迹模型，得出武汉城市圈县区单元 2008 年、2013 年的人均生态足迹/承载力，表 9-4 中分别列出了排名前三位和最后三位的县区单元，以及县区单元的总体平均值。

从表 9-4 可以看出，2008 年和 2013 年武汉城市圈中，人均生态足迹最大值均位于城市圈东南部的华容区，其值分别为 7.68 公顷/人、12.44 公顷/人，最小值均位于城市圈中部的武昌区，其值分别为 0.79 公顷/人、1.02 公顷/人。鄂州市区县单元的生态足迹大，其主要原因是鄂州的工业非常发达，湖北省最大的钢铁基地——鄂城钢铁厂坐落于鄂州，鄂州还是鄂东南的重要能源基地。而相比其他区县，鄂州市的区县人口较少。

在 2008 年武汉城市圈中，人均生态承载力最大的为城市圈正南位置的江夏区（5.086 公顷/人），最小的为城市圈中心位置的江汉区（0.072 公顷/人）。而 2013 年，生态承载力最大、最小的县域没有发生改变。生态承载力主要与土地类型和土地面积有关，武汉市主城区的生态承载力较小主要与主城区人口众多、土地类型单一、土地面积小有关。

生态承载力的大小，是衡量生态情况的重要指标之一，从总体上看，武汉城市圈的生态情况不容乐观，生态承载力提高的单元数小于生态承载力下降的单元数，并有两极分化的趋势，即生态承载力大的单元，生态承载力稳步提升，生态承载力小的单元，生态承载力进一步恶化。

表 9-4 武汉城市圈县区人均生态足迹/承载力

单位：公顷/人

县区	生态足迹 2008 年	县区	生态足迹 2013 年	县区	生态承载力 2008 年	县区	生态承载力 2013 年
华容区	7.68	华容区	12.44	江夏区	5.086	江夏区	5.514
汉南区	6.47	鄂城区	11.33	梁子湖区	4.811	汉南区	4.711
梁子湖区	5.83	汉南区	10.35	嘉鱼县	4.584	嘉鱼县	4.620
江岸区	1.15	通山县	1.23	硚口区	0.108	硚口区	0.107
通山县	0.89	洪山区	1.05	武昌区	0.089	武昌区	0.093
武昌区	0.79	武昌区	1.02	江汉区	0.072	江汉区	0.066
总平均值	2.70	总平均值	3.74	总平均值	1.930	总平均值	1.950

2008 年和 2013 年生态承载力的空间分布基本一致。以江夏区为中心线，江夏区以东的单元生态承载力普遍低于江夏区以西的单元生态承载力。对于江夏区中心线上的武汉市来说，其生态承载力已经不能满足其自身要求，区域可持续发展受到一定的威胁。总体而言，不同地区之间的生

态承载力有降有升，所以在一定程度上造成了武汉城市圈生态承载力的空间分异。

武汉城市圈的生态足迹分布呈现一个典型的辐射圈，该辐射圈逐步形成环状分布，以华容区为中心，由内向外，逐渐形成减小的梯度分布。武汉城市圈西北县域的生态足迹高于东南县域的生态足迹。西北及中心地带形成了相对高值的区域，因为其处于江汉平原，社会经济发展快速。而武汉城市圈的东南部幕阜山区和东北大别山区的生态足迹较小，这是因为山区人口分布较少，人类活动受自然限制大，从而导致人均生态足迹较小。

（二）区域生态补偿转移支付测算

根据生态承载力和生态足迹的结果，武汉城市圈的生态发展极不平衡，生态承载力大部分都小于该区域的生态足迹，这些区域需要不断地与外界进行物质交换，才能满足本区域的物质能源需求。所以本节运用生态补偿转移支付，量化“物质交换”，测算支付或者获得支付额度，从而达到区域之间的生态平衡（卢洪友等，2014；徐庆，2015）。根据公式（9-14），可以算出武汉城市圈跨县域生态的补偿额度，具体计算结果见表 9-5。

2008 年武汉城市圈的总生态价值当量为 5.24×10^{10} 元，2013 年为 5.25×10^{10} 元。2008 年和 2013 年，生态价值当量最高的均为麻城市，最低的均为江汉区。经济调节系数反映了各个区县在武汉城市圈中的经济水平，其中武汉市的中心城区排名靠前，而铁山区、梁子湖区、团风县、英山县等排名为最后几位。

生态盈亏系数决定了区县应该获得补偿还是支付。若生态盈亏系数为正，则说明生态承载力大于生态足迹，就会有多余的部分可以供给其他区县使用，而生态盈亏系数为负的区县就应该支付相应的补偿额度给系数为正的区县。2008 年，武汉城市圈中生态盈亏系数为正的区县有 14 个，其中生态盈亏系数排在前列的为通山县、红安县、蔡甸区；生态盈亏系数为负的区县有 34 个，较大的为江汉区、青山区、硚口区等。而到了 2013 年，生态盈亏系数为正的县区单元仅剩下 7 个（见表 9-5）。

2008 年，武汉城市圈的生态补偿空间转移总额度为 2.42×10^{8} 元。其中在 34 个支付区县中，需要支付排名靠前的为仙桃市 4.28×10^{7} 元，在 14

个补偿区县中，获得补偿最多的为江夏区 1.35×10^{7} 元。

2013 年，武汉城市圈的生态补偿空间转移总额度为 5.89×10^{8} 元，较 2008 年整体转移额度增加了 2.5 倍左右，说明武汉城市圈的生态压力日益增加。按区县看，其中 41 个支付区县中，大冶市需要支付 8.02×10^{7} 元排在首位，铁山区需要支付 2.53×10^{5} 元排在最后一位。在 7 个补偿区县中，江夏区、通山县可获得较多补偿。值得一提的是，2008 年洪山区需要支付 4.79×10^{6} 元，而 2013 年洪山区扭亏为盈，可获得 1.12×10^{6} 元的补偿。

表 9-5 武汉城市圈生态补偿转移额度

县区	生态价值当量（万元）		经济系数		生态盈亏系数		转移额度（万元）	
	2008 年	2013 年	2008 年	2013 年	2008 年	2013 年	2008 年	2013 年
江岸区	7272.56	5549.57	0.0416	0.0538	-4.0022	-6.7837	-1210.18	-2024.90
江汉区	586.65	265.34	0.0539	0.0584	-23.8012	-34.9826	-753.10	-542.43
硚口区	2022.90	1472.94	0.0427	0.0363	-10.8192	-11.7591	-935.10	-628.38
汉阳区	9932.55	9185.03	0.0538	0.0540	-3.4808	-4.5916	-1858.72	-2277.83
武昌区	4478.34	4366.51	0.0570	0.0558	-7.8176	-9.9266	-1997.01	-2417.44
青山区	2934.25	2760.37	0.0715	0.0373	-12.5118	-7.7489	-2625.76	-797.42
洪山区	57272.00	54529.42	0.0487	0.0482	-0.1716	0.0425	-478.59	111.75
东西湖区	41331.18	42831.50	0.0234	0.0386	-0.2371	-0.0637	-229.26	-105.26
汉南区	24988.38	29263.59	0.0066	0.0079	-0.4726	-1.1967	-78.09	-277.08
蔡甸区	97916.48	100292.67	0.0168	0.0237	0.2943	0.0046	483.30	10.87
江夏区	190120.40	186380.80	0.0282	0.0427	0.2519	0.0902	1351.41	718.33
黄陂区	191859.63	186948.81	0.0281	0.0353	-0.1169	-0.6016	-629.86	-3968.17
新洲区	103283.43	112784.35	0.0257	0.0345	-0.7542	-0.7939	-2000.33	-3091.21
大冶市	134133.56	132776.16	0.0295	0.0354	-0.7055	-1.7066	-2794.41	-8022.69
阳新县	316346.20	314414.73	0.0168	0.0131	0.2026	-0.1248	1075.68	-514.97
黄石港区	2808.00	2677.41	0.0139	0.0106	-9.3651	-11.7872	-366.47	-334.54
西塞山区	13063.92	12546.94	0.0169	0.0121	-3.3865	-3.7769	-746.01	-574.47
下陆区	5040.39	4402.85	0.0078	0.0167	-4.2621	-16.9330	-168.19	-1245.66
铁山区	1833.67	1656.49	0.0035	0.0023	-6.6040	-6.5786	-42.28	-25.25
黄州区	31327.10	30153.55	0.0127	0.0109	-0.0581	-0.2575	-23.03	-84.60
团风县	74187.89	74744.44	0.0051	0.0044	-1.2637	-1.8957	-482.43	-622.15

续表

县区	生态价值当量		经济系数		生态盈亏系数		转移额度	
	2008 年	2013 年	2008 年	2013 年	2008 年	2013 年	2008 年	2013 年
红安县	180870.09	181772.65	0.0085	0.0075	0.3086	0.0410	474.72	55.56
麻城市	334728.81	333015.34	0.0146	0.0137	0.2051	-0.6934	999.03	-3163.14
罗田县	243520.25	242103.23	0.0070	0.0066	0.0811	-0.0851	137.42	-136.05
英山县	169777.76	169353.46	0.0066	0.0049	0.1300	0.2154	144.60	180.05
浠水县	167639.70	166852.69	0.0136	0.0113	-0.5470	-2.0893	-1245.36	-3927.72
蕲春县	251901.77	250824.04	0.0130	0.0111	0.0028	-0.5832	9.04	-1625.61
武穴市	102299.35	100471.82	0.0153	0.0140	-0.1608	-0.5812	-251.29	-817.97
黄梅县	136409.93	146044.02	0.0118	0.0103	0.1322	-0.5822	212.50	-876.37
咸安区	157874.40	154083.29	0.0173	0.0143	-0.3947	-0.8086	-1075.90	-1779.29
嘉鱼县	103284.78	103365.49	0.0104	0.0119	0.2598	0.0886	279.78	109.07
赤壁市	187312.84	184913.94	0.0178	0.0190	0.0284	-0.2669	94.62	-937.20
通城县	119008.35	117797.96	0.0076	0.0066	-0.4801	-0.7524	-437.12	-585.75
崇阳县	227275.98	226353.22	0.0073	0.0060	0.0732	-0.5616	121.60	-762.45
通山县	297710.96	295915.22	0.0058	0.0054	0.5020	0.2885	864.81	461.97
孝南区	66705.61	65198.29	0.0204	0.0152	-0.1060	-0.4878	-144.24	-482.15
孝昌县	81744.71	80866.47	0.0073	0.0064	-0.3402	-1.1355	-201.94	-588.64
大悟县	208015.86	215559.62	0.0090	0.0071	-0.2123	-0.5962	-399.01	-918.33
云梦县	29038.09	28293.46	0.0133	0.0118	-1.9784	-2.9854	-761.47	-996.40
应城县	64606.05	64457.28	0.0156	0.0136	-1.1235	-1.9233	-1134.03	-1683.41
安陆市	90478.27	90840.24	0.0114	0.0097	-0.5758	-1.3346	-591.74	-1179.99
汉川市	111657.28	110413.14	0.0250	0.0240	-0.3285	-0.7793	-918.23	-2067.55
鄂城区	58318.03	58588.11	0.0123	0.0269	-0.9241	-3.1761	-663.71	-5001.73
华容区	41936.97	43652.34	0.0115	0.0133	-0.8233	-1.8119	-397.48	-1053.22
梁子湖区	57188.51	53886.70	0.0035	0.0035	-0.2124	-0.7693	-42.04	-146.64
仙桃市	193983.96	207970.88	0.0406	0.0345	-0.5431	-0.1831	-4279.89	-1313.63
天门市	132140.14	137253.02	0.0326	0.0249	0.0687	-0.0996	295.78	-341.17
潜江市	113446.32	114331.44	0.0369	0.0343	-0.1940	-0.6612	-811.04	-2593.30

转移额度是为满足该区域的需要而进行的经济补偿或获得，转移额度一般需要利用地方政府的公共财政收入覆盖，绿色财政收入为各县区的公共财政收入与转移额度相抵销的结果，并进一步将转移额度与该区县的公共财政收入比较。从表 9-6 中可以发现，2008 年武昌区、硚口区、汉川市、仙桃市、咸安区等地的绿色财政收入排名相比自身公共财政收入排名下降了，说明转移额度对绿色财政收入的影响较大。而 2013 年，除华容区外，各县区的公共财政收入在 2008 年的基础上增加了 3~10 倍不等。2013 年仅有嘉鱼县和安陆市的排名发生对换。转移额度占自身公共财政收入的比例也越来越小，说明转移额度变化的幅度与金额小于公共财政收入。若各县区地方政府按照各县区的需要，投入相应的转移支付数额用于生态建设，那么武汉城市圈的生态压力可得到较大的缓解。

区域生态系统对保障区域的生态安全发挥重要作用。通过测算生态补偿，可定量分析武汉城市圈各县区单元的物质交换。从 2008 年和 2013 年的转移额度看，随着社会经济快速发展，环境与发展的矛盾加剧。整体上，武汉城市圈的生态情况有待进一步改善，获得补偿的区县在减少，需要支付的区县在增加，总补偿额度也在增加。说明当前的生态系统已经无法满足人类活动的需求，需要通过外部的补偿支付来维持区域的和谐健康发展。补偿支付的金额占各地方政府财政收入的比例大部分都不到 2%，且随着年份的增加，占比更小，如若投入适当的资金，那么对武汉城市圈的健康发展与“两型”社会建设将具有十分重要的意义。

五　结论与讨论

从 2008 年到 2013 年，武汉城市圈县域的生态足迹逐渐增大，在空间上呈中心向外逐渐减小的梯度分布。生态承载力提高的单元小于生态承载力下降的单元，并伴随着两极分化的趋势。从空间上看，以江夏区为中心线，江夏区以东的单元生态承载力普遍低于江夏区以西的单元生态承载力。

表 9-6　武汉城市圈绿色财政收入

县区	绿色财政收入（元）		转移额度占比（%）		县区	绿色财政收入（元）		转移额度占比（%）	
	2008 年	2013 年	2008 年	2013 年		2008 年	2013 年	2008 年	2013 年
江岸区	135478. 82	1155075. 10	-0. 89	-0. 17	英山县	11018. 60	28468. 05	1. 33	0. 64
江汉区	144525. 90	1432257. 57	-0. 52	-0. 04	浠水县	22999. 64	59233. 28	-5. 14	-6. 22
硚口区	88770. 90	721271. 62	-1. 04	-0. 09	蕲春县	29280. 04	81426. 39	0. 03	-1. 96
汉阳区	82093. 28	823122. 17	-2. 21	-0. 28	武穴市	35769. 71	105982. 03	-0. 70	-0. 77
武昌区	147280. 99	1335982. 56	-1. 34	-0. 18	黄梅县	31637. 50	74202. 63	0. 68	-1. 17
青山区	84434. 24	555202. 58	-3. 02	-0. 14	咸安区	36023. 10	169320. 71	-2. 90	-1. 04
洪山区	95237. 41	961711. 75	-0. 50	0. 01	嘉鱼县	17699. 78	72876. 07	1. 61	0. 15
东西湖区	148503. 74	1195094. 74	-0. 15	-0. 01	赤壁市	36241. 62	130291. 80	0. 26	-0. 71
汉南区	25954. 91	200422. 92	-0. 30	-0. 14	通城县	12500. 88	46443. 25	-3. 38	-1. 25
蔡甸区	89599. 30	386710. 87	0. 54	0. 00	崇阳县	10859. 60	41456. 55	1. 13	-1. 81
江夏区	104560. 41	564218. 33	1. 31	0. 13	通山县	10983. 81	48649. 97	8. 55	0. 96
黄陂区	118242. 14	578831. 83	-0. 53	-0. 68	孝南区	23493. 76	134735. 85	-0. 61	-0. 36
新洲区	91056. 67	370208. 79	-2. 15	-0. 83	孝昌县	12908. 06	70195. 36	-1. 54	-0. 83

续表

县区	绿色财政收入（元）		转移额度占比（%）		县区	绿色财政收入（元）		转移额度占比（%）	
	2008 年	2013 年	2008 年	2013 年		2008 年	2013 年	2008 年	2013 年
大冶市	59490.59	304177.31	-4.49	-2.57	大悟县	16674.99	67237.67	-2.34	-1.35
阳新县	29510.68	83985.03	3.78	-0.61	云梦县	23376.53	88974.60	-3.15	-1.11
黄石港区	23233.53	54065.46	-1.55	-0.61	应城市	33108.97	118334.59	-3.31	-1.40
西塞山区	15853.99	57825.53	-4.49	-0.98	安陆市	18286.26	71715.01	-3.13	-1.62
下陆区	9831.81	33554.34	-1.68	-3.58	汉川市	41249.77	141337.45	-2.18	-1.44
铁山区	6957.72	20474.75	-0.60	-0.12	鄂城区	41392.29	106607.27	-1.58	-4.48
黄州区	16046.97	55915.40	-0.14	-0.15	华容区	16656.52	4446.78	-2.33	-19.15
团风县	10904.57	35128.85	-4.24	-1.74	梁子湖区	8952.96	29941.36	-0.47	-0.49
红安县	21405.72	78855.56	2.27	0.07	仙桃市	37849.11	208705.37	-10.16	-0.63
麻城市	35116.03	108536.86	2.93	-2.83	天门市	28295.78	149903.83	1.06	-0.23
罗田县	14793.42	44641.95	0.94	-0.30	潜江市	46314.96	197442.70	-1.72	-1.30

通过对生态承载力的分析，发现武汉城市圈的大部分县区处于超载状态，为解决这种情况，对48个单元进行了生态补偿转移支付测算。从总体上看，2008年，武汉城市圈的生态补偿空间转移总额度为2.42×10^{8}元，2013年为5.89×10^{8}元，较2008年，整体转移额度增加了1.5倍左右。2008年，有34个支付区、14个受偿区。支付区都处于武汉城市圈的中心位置或者是各地级市的中心城市，当地经济较为发达；而受偿区多集中于武汉城市圈外围和东南部幕阜山区和东北大别山区，因受地理位置和地形的限制，这些地区经济发展相对较缓。2013年，随着国家经济的带动、基础设施建设的完善，各县区活动更加剧烈，支付区增加到41个，受偿区仅剩7个。在支付区中，除江汉、硚口、青山、黄石港、西塞山等少部分县区外，在5年时间里，其余县区的生态补偿额度均在增加，生态补偿的形势较为严峻。受偿区获得的补偿额度均在减小。转移支付的金额仅占各县区公共财政收入的一小部分，若能投入相应的资金用于生态建设，对武汉城市圈的生态健康发展将具有十分重要的意义。

纵观全国，我国已有多个经济区和城市圈，如长江三角洲城市群、长江中游城市群、川渝经济圈等，区域生态系统健康需要得到保障，区域生态的研究对维持区域可持续发展至关重要。本节从武汉城市圈出发，为区域生态承载力的研究提供了一些参考。本节先是运用生态足迹模型对武汉城市圈的生态足迹/承载力进行时序变化和空间分异的分析，针对各县区单元普遍存在的超载现象，运用生态补偿模型量化方法。本研究仍有值得改进的地方：①在计算中，因各县区的单个产量无法获得，生态足迹模型的数据是根据当地的经济状况推算得出的；②在生态补偿模型的计算中，因计算的是整个区县的转移额度，按照曾杰等测算的生态价值当量表，建设用地的生态服务价值为0，完全否定了建设用地的生态价值，这可能导致一定的误差。

第四节 交通复杂网络对三维生态足迹的溢出效应研究

合理利用自然资源和保护环境是区域可持续发展的关键（Yang et al.，2018），保障区域可持续发展已经成为各国的共识。为定量研究自然资本的禀赋以及评估区域经济社会发展的可持续性，1992 年加拿大生态经济学家 Rees（1992）提出生态足迹的概念，为测度区域可持续发展和环境质量提供了新的视角（Destek 和 Sinha，2020）。2019 年《全球生态足迹网络》显示，1.75 个地球才能满足当前人类所需的必要资源和吸收废弃物土地的需要（Global Footprint Network，2019），表明人类对生态资源的占用已大于自然的再生能力，处于生态赤字的不可持续发展状态。中国是世界上最大的发展中国家，快速的城市化进程造成了资源耗竭和环境破坏，这将严重阻碍中国的可持续发展。在中国可持续发展和生态文明建设的背景下，对区域可持续发展水平进行定量测度并探究其驱动机制显得尤为重要。

自生态足迹概念被提出以来，诸多学者基于生态足迹模型，对全球（Almulali et al.，2015）、国家（方恺，2015）、省（王业宁等，2020）、市（Xun 和 Hu，2019；刘海燕等，2017）、县（刘东等，2012）等不同尺度的区域进行了可持续发展水平测度，生态足迹法已成为度量人类活动对区域生态系统影响的常用指标和方法（刘海燕等，2017）。但随着研究的不断深入，传统生态足迹模型无法区分资本流量和存量的相互关系，也难以体现生态透支在时间维度上积累的局限性（周涛等，2015），针对该局限性，Niccolucci 等（2011）提出三维生态足迹模型，分别以足迹深度和足迹广度对资本存量和流量的消耗程度加以表征，使生态足迹的研究向纵深发展。随后，方恺（2013）对三维生态足迹模型进行了改进，弥补了不同土地类型的生态赤字和盈余抵销的局限。

在生态足迹驱动机制研究方面，已有学者研究生态足迹的空间效应，并指出在空间效应存在的前提下，传统计量模型会使得估计有偏差（Manuel et al.，2020）。现有研究中，学者们多选用地理邻接或空间距离作为生态足迹空间介质展开分析（Wu，2020）。交通网络是城市和区域空间相互作用的载体，是城市间要素流动的廊道（戴学珍等，2020）。在区域一体化发展的背景下，基于交通廊道产生的区域空间互动日益紧密。交通网络的空间溢出效应，已得到广泛研究（Jiang et al.，2016）。尽管诸多学者已分别研究了生态足迹和交通的空间效应，但基于交通廊道产生的区域生态足迹空间互动关系仍不明晰，交通对于区域间可持续发展的作用机理仍需进一步探索。本节尝试提供一个理论分析框架，通过阐释交通网络对区域可持续发展的直接效应和间接效应两方面，探索生态足迹和交通网络之间的空间相互作用和潜在的驱动机制。交通作为连通区域的网络，具有破坏生境质量、加速景观破碎的负生态效应（刘世梁等，2007；Jones，2000），会对区域自然资本产生不利影响，并影响区域可持续发展。同时，交通会影响区域土地利用（于涛等，2019），土地利用变化所导致的自然资本损益进一步对区域可持续发展产生扰动，从该方面而言，交通会对生态足迹产生直接效应，是区域间生态足迹溢出的直接渠道。IPAT 模型是分析生态足迹驱动因子的重要理论之一（张勇等，2013；Wu，2020），其旨在分析人口、财富和技术要素对生态足迹的驱动作用，交通网络是 IPAT 框架下社会经济要素流动的渠道，基于交通廊道产生的要素流动会对交通关联的两个区域间的生态足迹产生联动效应，即交通网络通过要素流动会对生态足迹产生潜在空间互动作用，交通对生态足迹有潜在的空间效应。

基于文献梳理发现，尽管生态足迹已扩展至三维维度，但学者们对三维生态足迹展开的区域可持续发展分析仍然较少。此外，县区单元作为中国城市体系中最基本的行政单元，以县区为研究单元对生态环境进行分析和评价对政府精准施策具有重要意义（刘东等，2012），但当前研究多集中在国家和省域尺度，对诸如县区的小空间尺度的生态足迹分析不足。尽管已有学者对环境质量和交通网络的关系进行研究，但基于交通空间互动视角下的生态足迹驱动机制研究还有待挖掘。因此本节的主要任务是：①基于三维生态足迹模型框架对长江中游城市群县区单元可持续发展状况进行定量分析；②以交通作为空间互动关系媒介，挖掘基于交通网络产生的三维生态足迹空间效应和驱动机制，以期为制定区域可持续发展政策提供支撑。

一　研究区概况与数据来源

（一）研究区概况

长江中游城市群是以武汉城市圈、环长株潭城市群、环鄱阳湖城市群为主体形成的特大型城市群，涵盖湖北省的武汉市、孝感市、荆门市、荆州市、黄冈市、黄石市、鄂州市、咸宁市、仙桃市、天门市、潜江市、襄阳市、宜昌市，湖南省的长沙市、株洲市、湘潭市、岳阳市、益阳市、常德市、衡阳市、娄底市，江西省的南昌市、九江市、景德镇市、鹰潭市、新余市、宜春市、萍乡市、上饶市、抚州市、吉安市，是中国中部经济发展的关键区域，在我国经济发展格局中具有承东启西、连南接北的作用。2017 年长江中游城市群总人口为 1.25 亿，国内生产总值达 7.90 万亿元，经济社会发展迅速，是中部地区的重要增长极。长江中游城市群依托长江黄金水道，境内涵盖鄱阳湖流域和洞庭湖流域等重点生态保护区，是我国生态保护重点区域，《长江中游城市群发展规划》明确提出进一步加强长江中游城市的生态文明共同建设，力求共同构筑生态屏障，建立健全区域生态文明建设联动机制，形成人与自然和谐发展的格局，为此实现长江中游城市群的生态可持续发展就显得尤为重要。此外，需要特别说明的是，基于数据可获取性的考虑，湖北省的宜昌市和襄阳市并未纳入研究范围。

（二）数据来源

本节主要使用了 2010 年和 2017 年长江中游城市群的各县（区）生物资源消耗量、能源消耗量、社会经济数据、土地利用数据以及交通路网数据。县域层面难以获取生物资源消耗量，因此借鉴相关学者的研究（Yang et al.，2018；Dong et al.，2019），以生产量替代生物资源的消耗量进行计算。此外，由于从相关统计部门和年鉴中难以获得县（区）层面各类能源消耗数据，本节利用“生产总值指数”，将各县（区）国内生产总值换算成以 2010 年价格计算的 GDP 总值，然后乘以单位 GDP 能耗得出以 2010 年价格计算的能源消耗，并乘以各省各类能源消费构成比例计算出县（区）各类能源的消耗量（Yang et al.，2018；杨屹和胡蝶，2018）。生物资源生产量、能源消耗量以及社会经济数据均来源于各省统计年鉴、各地级市统计年鉴、湖北农村统计年鉴、各县（区）统计公报等。土地利用数据来源于空间分辨率为 30 米的 landsat TM/ETM 影像进行的遥感解译，交通路网数据来源于交通部门。全球主要农产品平均产量和土地类型（对应于各种消费）主要基于之前的一些研究（谢鸿宇，2008）。此外，因为不同土地的生产能力差异很大，需要用产量因子和均衡因子进行调整，产量因子参考刘某承等计算的产量因子（刘某承等，2010），均衡因子根据2018年《国家生态足迹核算指南》计算。生物多样性保护应按世界环境与发展委员会的要求扣除12%的生态面积（Waekernagel，1996）。

二　研究方法

（一）生态足迹

1. 传统生态足迹

生态足迹是指满足区域人口消费的所有资源和吸纳区域产生的所有废弃物所需要的生物生产性土地总面积，本节将生态足迹划分为生物资源账户和能源消耗账户进行计算（杨璐迪等，2017）。计算方法见公式（9-18）。

$$EF = N \cdot ef = N \cdot (r_j \cdot aa_j) = N \cdot \sum_{j=1}^{6} \left[r_j \cdot \sum_{i=1}^{n} a_j \right] = N \cdot \sum_{j=1}^{6} \left[r_j \cdot \sum_{i=1}^{n} \left(\frac{c_i}{p_i} \right) \right] \tag{9-18}$$

式中，EF 为区域总生态足迹；N 为人口数；ef 为人均生态足迹；r_j 为均衡因子；aa_j 为各类生物生产土地面积，$j=1, 2, \cdots, 6$ 表示6类生物生产土地面积；p_i 为 i 种消费品的平均生产能力；c_i 为 i 种消费品的人均年消费量；n 为消费品的数量。

生态承载力是指一个地区能够提供的生态生产性土地的总面积（谢鸿宇，2008）。计算方法见公式（9-19）。

$$EC = N \cdot ec = N \cdot \sum_{j=1}^{6} (a_j \cdot r_j \cdot y_j) \tag{9-19}$$

式中，EC 为区域总生态承载力；N 为人口数；ec 为人均生态承载力；a_j 为实际人均占有的 j 类生物生产土地面积；r_j 为均衡因子；y_j 为产出因子。

2. 三维生态足迹

三维生态足迹模型是在传统生态足迹模型的基础上进行改进的，对自然资本流量和资本存量加以区分，并使用 EF_{depth} 和 EF_{size} 分别代表自然资本存量消耗和资本流动占用率。本节使用方恺等人（2013）对三维生态足迹的改进模型对三维生态足迹进行测算，计算方法见公式（9-20）、（9-21）和（9-22）。

$$EF_{size,region} = \sum_{i=1}^{n} \min\{EF_i, BC_i\} \tag{9-20}$$

$$EF_{depth,region} = 1 + \frac{\sum_{i=1}^{n} \max\{EF_i - BC_i, 0\}}{\sum_{i=1}^{n} BC_i} \tag{9-21}$$

$$EF_{3D,region} = EF_{size,region} \times EF_{depth,region} \tag{9-22}$$

式中，$EF_{size,region}$ 为区域足迹广度；EF_i 为第 i 地类的生态足迹；BC_i 为第 i 地类的生物承载力；$EF_{depth,region}$ 为区域足迹深度；$EF_{3D,region}$ 为区域三维足迹。

（二）复杂网络模型

复杂网络是复杂系统的抽象化结构形态，将道路和交叉口简化为边和节点，将模型映射到拓扑关系中已广泛应用于交通领域（Albert et al.，2000；Angeloudis 和 Fisk，2006；Shen et al.，2019）。本节应用 L 空间方法对长江中游城市群的交通网络进行量化和可视化（Derrible 和 Kennedy，2010），即将道路交叉点视为节点，相邻节点间的道路视为边构建复杂网络（Shen et al.，2019）。考虑到道路和铁路在区域间交通的异质性，我们分别构建了道路和铁路的复杂网络，并提出以下两个假设：①道路和铁路网络为无向网络模型，如果节点 A 可以通过边到达节点 B，则 B 也可以到达具有相同边的节点 A；②道路网络和铁路网络被视为不加权的网络模型，即不考虑交通流量和道路长度的影响。道路网络和铁路网络拓扑结构相关指标通过 ArcGIS 和 Pajeck 软件进行计算。本节主要用平均度、网络半径、平均边缘数等指标来衡量网络的特性，并用区域平均度构建引力模型。

1. 度和平均度

节点的度 k_i 表示节点 i 所拥有的边的数量，它是用来衡量一个节点在网络中的重要程度最直观最简单的统计量，计算方法见公式（9-23）、

(9-24) 和 (9-25)。如果一个节点的度越大，表明该节点在网络中的重要性就越高。

$$k_i = \sum_{j \in N} a_{ij} \tag{9-23}$$

$$a_{ij} = \begin{cases} 1,\text{节点 } i \text{ 和节点 } j \text{ 存在边} \\ 0,\text{节点 } i \text{ 和节点 } j \text{ 不存在边} \end{cases} \tag{9-24}$$

$$\bar{d} = \frac{1}{N} \sum_i k_i \tag{9-25}$$

式中，k_i 为节点 i 的度；a_{ij}表示的是网络邻接矩阵 A 中的元素；$\bar{d}$ 为区域平均度。

2. 网络直径和平均路径长度

网络直径是指连接点 i 和 j 之间的最短边（d_{ij}）所需的最大边数，反映了网络的规模，计算方法见公式（9-26）。

$$R = \max d_{ij} \tag{9-26}$$

式中，R 是网络直径；d_{ij}是最短边。

平均路径长度是所有最短路径（d_{ij}）的平均值，反映了网络的规模和连通性，计算方法见公式（9-27）。

$$L = \frac{2}{N(N-1)} \sum_{i>j} d_{ij} \tag{9-27}$$

式中，L 是平均路径长度；d_{ij}是点 i 和点 j 之间的最短路径；N 是节点的数量。

（三）基于引力模型的区域交通引力计算

区域平均度是描述区域交通优势地位的重要指标，反映了区域对外通达度潜力。考虑到公路和铁路的差异性，本节以公路和铁路旅客发送量为权重，构建公路—铁路综合陆路区域交通平均度［见公式（9-28）］，反映区域陆路交通对外通达潜力，并将公路—铁路交通度放入引力模型构建交通空间互动关系，引力模型表达式见公式（9-29）。

$$\overline{d} = w_1 \overline{d_{road}} + w_2 \overline{d_{railway}} \tag{9-28}$$

$$\overline{D}_{ij} = r \times \frac{\overline{d}_i \overline{d}_j}{d_{ij}^2} \tag{9-29}$$

式中，$\overline{d}$为县域综合陆路交通平均度；$\overline{d_{road}}$为公路交通平均度；$\overline{d_{railway}}$为铁路交通平均度；w_1 为公路交通旅客发送量占比；w_2 为铁路交通旅客发送量占比；D_{ij}为 i、j 两地间的交通引力；$\overline{d_i}$和$\overline{d_j}$分别为 i、j 两地的平均节点度；r 为引力系数，通常取 1。

（四）STIRPAT 模型

1. 传统 STIRPAT 模型

IPAT 模型最初是由 Ehrlich 和 Holdren 提出（Ehrlich 和 Holdren，1971），用于分析人口（Population）、财富水平（Affluence）和技术水平（Technology）对环境的影响（Impact），其表达式如公式（9-30）所示。

$$I = PAT \tag{9-30}$$

式中，I 代表环境影响；P 代表人口规模；A 代表财富水平；T 代表技术水平。1994 年 Dietz 和 Rosa 基于 IPAT 模型建立了 STIRPAT 模型（Dietz 和 Rosa，1994），相比于 IPAT 模型，STIRPAT 模型拒绝了单位弹性假设，并增加了随机性，以方便进行经验分析。此外，STIRPAT 模型允许将各系数作为参数进行估计，并且允许将影响因子进行适当的分解和改进（Shao et al.，2011）。由于其灵活性较高，STIRPAT 模型已成为研究生态足迹影响因素的重要方法之一。STIRPAT 模型表达式如公式（9-31）所示。

$$I = \mathrm{a}P^b A^c T^d e \tag{9-31}$$

式中，a 为常数项，b、c、d 分别为 P、A、T 的指数项，e 为随机误差项。由于 STIRPAT 模型是非线性的，需要通过在等式两边取对数以减少异方差，取对数后的模型表达式如公式（9-32）所示。

$$\ln I = \mathrm{a} + b(\ln P) + c(\ln A) + d(\ln T) + e \tag{9-32}$$

具体就本节而言，基于数据可获得性并参考之前学者的研究（Jia et

al.，2009；Wu，2020），公式（9-32）中的 I 为三维生态足迹，P 为人口密度，A 为人均 GDP，T 为非第三产业占比。

2. 考虑空间互动关系的 S-STIRPAT 模型

地理学第一定律表明任何事物都与其他事物存在空间联系（Tobler，1970），因此本节在三维生态足迹驱动机制研究中也考虑了区域生态足迹的空间联系与互动，引入空间计量模型对其展开进一步研究，形成考虑空间互动关系的 S-STIRPAT，即空间 STIRPAT 模型，如公式（9-33）所示。

$$\ln 3D_{EF} = \mathrm{a} + \alpha W_1 3D'_{EF} + bW_2 \ln P + cW_2 \ln A + dW_2 \ln T + \eta W_3 \mathrm{u} + e \tag{9-33}$$

式中，α 为空间滞后项的系数；b、c、d 为解释变量的系数；η 为误差项的系数；a 表示常数项；$3D_{EF}$ 为三维生态足迹；$3D'_{EF}$ 为“邻居”的三维生态足迹；W_1 是滞后项上的空间权重矩阵；W_2 是解释变量中的空间权重；W_3 是误差项的空间权重矩阵。当 W_1 和 W_2 等于 0 时，空间回归模型的一般形式转化为空间误差模型。当 W_2 和 W_3 等于 0 时，空间回归模型的一般形式转化为空间滞后模型。当 W_3 等于 0 时，空间回归模型的一般形式转化为空间杜宾模型。

三　结果

（一）生态足迹的时空变化分析

1. 足迹深度时空变化分析

2010~2017 年分县人均生态足迹深度均值略有降低，由 12.07 降为 10.68，表明区域发展对自然资本存量的需求量减少。对三大城市圈分县（区）人均生态足迹深度均值进行比较（见表 9-7）可以发现，2010—2017 年，武汉城市圈、环长株潭城市群和环鄱阳湖城市群人均足迹深度呈减小趋势，表明其不可持续的发展态势得到了缓解。其中，环鄱阳湖城市群足迹深度最小，武汉城市圈足迹深度最大，表明武汉城市圈各县域对资本存量消耗量最大。从不同地类来看，三大城市圈化石能源足迹深度始终处于自然深度，表明当地仅靠消耗化石能源用地的自然资本流量即可满足自身的发展需求。武汉城市圈和环长株潭城市群草地足迹深度最大，标志着草地资本流量已不能满足其日益膨胀的消费需求。

表 9-7 分县不同地类人均生态足迹深度

地类	年份	武汉城市圈	环长株潭城市群	环鄱阳湖城市群
耕地	2010	1.78	2.70	1.20
	2017	2.21	2.59	1.42
草地	2010	848.49	117.86	9.14
	2017	228.15	326.43	15.89
水域	2010	4.18	12.44	8.84
	2017	4.22	6.20	8.39
林地	2010	4.65	18.58	4.89
	2017	8.58	7.67	3.93
化石能源	2010	1.00	1.00	1.00
	2017	1.00	1.00	1.00
建设用地	2010	1.05	1.24	1.03
	2017	1.06	1.01	1.00
足迹深度	2010	19.15	12.89	6.08
	2017	15.86	12.09	5.73

具体对各县人均生态足迹深度进行排序发现，2010 年长江中游城市群有 13 个县（市）（保康县、炎陵县、武宁县、修水县、都昌县、星子县、乐安县、金溪县、广昌县、铅山县、婺源县、井冈山市、万安县）人均生态足迹深度为 1，表明这些县域仅对自然资本流量进行消耗，处于生态盈余状态。武汉市青山区、江汉区和长沙市芙蓉区人均生态足迹深度最大，对资本存量利用最高，处于生态赤字状态。2017 年长江中游城市群人均生态足迹深度为 1 的县仅为 12 个（保康县、炎陵县、武宁县、修水县、浮梁县、乐安县、宜黄县、资溪县、广昌县、铜鼓县、靖安县、婺源县），足迹深度最大的县（区）仍为青山区、芙蓉区、江汉区。

2. 足迹广度时空变化分析

2010~2017 年分县人均生态足迹广度均值略有降低，由 0.3870 降为

0.3656，表明区域发展对自然资本流量占用水平下降。对三大城市圈分县（区）人均生态广度进行对比发现（见表 9-8），2010~2017 年三大城市圈人均生态足迹广度均呈下降态势，表明对自然资本流量占用下降。其中，环鄱阳湖城市群生态足迹广度最大，对自然资本流量占用程度最高。武汉城市圈次之，环长株潭城市群最小。对不同地类对比发现，耕地足迹广度最大，林地次之，表明耕地自然资本流量的利用最大。

表 9-8　分县不同地类人均生态足迹广度

地类	年份	武汉城市圈	环长株潭城市群	环鄱阳湖城市群
耕地	2010	0.4306	0.2921	0.3682
	2017	0.3958	0.2892	0.3608
草地	2010	0.0009	0.0007	0.0023
	2017	0.0009	0.0007	0.0022
水域	2010	0.0058	0.0032	0.0036
	2017	0.0213	0.0279	0.0718
林地	2010	0.0235	0.0418	0.1141
	2017	0.0062	0.0033	0.0036
建设用地	2010	0.0091	0.0097	0.0052
	2017	0.0108	0.0121	0.0079
足迹广度	2010	0.5635	0.4452	0.6695
	2017	0.5436	0.4342	0.6516

具体对各县人均生态足迹深度进行排序发现，2010 年南昌市的炎陵县、东湖区和浮梁县人均足迹广度最小，江汉区、硚口区和兴山县人均足迹广度最大；2017 年沙洋县、兴山县和东湖区人均足迹广度最小，人均足迹广度最大为江汉区、武昌区和京山县。

3. 三维生态足迹

2010 年和 2017 年环鄱阳湖城市群三维生态足迹整体偏低，武汉城市圈和环长株潭城市群三维生态足迹较大。表 9-9 显示，2010 年和 2017 年长江中游城市群三维生态足迹最大的均为位于武汉城市圈的武汉市青山区，其值分别为 6603881.58 和 8053383.92，最小值分别属于湘潭市韶山市和衡阳市南岳区，分别为 49901.21、50618.69。青山区工业发达，武汉钢铁（集团）公司、中国第一冶金建设公司等重工业企业坐落于此，这也是青山区生态足迹大的主要原因。

表 9-9 长江中游城市群三维生态足迹最大/最小区域

类别	2010 年		2017 年	
	县（区）	三维生态足迹（hm^2）	县（区）	三维生态足迹（hm^2）
最大	长沙市宁乡县	3367305.50	仙桃市	3368074.90
	宜春市丰城市	3917622.42	潜江市	3465799.26
	武汉市青山区	6603881.58	武汉市青山区	8053383.92
最小	湘潭市韶山市	49901.21	衡阳市南岳区	50618.69
	衡阳市南岳区	53500.20	南昌市湾里区	61784.35
	南昌市湾里区	54792.03	九江市共青城市	74761.01

（二）交通复杂网络模型

1. 道路交通复杂网络

从 2010 年到 2017 年，长江中游城市群道路网络发展迅速，2010 年有 4359 个节点和 6546 个拓扑边，2017 年有 5684 个节点和 8854 个拓扑边。2010 年和 2017 年长江中游城市群公路交通网络直径分别为 101 和 104，表明网络规模逐步扩大，但在网络规模扩大的同时，平均最短路径由 41.15 增加至 41.67，表明长江中游城市群平均网络连通性下降，这可能是由居民多样化出行方式造成的。其中，度为 3 和 4 的节点数显著增加，区域道路交通平均度由 3.00 提高到 3.12，城市群的可达性提高。2010 年、2017 年，三大城市圈道路交通平均度均呈增加态势，表明三大城市圈交通可达性均有所提高，其中，武汉城市圈平均度最高，环鄱阳湖城市群平均度最低，表明武汉城市圈交通最为发达，环鄱阳湖城市群道路交通可达性相对较弱（见表 9-10）。

表 9-10　道路交通网络度特征

地域	度	2010 年			2017 年		
		数量（个）	占比（%）	平均度	数量（个）	占比（%）	平均度
长江中游城市群	1	530	12.16	3.00	575	10.12	3.12
	2	10	0.23		23	0.40	
	3	2755	63.20		3267	57.48	
	4	1044	23.95		1808	31.81	
	5	19	0.44		8	0.14	
	6	1	0.02		3	0.05	
武汉城市圈	1	165	12.60	3.04	163	10.51	3.14
	2	4	0.31		8	0.52	
	3	767	58.55		834	53.77	
	4	368	28.09		544	35.07	
	5	6	0.46		1	0.06	
	6	0	0		1	0.06	
环长株潭城市群	1	182	11.02	3.01	201	9.03	3.14
	2	2	0.12		6	0.27	
	3	1093	66.20		1309	58.81	
	4	369	22.35		707	31.76	
	5	5	0.30		2	0.09	
	6	0	0		1	0.04	
环鄱阳湖城市群	1	183	13.09	2.97	211	11.06	3.07
	2	4	0.29		9	0.47	
	3	895	64.02		1124	58.94	
	4	307	21.96		557	29.21	
	5	8	0.57		5	0.26	
	6	1	0.07		1	0.05	

2. 铁路交通复杂网络

从 2010 年到 2017 年，长江中游城市群铁路网络发展迅速，2010 年有 109 个节点和 119 个拓扑边，2017 年有 187 个节点和 219 个拓扑边。2010 年和 2017 年长江中游城市群铁路交通网络直径分别为 28 和 30，表明铁路网络规模扩大，但在网络规模扩大的同时，平均最短路径由 11.94 增加至 12.27，表明长江中游城市群铁路平均网络连通性下降。其中，度为 2 和 3 的节点数显著增加，区域铁路交通平均度由 2.18 提高到 2.34，城市群的可达性提高。2010~2017 年，三大城市圈铁路复杂网络平均度均呈增加态势，表明三大城市圈铁路建设日趋完善，其中，2010 年武汉城市圈平均度最高，环鄱阳湖城市群平均度最低，但 2017 年环鄱阳湖城市群平均度最高，表明环鄱阳湖城市群铁路建设日趋完善（见表 9-11）。

表 9-11 铁路交通网络度特征

区域	度	2010 年			2017 年		
		数量（个）	占比（%）	平均度	数量（个）	占比（%）	平均度
长江中游城市群	1	17	15.60	2.18	20	10.70	2.34
	2	65	59.63		108	57.75	
	3	20	18.35		40	21.39	
	4	4	3.67		15	8.02	
	5	3	2.75		2	1.07	
	6	0	0		2	1.07	
武汉城市圈	1	6	19.35	2.26	8	12.90	2.31
	2	16	51.61		37	59.68	
	3	5	16.13		11	17.74	
	4	3	9.68		4	6.45	
	5	1	3.23		0	0	
	6	0	0		2	3.23	
环长株潭城市群	1	5	13.89	2.22	6	9.52	2.27
	2	21	58.33		40	63.49	
	3	8	22.22		11	17.46	
	4	1	2.78		6	9.52	
	5	1	2.78		0	0	
环鄱阳湖城市群	1	6	14.29	2.1	6	9.68	2.45
	2	28	66.67		31	50.00	
	3	7	16.67		18	29.03	
	4	1	2.38		5	8.06	
	5	0	0		2	3.23	

3. 道路—铁路综合陆路交通复杂网络的空间互动引力分析

图 9-2 通过和弦图（Chord Diagram）的方式对 2017 年研究区内基于公路—铁路综合陆路交通复杂网络的县域间交通引力联系进行可视化表

达，直观地揭示县域间交通的拓扑交互关系。为了使表达更加清晰，图 9-2中只展示了各县与其他县域交通互动最强的三个空间互动连线。圆弧长短表示交通引力的大小，节点间弦连线的粗细反映交通联系强弱程度(见附录)。以 2017 年为例展开分析，在 2017 年公路—铁路综合陆路复杂网络节点度引力和弦图中，引力最强的三对县域组合为青山湖区（130）和东湖区（127）、南岳区（86）和衡山县（83）、青云谱区（131）和西湖区（133）。此外，从图中可以看出，引力最强的连线均主要集中在县域所属地级市内部，这可能是由地理距离所驱动。

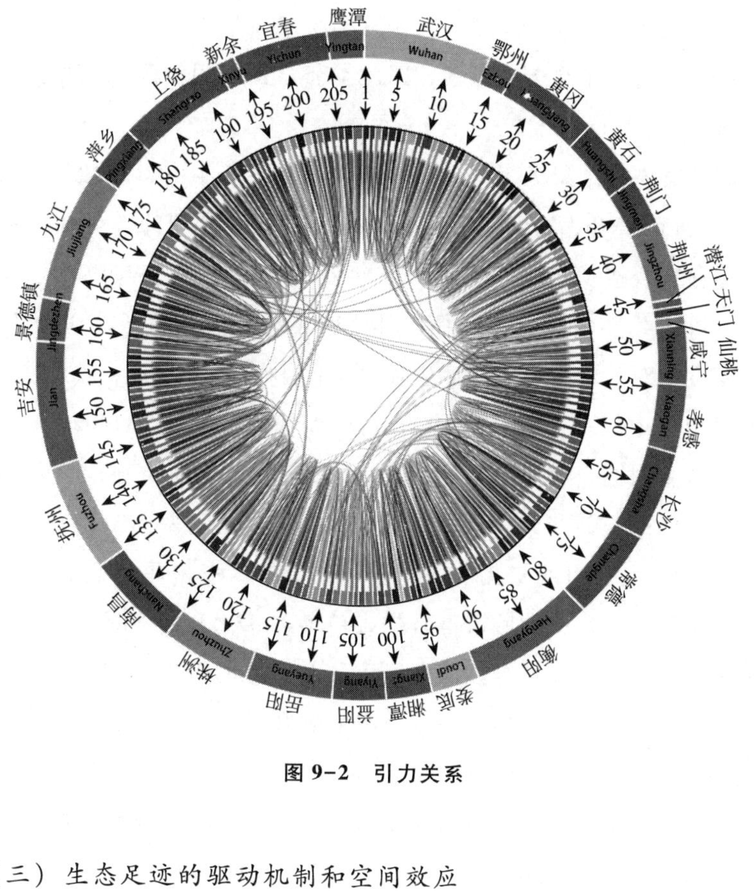

图 9-2 引力关系

（三）生态足迹的驱动机制和空间效应

为了对解释变量进行初步预判并与空间计量模型进行比较，本节首先使用普通最小二乘法（OLS）进行模型估计。以 2010 年和 2017 年的三维生态足迹为被解释变量，以人口密度、人均 GDP、非第三产业占比为解释变量进行回归分析并检验是否存在严重多重共线性。本节使用方差膨胀因子（VIF）进行共线性检验，结果显示各解释变量间共线性在容差范围之内（VIF<3）。进一步将空间效应纳入考虑发现，两个年份被解释变量三维生态足迹均存在显著的空间自相关性，因此，忽视空间效应的普通 OLS 方法结果是有偏差的。基于上述分析，长江中游城市群三维生态足迹驱动机制研究更适合采用空间回归模型。

首先，采用 Moran's I 指数对全局空间相关性进行检验，两个年份 Moran's I 均在 1%的水平下显著，表明 2010 年和 2017 年三维生态足迹均具有显著的空间正相关关系。其次，进行 LM 检验，Moran's I error、LM lag 和 LM error 均通过了显著性检验，因此本节尝试采用空间杜宾模型进行驱动机制研究。

空间杜宾模型结果见表 9-12。2010 年和 2017 年 Rho 系数显著，分别为 0.6195 和 0.5596，表明基于陆路交通复杂网络模型的“邻居”间三维生态足迹存在直接溢出效应，且 2017 年溢出效应减小，表明基于交通廊道的生态不可持续性传导效应降低。具体就驱动机制而言，2010 年和 2017 年人口密度均对三维生态足迹产生显著正向影响，且影响呈扩大趋势，人口密度每增加 1%，三维生态足迹分别增加 0.1076%和 0.1402%。人口规模增加意味着对自然资本的占用增加，所需的生产性土地面积不断增大（程钰等，2019）。近年来，长江中游城市群人口生育率不断攀升，区域人口规模持续扩大，对生态足迹产生积极影响（张星星和曾辉，2017）。2010~2017 年，长江中游城市群常住人口增加 438 万，不断攀升的人口压力使得区域自然资本流量难以满足经济社会发展的需求，转而对自然资本存量消费增加，从而对区域生态压力产生胁迫。

人均 GDP 对三维生态足迹具有正向影响，人均 GDP 每增加 1%，三维生态足迹分别增加 0.1711%和 0.1727%。《长江中游城市群发展规划》将长江中游城市群定位为中国经济新增长极，区域开发和经济发展加速推进，加之前期“唯 GDP”的考核绩效观念，以牺牲自然资源换取经济发展的模式导致区域不可持续发展程度加深。2017 年，长江中游城市群以全国 3.4%的土地面积和 8.99%的人口数量创造了 8.89%的经济总量，如何寻求经济高质量发展亟须探讨。

表 9-12 回归结果

类别	OLS		SDM	
	2010 年	2017 年	2010 年	2017 年
ln 人口密度	0.1214***	0.1833***	0.1076**	0.1402**
ln 人均 GDP	0.3476**	0.2069**	0.1711*	0.1727***
ln 非第三产业占比	0.5794***	0.5787***	0.6707***	0.6122***
W_ ln 人口密度	—	—	-0.1259	-0.2859**
W_ ln 人均 GDP	—	—	0.4159*	0.5601**
W_ ln 非第三产业占比	—	—	-0.1755	-0.4644
Moran's I	—	—	0.2440***	0.2000***
Moran's I-error	—	—	7.918***	6.608***
LM error	—	—	51.934***	35.836***
LM lag	—	—	57.466***	38.112***
Rho	—	—	0.6195***	0.5596***
Sigma	—	—	0.5867***	0.6499***
R^2	0.1413	0.1340	0.9972	0.9974
常数项	6.8273***	7.7560***	-2.6856	-1.6368

注：*、**、***分别表示在 10%、5%、1%的水平上显著。

非第三产业占比在两个年份中均对三维生态足迹产生显著正向影响，尽管这种影响呈减弱趋势。非第三产业占比每增加 1%，三维生态足迹分别增加 0.6707%和 0.6122%。从系数相对大小比较而言，非第三产业占比对三维生态足迹的促进影响最大，表明第一产业和第二产业是影响三维生态足迹的重要驱动因子。产业结构是区域自然资本利用方式的体现，其中，以化石能源为依托的工业部门直接导致化石能源消费用地的增加，对区域生态环境产生不良影响。同时产业发展粗放、结构不合理等因素也容易造成资源配置帕累托效率难以提高、资源要素过度拥挤等一系列弊端，并对区域可持续发展产生不利影响（俞海等，2017）。但近些年来，长江中游城市群产业结构不断调整优化升级，一产比重降低、二产提质发展、三产比重提高，产业结构形态更加合理化，使得非第三产业占比对三维生态足迹影响减弱，在一定程度上可减缓生态足迹的增长，促进区域人地协调发展。

其次，探究影响三维生态足迹的间接效应因素发现，2010 年 W_ ln 人口密度对三维生态足迹未表现出显著影响，但在 2017 年该因素对三维生态足迹产生了显著的抑制作用，即“邻居”人口密度每增加 1%，导致本地三维生态足迹减少 0.2859%，这可能是因为基于不断完善的交通网络产生的人口流动缓解了“本地”县域生态压力。W_ ln 人均 GDP 在 2010 年和 2017 年均表现出正向显著性，且影响程度呈增加态势，表明随着区域交通网络日趋完善，基于交通网络产生的要素流动加快，区域经济互动紧密度日益增强，区域经济联动发展对生态可持续发展产生持续性压迫作用。W_ ln非第三产业占比并未对三维生态足迹表现出显著性，表明产业结构仅对本地三维生态足迹有影响，但这种影响并未通过交通网络产生空间效应。

四　结论与讨论

（一）结论

本节将公路—铁路交通复杂网络构建的引力模型作为空间权重矩阵，利用扩展后的 S-STIRPAT 模型选取人口、财富和技术指标纳入空间杜宾模型，对长江中游城市群 2010 年和 2017 年的三维生态足迹展开空间计量分析，以探讨研究区的生态足迹驱动机制和空间溢出效应，为区域可持续发展提供参考。结果显示：①2010—2017 年县域可持续发展水平有所提升。②人口密度、人均 GDP 和非第三产业占比对本地三维生态足迹产生直接正向促进影响，非第三产业占比对三维生态足迹影响最大，产业结构调整是降低生态足迹、提高区域可持续发展能力的有力举措。“邻居”人口密度通过交通网络对本地三维生态足迹产生间接抑制作用，而人均 GDP 产生正向促进效果。③基于公路—铁路交通网络的三维生态足迹空间互动减弱，表明交通带来的区域生态关联效应减小。

（二）讨论

长江中游城市群是生态文明背景下推动生态建设、提升可持续发展能力的重点区域，基于生态足迹模型对长江中游城市群县域进行可持续发展水平测度并研究其驱动机制，对指导区域未来生态建设具有重要意义。从本节测度的2010年和2017年生态足迹变化趋势来看，2017年三维生态足迹较2010年有所降低，表明区域可持续发展水平提高，这与陈晓杰等（2020）、王业宁等（2020）的研究成果基本一致。

从本节测度的生态足迹时空格局看，高生态足迹县（区）多在地级市城区积聚，表现出空间关联性，表明区域可持续发展需要打破行政空间壁垒，将区域空间关联效应纳入研究。交通是降低区域边界效应的重要渠道，交通既具有时空压缩效应，拉近了区域间的“距离”，同时又是要素流通的廊道。长江中游城市群具有良好的交通基础，基本形成了立体化交通网络，并致力于完善互联互通的陆运网络。在长江中游城市群交通发达的背景下，将交通网络作为区域可持续发展空间关联的廊道十分重要。空间计量的实证分析结果显示，2017年三维生态足迹空间外溢效应减弱，表明基于交通网络产生的区域不可持续发展蔓延态势得到了缓解。不可否认的是，随着时间推移，区域间交通联系紧密度得到加强，基于交通网络的区域一体化程度加深，但交通网络的发展并未对区域不可持续发展态势产生进一步的空间促进效应，最可能的原因是政府的生态政策调控产生了成效。党的十八大将生态文明建设放到战略位置高度，各级政府将绿色发展作为引领社会经济发展的突出理念，基于此，《长江中游城市群发展规划》着眼于推动生态文明建设和提升可持续发展能力，提出建立健全跨区域生态文明建设联动机制，确保经济、社会与生态效益协调发展，生态环境负面外溢效应得到有效遏制。

此外，值得注意的是，就整个长江中游层面而言，基于交通网络产生的人口外流会显著缓解区域生态压力，因此建设卫星城是分散大城市生态压力的有效手段。从武汉、长沙和南昌三大省会城市的交通建设情况来看，近些年三大省会城市城际铁路建设投入不断增加，拉近了省会城市与周边中小城市的时空距离，区域交通联系日益紧密，要素流动加快。卫星城市的建立缓解了中心城市的压力，有利于合理利用区域自然资源。区域多极发展为缓解生态压力提供了可能。

本章小结

为摸清长江经济带资源禀赋状况，实现区域绿色协调发展，助力国土空间规划，本章首先基于“社会经济系统—资源环境系统”耦合的多指标综合评价法对长江中下游四省资源环境承载力情况进行了评估，并基于空间邻接关系探索市区单元间资源环境承载情况的空间相关关系；其次，本章通过生态足迹模型，计算了武汉城市圈 48 个县区级单元的生态承载力状况，针对生态足迹/承载力的结果，测算县区级单元的生态补偿，量化生态盈亏，从而达到生态供需均衡，缓解各行政区生态压力的目的；最后，采用生态足迹模型研究生态足迹时空分异特征，并借鉴复杂网络理论中节点度的方法，利用各县域公路—铁路综合陆路交通平均度构建空间互动关系，反映县域间潜在陆路通达潜力，进一步探究在交通空间互动关系下生态足迹的驱动机制和空间效应，以期为实现跨行政区联动的可持续发展提供参考。

尽管本章实证测度结果显示研究区可持续发展水平有所提升，但如何在现有成果基础上继续协调发展与保护之间的矛盾仍是未来的重要议题。今后，生态保护与区域可持续发展应以跨区域联动为重要实现路径，基于跨区域联动实现自然资本跨区域互补、清洁技术跨区域共享、绿色产业链跨区域合作，并通过建立卫星城分散省会城市生态压力，不断提高流域生态质量，最终实现人地和谐的可持续发展。

附录

表 1 长江中游城市群研究区范围及编号

省域	市	县域	编号	省域	市	县域	编号	省域	市	县域	编号	省域	市	县域	编号
湖北省	武汉市	蔡甸区	1	湖北省	黄冈市	黄州区	19	湖北省	荆门市	钟祥市	37	湖北省	孝感市	安陆市	55
湖北省	武汉市	东西湖区	2	湖北省	黄冈市	罗田县	20	湖北省	荆州市	公安县	38	湖北省	孝感市	大悟县	56
湖北省	武汉市	汉南区	3	湖北省	黄冈市	麻城市	21	湖北省	荆州市	洪湖市	39	湖北省	孝感市	汉川市	57
湖北省	武汉市	汉阳区	4	湖北省	黄冈市	蕲春县	22	湖北省	荆州市	监利县	40	湖北省	孝感市	孝昌县	58
湖北省	武汉市	洪山区	5	湖北省	黄冈市	团风县	23	湖北省	荆州市	江陵县	41	湖北省	孝感市	孝南区	59
湖北省	武汉市	黄陂区	6	湖北省	黄冈市	武穴市	24	湖北省	荆州市	荆州区	42	湖北省	孝感市	应城市	60
湖北省	武汉市	江岸区	7	湖北省	黄冈市	浠水县	25	湖北省	荆州市	沙市区	43	湖北省	孝感市	云梦县	61
湖北省	武汉市	江汉区	8	湖北省	黄冈市	英山县	26	湖北省	荆州市	石首市	44	湖南省	长沙市	芙蓉区	62
湖北省	武汉市	江夏区	9	湖北省	黄石市	大冶市	27	湖北省	荆州市	松滋市	45	湖南省	长沙市	开福区	63
湖北省	武汉市	硚口区	10	湖北省	黄石市	黄石港区	28	湖北省	—	潜江市	46	湖南省	长沙市	浏阳市	64
湖北省	武汉市	青山区	11	湖北省	黄石市	铁山区	29	湖北省	—	天门市	47	湖南省	长沙市	宁乡市	65
湖北省	武汉市	武昌区	12	湖北省	黄石市	西塞山区	30	湖北省	—	仙桃市	48	湖南省	长沙市	天心区	66
湖北省	武汉市	新洲区	13	湖北省	黄石市	下陆区	31	湖北省	咸宁市	赤壁市	49	湖南省	长沙市	望城区	67
湖北省	鄂州市	鄂城区	14	湖北省	黄石市	阳新县	32	湖北省	咸宁市	崇阳县	50	湖南省	长沙市	雨花区	68
湖北省	鄂州市	华容区	15	湖北省	荆门市	东宝区	33	湖北省	咸宁市	嘉鱼县	51	湖南省	长沙市	岳麓区	69
湖北省	鄂州市	梁子湖区	16	湖北省	荆门市	掇刀区	34	湖北省	咸宁市	通城县	52	湖南省	长沙市	长沙县	70
湖北省	黄冈市	红安县	17	湖北省	荆门市	京山县	35	湖北省	咸宁市	通山县	53	湖南省	常德市	安乡县	71
湖北省	黄冈市	黄梅县	18	湖北省	荆门市	沙洋县	36	湖北省	咸宁市	咸安区	54	湖南省	常德市	鼎城区	72

续表

省域	市	县域	编号	省域	市	县域	编号	省域	市	县域	编号	省域	市	县域	编号
湖南省	常德市	汉寿县	73	湖南省	衡阳市	珠晖区	91	湖南省	岳阳市	君山区	109	江西省	南昌市	东湖区	127
湖南省	常德市	津市市	74	湖南省	娄底市	冷水江市	92	湖南省	岳阳市	临湘市	110	江西省	南昌市	进贤县	128
湖南省	常德市	澧县	75	湖南省	娄底市	涟源市	93	湖南省	岳阳市	汨罗市	111	江西省	南昌市	南昌县	129
湖南省	常德市	临澧县	76	湖南省	娄底市	娄星区	94	湖南省	岳阳市	平江县	112	江西省	南昌市	青山湖区	130
湖南省	常德市	石门县	77	湖南省	娄底市	双峰县	95	湖南省	岳阳市	湘阴县	113	江西省	南昌市	青云谱区	131
湖南省	常德市	桃源县	78	湖南省	娄底市	新化县	96	湖南省	岳阳市	岳阳楼区	114	江西省	南昌市	湾里区	132
湖南省	常德市	武陵区	79	湖南省	湘潭市	韶山市	97	湖南省	岳阳市	岳阳县	115	江西省	南昌市	西湖区	133
湖南省	衡阳市	常宁市	80	湖南省	湘潭市	湘潭县	98	湖南省	岳阳市	云溪区	116	江西省	南昌市	新建区	134
湖南省	衡阳市	衡东县	81	湖南省	湘潭市	湘乡市	99	湖南省	株洲市	茶陵县	117	江西省	抚州市	崇仁县	135
湖南省	衡阳市	衡南县	82	湖南省	湘潭市	雨湖区	100	湖南省	株洲市	荷塘区	118	江西省	抚州市	东乡区	136
湖南省	衡阳市	衡山县	83	湖南省	湘潭市	岳塘区	101	湖南省	株洲市	醴陵市	119	江西省	抚州市	广昌县	137
湖南省	衡阳市	衡阳县	84	湖南省	益阳市	安化县	102	湖南省	株洲市	芦淞区	120	江西省	抚州市	金溪县	138
湖南省	衡阳市	耒阳市	85	湖南省	益阳市	赫山区	103	湖南省	株洲市	石峰区	121	江西省	抚州市	乐安县	139
湖南省	衡阳市	南岳区	86	湖南省	益阳市	南县	104	湖南省	株洲市	天元区	122	江西省	抚州市	黎川县	140
湖南省	衡阳市	祁东县	87	湖南省	益阳市	桃江县	105	湖南省	株洲市	炎陵县	123	江西省	抚州市	临川区	141
湖南省	衡阳市	石鼓区	88	湖南省	益阳市	沅江市	106	湖南省	株洲市	攸县	124	江西省	抚州市	南城县	142
湖南省	衡阳市	雁峰区	89	湖南省	益阳市	资阳区	107	湖南省	株洲市	株洲县	125	江西省	抚州市	南丰县	143
湖南省	衡阳市	蒸湘区	90	湖南省	岳阳市	华容县	108	江西省	南昌市	安义县	126	江西省	抚州市	宜黄县	144

续表

省域	市	县域	编号	省域	市	县域	编号	省域	市	县域	编号	省域	市	县域	编号
江西省	抚州市	资溪县	145	江西省	景德镇市	珠山区	162	江西省	萍乡市	上栗县	179	江西省	宜春市	奉新县	196
江西省	吉安市	安福县	146	江西省	九江市	德安县	163	江西省	萍乡市	湘东区	180	江西省	宜春市	高安市	197
江西省	吉安市	吉安县	147	江西省	九江市	都昌县	164	江西省	上饶市	德兴市	181	江西省	宜春市	靖安县	198
江西省	吉安市	吉水县	148	江西省	九江市	共青城市	165	江西省	上饶市	广丰区	182	江西省	宜春市	上高县	199
江西省	吉安市	吉州区	149	江西省	九江市	湖口县	166	江西省	上饶市	横峰县	183	江西省	宜春市	铜鼓县	200
江西省	吉安市	井冈山市	150	江西省	九江市	九江县	167	江西省	上饶市	鄱阳县	184	江西省	宜春市	万载县	201
江西省	吉安市	青原区	151	江西省	九江市	濂溪区	168	江西省	上饶市	铅山县	185	江西省	宜春市	宜丰县	202
江西省	吉安市	遂川县	152	江西省	九江市	庐山市	169	江西省	上饶市	上饶县	186	江西省	宜春市	袁州区	203
江西省	吉安市	泰和县	153	江西省	九江市	彭泽县	170	江西省	上饶市	万年县	187	江西省	宜春市	樟树市	204
江西省	吉安市	万安县	154	江西省	九江市	瑞昌市	171	江西省	上饶市	婺源县	188	江西省	鹰潭市	贵溪市	205
江西省	吉安市	峡江县	155	江西省	九江市	武宁县	172	江西省	上饶市	信州区	189	江西省	鹰潭市	余江县	206
江西省	吉安市	新干县	156	江西省	九江市	修水县	173	江西省	上饶市	弋阳县	190	江西省	鹰潭市	月湖区	207
江西省	吉安市	永丰县	157	江西省	九江市	浔阳区	174	江西省	上饶市	余干县	191				
江西省	吉安市	永新县	158	江西省	九江市	永修县	175	江西省	上饶市	玉山县	192				
江西省	景德镇市	昌江区	159	江西省	萍乡市	安源区	176	江西省	新余市	分宜县	193				
江西省	景德镇市	浮梁县	160	江西省	萍乡市	莲花县	177	江西省	新余市	渝水区	194				
江西省	景德镇市	乐平市	161	江西省	萍乡市	芦溪县	178	江西省	宜春市	丰城市	195				

参考文献

[1] 阿孜古丽·合尼、高倩、阿里木江·卡斯木：《基于夜间灯光数据的天山北坡城市群第二、三产业 GDP 空间化模拟》，《应用科学学报》2019 年第 1 期，第 87~98 页。

[2] 蔡宏友：《我国社会消费品零售总额影响因素的实证分析》，《环渤海经济瞭望》2020 年第 3 期，第 32~33 页。

[3] 曹威威、孙才志、杨璇业、崔莹：《基于能值生态足迹的长山群岛人地关系分析》，《生态学报》2020 年第 1 期，第 89~99 页。

[4] 曹智、闵庆文、刘某承、白艳莹：《基于生态系统服务的生态承载力：概念，内涵与评估模型及应用》，《自然资源学报》2015 年第 1 期，第 1~11 页。

[5] 陈文辉、谢高地、张昌顺、沈风武、鲁春霞、肖玉、曹淑艳、李娜、王硕：《北京市消耗食物生态足迹距离》，《生态学报》2016 年第 4 期，第 904~914 页。

[6] 陈晓杰、王静、孔雪松、李泽慧：《武汉城市圈生态足迹时空差异及其与经济发展的协同性》，《生态学杂志》2020，1~12。

[7] 陈晓雨婧、吴燕红、夏建新：《甘肃省资源环境承载力监测预警》，《自然资源学报》2019 年第 11 期，第 2378~2388 页。

[8] 程钰、尹建中、王建事：《黄河三角洲地区自然资本动态演变与影响因素研究》，《中国人口·资源与环境》2019 年第 4 期，第 127~136 页。

[9] 崔昊天、贺桂珍、吕永龙、苑晶晶：《海岸带城市生态承载力综合评价——以连云港市为例》，《生态学报》2020 年第 8 期，第 2567~2576 页。

[10] 戴君虎、王焕炯、王红丽、陈春阳：《生态系统服务价值评估理论框架与生态补偿实践》，《地理科学进展》2012 年第 7 期，第 963~969 页。、

[11] 戴学珍、吕春阳、邹姣：《不同交通方式对京津冀空间相互作用贡献率分析》，《经济地理》2020，1~12。

[12] 邓木林、陈长成、朱江：《广州资源环境承载力评价指标体系优化研究》，《国土与自然资源研究》2019 年第 6 期，第 23~28 页。

[13] 丁月清、杨建华、洪增林、薛旭平：《面向“三区三线”划定的城市群资源环境承载力评价方法研究——以关中平原城市群评价为例》，《西北地质》2019 年第 3 期，第 223~230 页。

[14] 杜文鹏、闫慧敏、封志明、杨艳昭、陈如霞：《基于生态供给-消耗平衡关系的中尼廊道地区生态承载力研究》，《生态学报》2020 年第 18 期，第 1~14 页。

[15] 樊杰：《我国国土空间开发保护格局优化配置理论创新与“十三五”规划的应对策略》，《中国科学院院刊》2016 年第 1 期，第 1~12 页。

[16] 范珊珊、刘冀闽：《秦皇岛资源环境承载力评价》，《中国环境管理干部学院学报》2019 年第 1 期，第 33~37 页。

[17] 方恺：《基于改进生态足迹三维模型的自然资本利用特征分析——选取 11 个国家为数据源》，《生态学报》2015 年第 11 期，第 3766~3777 页。

[18] 方恺：《生态足迹深度和广度：构建三维模型的新指标》，《生态学报》2013 年第

1 期，第 267~274 页。

[19] 方恺：《足迹家族：概念、类型、理论框架与整合模式》，《生态学报》2015 年第 6 期，第 1647~1659 页。

[20] 付燕燕：《生态环境与城市生活垃圾无害化处理方式》，《环境与发展》2019 年第 10 期，第 209~211 页。

[21] 高吉喜、陈圣宾：《依据生态承载力优化国土空间开发格局》，《环境保护》2014 年第 24 期，第 12~18 页。

[22] 顾康康：《生态承载力的概念及其研究方法》，《生态环境学报》2012 年第 2 期，第 389~396 页。

[23] 顾康康、储金龙、汪勇政：《基于遥感的煤炭型矿业城市土地利用与生态承载力时空变化分析》，《生态学报》2014 年第 20 期，第 5714~5720 页。

[24] 郭秀锐、杨居荣、毛显强：《城市生态足迹计算与分析——以广州为例》，《地理研究》2003 年第 5 期，第 654~661 页。

[25] 郭亚峰、刘平辉、朱传民：《抚州市资源环境承载力评价研究》，《江西农业学报》2019 年第 6 期，第 111~116 页。

[26] 洪顺发、郭青海、李达维：《基于生态足迹理论的中国生态供需平衡时空动态》，《资源科学》2020 年第 5 期，第 980~990 页。

[27] 胡志毅、管陈雷、杨天昊、秦普艳、陈艳：《中国旅游生态足迹研究可视化分析》，《生态学报》2020 年第 2 期，第 738~747 期。

[28] 黄贤金、宋娅娅：《基于共轭角力机制的区域资源环境综合承载力评价模型》，《自然资源学报》2019 年第 10 期，第 2103~2112。

[29] 黄雨生、曲建升、刘莉娜：《中国各省份碳足迹与碳承载力差异研究》，《生态经济》2016 年第 6 期，第 38~43 页。

[30] 焦文献、陈兴鹏、贾卓：《甘肃省能源消费碳足迹变化及影响因素分析》，《资源科学》2012 年第 3 期，第 559~565 页。

[31] 金悦、陆兆华、檀菲菲、张萌、张红玉：《典型资源型城市生态承载力评价——以唐山市为例》，《生态学报》2015 年第 14 期，第 1~11 页。

[32] 赖敏、吴绍洪、尹云鹤、潘韬：《三江源区基于生态系统服务价值的生态补偿额度》，《生态学报》2015 年第 2 期，第 227~236 页。

[33] 雷勋平、邱广华：《基于熵权 TOPSIS 模型的区域资源环境承载力评价实证研究》，《环境科学学报》2016 年第 1 期，第 314~323 页。

[34] 李爱梅、康蓉、杨海真：《快速城镇化地域生态承载力评价模型构建与分析》，《环境科学与管理》2013 年第 2 期，第 139~143 页。

[35] 李俊、杜靖川、夏爽：《新疆那拉提镇旅游生态足迹分析》，《生态经济》2015 年第 1 期，第 150~153 页。

[36] 李林林、靳相木、吴次芳：《国土空间规划立法的逻辑路径与基本问题》，《中国土地科学》2019 年第 1 期，第 1~8 页。

[37] 李燕、张兴奇：《基于主成分分析的长江经济带水资源承载力评价》，《水土保持通报》2017 年第 4 期，第 172~178 页。

[38] 李扬、殷剑峰：《劳动力转移过程中的高储蓄、高投资和中国经济增长》，《经济研究》2005 年第 2 期，第 4~15 页。

[39] 梁流涛：《农业发展与环境协调性评价及其影响因素分析》，《中国环境科学》2012 年第 9 期，第 1702~1708 页。

[40] 廖晓慧、李松森：《完善主体功能区生态补偿财政转移支付制度研究》，《经济纵横》2016 年第 1 期，第 108~113 页。

[41] 刘春腊、刘卫东、徐美：《基于生态价值当量的中国省域生态补偿额度研究》，《资源科学》2014 年第 1 期，第 148~155 页。

[42] 刘东、封志明、杨艳昭：《基于生态足迹的中国生态承载力供需平衡分析》，《自然资源学报》2012 年第 4 期，第 614~624 页。

[43] 刘海燕、程全国、魏建兵、黄骁：《基于改进三维生态足迹的沈阳市自然资本动态》，《应用生态学报》2017 年第 12 期，第 4067~4074 页。

[44] 刘金花、李向、郑新奇：《多尺度视角下资源环境承载力评价及其空间特征分析——以济南市为例》，《地域研究与开发》2019 年第 4 期，第 115~121 页。

[45] 刘莉、邓欧平、邓良基、辜莉娟：《2003—2011 年四川省各市（州）农业水足迹时空变化与驱动力研究》，《长江流域资源与环境》2015 年第 7 期，第 1133~1141 页。

[46] 刘某承、李文华、谢高地：《基于净初级生产力的中国生态足迹产量因子测算》，《生态学杂志》2010 年第 3 期，第 592~597 期。

[47] 刘生龙、胡鞍钢：《交通基础设施与中国区域经济一体化》，《经济研究》2011 年第 3 期，第 72~82 页。

[48] 刘世梁、崔保山、温敏霞：《道路建设的生态效应及对区域生态安全的影响》，《地域研究与开发》2007 年第 3 期，第 108~111+116 页。

[49] 刘子玥、王辉、霍璐阳、崔守斌、苑泽宁：《松花江流域湿地保护生态补偿机制研究》，《湿地科学》2015 年第 2 期，第 202~206 页。

[50] 龙海峰、赵兵：《基于生态足迹下的黑水县生态承载力分析》，《西南师范大学学报》（自然科学版）2014 年第 11 期，第 201~206 页。

[51] 卢洪友、杜亦譞、祁毓：《生态补偿的财政政策研究》，《环境保护》2014 年第 5 期，第 23~26 页。

[52] 卢新海、柯善淦：《基于生态足迹模型的区域水资源生态补偿量化模型构建——以长江流域为例》，《长江流域资源与环境》2016 年第 2 期，第 334~341 页。

[53] 鹿瑶、李效顺、蒋冬梅、郎文婧、沈春竹、魏旭晨：《区域生态足迹盈亏测算及其空间特征——以江苏省为例》，《生态学报》2018 年第 23 期，第 8574~8583 页。

[54] 马爱慧、蔡银莺、张安录、徐唐奇：《两型社会建设跨区域土地生态补偿》，《中国土地科学》2010 年第 7 期，第 66~70、76 页。

[55] 牛方曲、封志明、刘慧：《资源环境承载力评价方法回顾与展望》，《资源科学》

2018 年第 4 期，第 655~66 页。
[56] 彭继增、刘逸琨、王宇昕：《鄱阳湖生态经济区可持续发展评价》，《江西社会科学》2011 年第 7 期，第 244~249 页。
[57] 彭文英、王瑞娟、刘丹丹：《城市群区际生态贡献与生态补偿研究》，《地理科学》2020，1~9。
[58] 沈体大、冯等田、孙铁山：《空间计量经济学》，北京大学出版社，2011。
[59] 孙新章：《中国参与 2030 年可持续发展议程的战略思考》，《中国人口・资源与环境》2016 年第 1 期，第 1~7 页。
[60] 覃成林、柴庆元：《交通网络建设与粤港澳大湾区一体化发展》，《中国软科学》2018 年第 7 期，第 71~79 页。
[61] 田玲玲、罗静、董莹、刘和涛、曾菊新：《湖北省生态足迹和生态承载力时空动态研究》，《长江流域资源与环境》2016 年第 2 期，第 316~325 页。
[62] 王文国、李锐、王胜华、陈放：《基于 GIS 的水土保持植物金发草的适生区与生境分析》，《中国水土保持》2010 年第 6 期，第 33~35 页。
[63] 王亚飞、樊杰、周侃：《基于“双评价”集成的国土空间地域功能优化分区》，《地理研究》2019 年第 10 期，第 2415~2429 页。
[64] 王业宁、周强、王豪伟：《中国 34 个省级行政区三维生态足迹动态研究》，《生态学报》2020 年第 18 期，第 1~10 页。
[65] 王振波、于杰、刘晓雯：《生态系统服务功能与生态补偿关系的研究》，《中国人口・资源与环境》2009 年第 6 期，第 17~22 页。
[66] 闻春林、阚洪伟、应红涛：《曲靖市城区绿化覆盖率和人均公园面积达标问题研究》，《绿色科技》2018 年第 21 期，第 72~73 页。
[67] 闻熠、高峻、黄丽萍、林章林：《长三角城市群生态足迹时空动态及自然资本利用效率分析》，《水土保持研究》2020 年第 4 期，第 225~231+238+2 页。
[68] 向芸芸、蒙吉军：《生态承载力研究和应用进展》，《生态学杂志》2012 年第 11 期，第 2958~2965 页。
[69] 谢高地、甄霖、鲁春霞、肖玉、陈操：《一个基于专家知识的生态系统服务价值化方法》，《自然资源学报》2008 年第 5 期，第 911~919 页。
[70] 谢鸿宇：《生态足迹评价模型的改进和应用》，化学工业出版社，2008。
[71] 熊建新、陈端吕、彭保发、董明辉、王亚力：《2001—2010 年洞庭湖区经济、社会和环境变化及其生态承载力响应》，《地理科学进展》2014 年第 3 期，第 356~363 页。
[72] 熊鹰：《湖南省生态足迹与生态承载力的动态变化分析》，《生态环境学报》2012 年第 10 期，第 1683~1688 页。
[73] 徐莉：《新型城镇化发展水平评价及其空间特征分析——以江苏省常州市为例》，《中国农业资源与区划》2018 年第 6 期，第 61~66 页。
[74] 徐美、刘春腊：《湖南省资源环境承载力预警评价与警情趋势分析》，《经济地理》2020 年第 1 期，第 189~198 页。

[75] 徐美、刘春腊：《湖南省资源环境承载力预警评价与警情趋势分析》，《经济地理》2020 年第 1 期，第 187~196 页。

[76] 徐庆：《论生态补偿转移支付制度的建构》，《长江大学学报》（社会科学版）2015 年第 12 期，第 31~33、46 页。

[77] 许丽丽、李宝林、袁烨城、高锡章、张涛：《基于生态系统服务价值评估的我国集中连片重点贫困区生态补偿研究》，《地球信息科学学报》2016 年第 3 期，第 286~297 页。

[78] 宣文：《劳动力转移过程中的高储蓄、高投资和中国经济增长》，《电子科技大学学报》（社会科学版）2005 年第 3 期，第 7 页。

[79] 杨璐迪、曾晨、焦利民、刘钰：《基于生态足迹的武汉城市圈生态承载力评价和生态补偿研究》，《长江流域资源与环境》2017 年第 9 期，第 1332~1341 页。

[80] 杨欣、蔡银莺、张孝宇、张安录：《基于生态账户的农田生态补偿空间转移研究——以武汉城市圈 48 个县（市、区）为例》，《自然资源学报》2015 年第 2 期，第 197~207 页。

[81] 杨屹、胡蝶：《生态脆弱区榆林三维生态足迹动态变化及其驱动因素》，《自然资源学报》2018 年第 7 期，第 1204~1217 页。

[82] 尹勇平、涂利娟、曾毅：《环长株潭城市群土地生态承载力评价研究》，《安徽农业科学》2009 年第 6 期，第 2660~2661、2693 页。

[83] 于涛、包安明、刘铁、郭浩、郑国雄、陈桃：《不同等级道路对玛纳斯河流域土地利用与景观格局的影响》，《自然资源学报》2019 年第 11 期，第 2427~2439 页。

[84] 俞海、王勇、张永亮、赵子君、张燕：《“十三五”中国绿色增长路径识别分析》，《中国人口·资源与环境》2017 年第 S1 期，第 1~8 页。

[85] 岳东霞、陈冠光、朱敏翔、郭晓娟、周妍妍、李凯、王东、郭建军、曾建军：《近 20 年疏勒河流域生态承载力和生态需水研究》，《生态学报》2019 年第 14 期，第 5178~5187 页。

[86] 岳文泽、代子伟、高佳斌、陈阳：《面向省级国土空间规划的资源环境承载力评价思考》，《中国土地科学》2018 年第 12 期，第 66~73 页。

[87] 曾晨、刘艳芳、张万顺、汤弟伟：《流域水生态承载力研究的起源和发展》，《长江流域资源与环境》2011 年第 2 期，第 203~210 页。

[88] 曾杰、李江风、姚小薇：《武汉城市圈生态系统服务价值时空变化特征》，《应用生态学报》2014 年第 3 期，第 883~891 页。

[89] 张祺、张娇凤、王文渊、宋向群、郭子坚：《基于系统仿真的港口生态承载力动态评价模型》，《大连海事大学学报》2017 年第 1 期，第 91~100 页。

[90] 张书海、阮端斌：《新时期资源环境承载力评价的几点思考》，《小城镇建设》2019 年第 11 期，第 39~45 页。

[91] 张文彬、胡健、马艺鸣：《支撑力和压力脱钩视角下中国生态承载力评价》，《经济地理》2020 年第 2 期，第 181~188 页。

[92] 张晓娣:《公共部门就业对宏观经济稳定的影响——基于搜索匹配模型的 DSGE 模拟与预测》,《中国工业经济》2016 年第 4 期, 第 39~56 页。

[93] 张星星、曾辉:《珠江三角洲城市群三维生态足迹动态变化及驱动力分析》,《环境科学学报》2017 年第 2 期, 第 771~778 页。

[94] 张雪花、李建、张宏伟:《基于能值-生态足迹整合模型的城市生态性评价方法研究——以天津市为例》,《北京大学学报》(自然科学版) 2011 年第 2 期, 第 344~352 页。

[95] 张永勇、夏军、王中根:《区域水资源承载力理论与方法探讨》,《地理科学进展》2007 年第 2 期, 第 126~132 页。

[96] 张勇、张乐勤、陈发奎:《基于 STIRPAT 模型的池州市生态足迹驱动机制研究》,《水土保持通报》2013 年第 5 期, 第 260~265 页。

[97] 赵东升、郭彩贇、郑度、刘磊、吴绍洪:《生态承载力研究进展》,《生态学报》2019 年第 2 期, 第 399~410 页。

[98] 赵雪君:《长江流域湖北段工业产业优化与绿色经济效率发展研究——基于三阶段 DEA 法》,《价值工程》2020 年第 9 期, 第 47~49 页。

[99] 周涛、王云鹏、龚健周、王芳、冯艳芬:《生态足迹的模型修正与方法改进》,《生态学报》2015 年第 14 期, 第 4592~4603 页。

[100] Albert, R., Jeong, H., Barabasi, A. (2000). Error and Attack Tolerance of Complex Networks. Nature, 406 (6794), 378-382.

[101] Almulali, U., Wengwai, C., Sheauting, L., Mohammed, A.H. (2015). Investigating the Environmental Kuznets Curve (EKC) Hypothesis by Utilizing the Ecological Footprint as an Indicator of Environmental Degradation. Ecological Indicators, 315-323.

[102] Angeloudis, P., Fisk, D. (2006). Large Subway Systems as Complex Networks. Physica A, 367, 553-558.

[103] Blasi, E., Passeri, N., Franco, S., Galli, A., An Ecological Footprint Approach to Environmental-economic Evaluation of Farm Results. Agricultural Systems, 2016, 145: 76-82.

[104] Cuperas, J.B., Assessing Wildlife and Environmental Values in Cost Benefit Analysis: State of art. Journal of Environmental Management, 1996 (2): 8-16.

[105] Dang, X., Liu, G. (2012). Emergy Measures of Carrying Capacity and Sustainability of a Target Region for an Ecological Restoration Programme: A Case Study in Loess Hilly Region, China. Journal of Environmental Management, 55-64.

[106] Derrible, S., Kennedy, C. (2010). The complexity and Robustness of Metro Networks. Physica A-statistical Mechanics and Its Applications, 389 (17), 3678-3691.

[107] Destek, M.A,, Sinha, A. (2020). Renewable, Non-renewable Energy Consumption, Economic Growth, Trade Openness and Ecological Footprint: Evidence from Organisation for Economic Co-operation and Development Countries. Journal of

Cleaner Production.

[108] Dietz, T., Rosa, E. A. (1994). Rethinking the Environmental Impacts of Population, Affluence and Technology. Human Ecology Review, 1, 277-300.

[109] Dong, H., Li, P., Feng, Z., Yang, Y., You, Z., Li, Q. (2019). Natural capital Utilization on an International Tourism Island Based on a Three-Dimensional Ecological Footprint Model: A Case Study of Hainan Province, China. Ecological Indicators, 479-488.

[110] Ehrlich, P. R., Holdren, J. P. (1971). Impact of Population Growth. Science, 171 (3977), 1212-1217.

[111] Global Footprint Network. (2019). Global Footprint Network (Retrieved from Advancing the Science of Sustainability).

[112] Jia, J., Deng, H., Duan, J., Zhao, J. (2009). Analysis of the Major Drivers of the Ecological Footprint Using the Stirpat Model and the Pls Method-a Case Study in Henan Province, China. Ecological Economics, 68 (11), 2818-2824.

[113] Jiang, X., Zhang, L., Xiong, C., Wang, R. (2016). Transportation and Regional Economic Development: Analysis of Spatial Spillovers in China Provincial Regions. Networks and Spatial Economics, 16 (3), 769-790.

[114] Jones, M. E. (2000). Road Upgrade, Road Mortality and Remedial Measures: Impacts on a Population of Eastern Quolls and Tasmanian Devils. Wildlife Research, 27 (3), 289-296.

[115] Kissinger, M., Haim, A., Urban Hinterlands-the Case of an Israeli Town Ecological Footprint. Environment, Development and Sustainability, 2008, 10 (4): 391-405.

[116] Long, H., Sun, M., Wang, X., Klemeš, J., Xie, W., Wang, C., Li, W., Wang, Y. (2020). Sustainability Evaluation Based on the Three-dimensional Ecological Footprint and Human Development Index: A Case Study on the Four Island Regions in China. Journal of Environmental Management, 265.

[117] Malthus. (1986). An Essay on the Principle of Population. London: Pickering, 1986.

[118] Mancini, M. S., Galli, A., Niccolucci, V., Lin, D., Bastianoni, S., Wackernagel, M., Marchettini, N. (2016). Ecological Footprint: Refining the carbon Footprint calculation. Ecological Indicators, 61 (2), 390-403.

[119] Manuel, A. Z., Maria, A., Vanessa, O., Daniel, A. (2020). Global Ecological Footprint and Spatial Dependence Between Countries. Journal of Environmental Management, 272, 111069.

[120] Moore, J., Kissinger, M., Rees, W. E., An Urban Metabolism and Ecological Footprint Assessment of Metro Vancouver. Journal of Environmental Management, 2013, 124: 51-61.

[121] Niccolucci, V., Galli, A., Reed, A., Neri, E., Wackernagel, M., Bastianoni,

S.（2011）. Towards a 3D National Ecological Footprint Geography. Ecological Modelling, 222（16），2939-2944.

[122] Rees, W. E.（1992）. Ecological Footprints and Appropriated Carrying Capacity: What Urban Economics Leaves Out. Environment and Urbanization, 4（2），121-130.

[123] Reid, J., Bruner, A., Chow, J., Malky, A., Rubio, J. C., Vallejos, C., Ecological Compensation to Address Environmental Externalities: Lessons from South American Case Studies. Journal of Sustainable Forestry, 2015, 34（6-7），605-622.

[124] Shao, S., Yang, L., Yu, M.（2011）. Estimation, Characteristics, and Determinants of Energy-related Industrial CO2 Emissions in Shanghai（China），1994-2009. Energy Policy, 39（10），6476-6494.

[125] Shen, Y., Ren, G., Ran, B.（2019）. Cascading Failure Analysis and Robustness Optimization of Metro Networks Based on Coupled Map Lattices: A Case Study of Nanjing, China. Transportation, 1-17.

[126] Tobler, W. R.（1970）. A Computer Movie Simulating Urban Growth in the Detroit region. Economic Geography, 46 Suppl 1, 234-240.

[127] Wackernagel, M., Onisto, L., Bello, P., Linares, A. C., Falfan, I. S., Garcia, J. M., Guerrero, A. I., Guerrero, M. G.（1999）. National Natural Capital Accounting with the Ecological Footprint Concept. Ecological Economics, 29（3），375-390.

[128] Wackernagel, M., Rees, W. E.（1996）. Our ecological Footprint: Reducing Human Impact on The Earth. Gabriola Island: New Society Publishers.

[129] Wu, D.（2020）. Spatially and Temporally Varying Relationships Between Ecological Footprint and Influencing Factors in China's Provinces Using Geographically Weighted Regression（gwr）. Journal of Cleaner Production, 261.

[130] WWF International. Guideline for 2010LPR [R]. http://www.wwfchina.org/.

[131] WWF. China Ecological Footprint Report 2012 [R]. 2012.

[132] WWF. Living Planent Report 2014 [R]. 2014.

[133] Xun, F., Hu, Y.（2019）. Evaluation of Ecological Sustainability Based on a Revised Three-dimensional Ecological Footprint Model in Shandong Province, China. Science of The Total Environment, 582-591.

[134] Yang, Y., Ling, S., Zhang, T., Yao, C.（2018）. Three-dimensional Ecological Footprint Assessment for Ecologically Sensitive Areas: A Case Study of the Southern Qin ling Piedmont in Shaanxi, China. Journal of Cleaner Production, 194（SEP. 1），540-553.

[135] Zeng, C., Liu, Y., Hu, J., Bai, X., Yang, X.（2011）. An Integrated Approach for Assessing Aquatic Ecological Carrying Capacity: A Case Study of Wujin District in the Tai Lake Basin, China. International Journal of Environmental Research and Public Health, 8（1），264-280.

第十章　生态系统服务价值的评估、建模和应用

基于长江经济带的重要战略地位，及其面向生态系统的可持续发展需求，针对生态环境问题，在第九章资源环境承载力研究的基础上，以定量分析的方式研究长江经济带生态系统服务价值，并结合国土空间规划中生态保护红线的底线要求，综合确定“保护”和“发展”的幅度和强度，以促进长江经济带的可持续发展。本章将运用基于系数修正的当量因子法与空间回归模型探索长江经济带部分城市群的生态系统服务价值，突出生态系统服务价值时空变化及其影响因子。本章将根据生态系统服务价值进行划分，以期制定相关规划与政策，因地制宜地进行开发和保护，并实现区域可持续发展提供参考。

第一节　生态系统服务价值的研究现状

一　生态系统服务价值评估研究现状

生态系统服务（Ecosystem Services）的内涵是在“生态系统功能”、“环境服务”、“全球环境服务”与“自然服务”等概念的基础上发展而来的（P. B Ehrlich 和 A. H. Ehrlich，1982）。生态系统服务内涵的界定在国内外还没有统一的意见，以下是几种典型的，也是被大多数人采纳的论述：①生态系统服务即能够使人类生活需求得到满足和维持的条件和过程，这些条件和过程由自然生态系统及其物种提供（Daily，1997）；②生

态系统服务即人类直接或间接从各种生态系统中所获取的收益（Costanza et al.，1997）；③《千年生态系统评估报告》（*Millennium Ecosystem Assessment*）认为：生态系统服务是人类从生态系统获得的全部收益。以上观点不尽相同但又万变不离其宗，在总结概括的基础上，我国研究者得出结论：生态系统服务即人类直接或间接地从生态系统中得到的收益，是生态系统所形成及维持的人类赖以生存的自然环境条件与效用。

生态系统服务的内涵概括有所差异，导致生态系统服务的分类方法也有所差异，国外学者将其分为包括气体调节、气候调节、干扰调节、水文调节、水供应、水土保持、土壤形成、营养循环、废物处理、授粉、生物控制、提供栖息地、食物生产、原料供给、遗传资源、娱乐、文化在内的17种类型（Costanza et al.，1997）；又将其概括为四个大类，分别是生态支持、供给功能、调节功能、信息功能（Reitsma et al.，2002）。国内学者也对生态系统服务进行了分类，将其内涵分为太阳能固定、调节气候等共9个方面（欧阳志云和王效科，1999）。而《千年生态系统评估报告》（MEA）将其分为四个大类，即供给服务、调节服务、文化服务和支持服务，这个分类方法界定清晰，是当前被采用最多的分类方法。

学者们对生态系统服务的研究越来越多，方法从定性到定量，内容从最开始的评估到驱动机制、影响因子、权衡与协同、生态补偿，而这个研究内容还处于扩展阶段。数年来研究对象也越来越广，包括森林、草地、海洋、湿地、城市等生态系统。相关研究运用多样化的方法，采用不同的研究尺度，将生态系统服务价值与城市化发展、土地利用变化、耕地保护等热门话题联系起来，对多方面的共同发展起到了巨大作用。

生态系统服务价值的评估是许多相关研究的基础，而量化评估方法繁多，最早的是Drumarx于1925年采用的费用支出法，他用该方法评估了生物价值。在此之后，生态系统服务价值评估方法不断发展，诸如旅行费用、条件价值等一一涌现，并在实践中得到了改进。被普遍运用的当量因子法源于Costanza等人（1997b）的研究，这个方法在中国的广泛流传始于谢高地等人（2008，2015），他们将当量因子法进行了本土化修改，改善了Costanza等人生态系统服务价值评估方法中低估耕地的弊端，并将西方经济文化背景下的方法本土化，成为评估生态系统服务价值的主要方法之一。在社会经济随着时间发展的同时，当量因子也将随着时间有所变化。在这样的背景下，当量因子的系数修正成为评估生态系统服务价值的重要环节。系数修正的方法包括专家打分法、NPP 时空调节、降水时空调节、社会发展系数修正等。经过谢高地等人改进的当量因子法在生态系统服务价值评估的研究中被广泛采用，他们在此基础上进行了当量因子的修正，其中专家打分法有很多应用实例，如张文远等人（2019）运用专家打分法对当量因子表进行系数调整，评估了蚌埠市某所小学和铁路建设的环境退化成本。

有人综合运用各类数据对当量因子系数进行修正，如张瑜等人（2018）运用相关数据，如粮食产量、NPP、NDVI、恩格尔系数、城镇化率、GDP、人口密度、三大粮食作物种植比例、单位面积净利润、“三废”治理费用，经过 4 个步骤，即空间异质修正、社会发展系数修正、资源稀缺系数修正、计算研究区域生态系统服务功能单位面积价值，在当量因子系数修正的基础上，对黄土高原生态系统服务价值进行了评估和分析。彭丽云等人（2019）选取了 NPP、降水、土壤保持 3 个调节因子，在时间和空间上进行了当量表系数修正，最终计算出兰州市 2007~2016 年耕地生态系统服务价值。

也有采用单项数据进行系数修正的，如赵鸿雁等人（2018）利用甘肃省平均生态系统总初级生产力（GPP）数据，以及甘肃省各县域的 GPP 数据，对当量因子进行修正，并在此基础上进行了生态系统服务价值评估。胡其玉和陈松林（2019）修正当量因子的方法是修正降水量系数。

除了上述方法，还有李湘德（2019）运用皮尔生长曲线和恩格尔系数调整系数，评估长江经济带生态系统服务价值。高振斌等人（2018）以相关文献中的生态价值统计数据为基础进行公式计算修正。张丽琴等人（2018）采用农田结构、林分结构进行系数修正等。

二　生态系统服务价值的影响因素分析

基于生态系统服务价值评估，对影响因子的研究逐渐进入人们的视野。学者们普遍研究生态系统服务与自然要素（降水、温度等）和人类活动（经济发展数据等）的关系，他们认为生态系统服务主要受到这两个因素的影响。最近几年，研究者更多地将目光放在了生态系统服务与城市化水平、社会与经济发展的关系上。

生态系统服务价值的影响因子多种多样，在研究中有的学者把重点放在了自然因素与生态系统服务价值的关系上，如苏常红和王亚璐（2018）以坡度、降雨量、温度、日照时数、相对湿度为自变量，以汾河上游流域2000~2008年的生态系统服务为研究对象，采取典型相关分析法（CCA），得出泥沙截持服务主要受坡度影响，产水量主要随降水量和温度变化而变化的结论。

社会经济发展对生态系统服务价值的影响也是研究重点，如冉凤维等人（2018）选取总人口、人均GDP、固定资产投资、城市化率、第二产业占比、第三产业占比、万元GDP能耗作为自变量，研究了南昌市2000年、2005年、2010年、2015年生态系统服务价值及其驱动因素。孔凡靖等人（2019）则选择了农业总人口、人均GDP、农村居民人均可支配收入、第二产业比重、城市化率、万元GDP能耗作为自变量。罗盛锋和闫文德（2018）建立包含人口指标、经济指标和旅游指标的指标体系，选取了总人口、城镇人口、农村人口等相关人口数据，GDP总量、人均GDP、第一产业总产值、第二产业总产值、第三产业总产值、农民人均纯收入等相关经济数据和旅游总人数、境内游客、境外游客、旅游年收入、国内旅游总收入等相关旅游数据为自变量。

更多的学者关注自然因素和社会因素对生态系统服务价值的影响，如许丽敏等人（2018）研究气温和降水等气候因素，人均国民生产总值、农业总产值等社会经济因素对生态系统服务价值的影响，其研究中设计了三个指标。

除了自然因素和社会经济因素，生态系统服务价值也受到景观格局的影响，学者们在这方面也有诸多研究，如王丽群等人（2018）用景观格局指数作为自变量，研究了1992~2015年北京市外边缘顺义区牛栏山—马坡镇生态系统服务价值影响因子。

影响因子的研究方法以回归分析和相关分析为主，常用到全局与局部自相关检验（罗盛锋和闫文德，2018）或主成分分析（许丽敏等，2018）以剔除相关性较低的因子并进行逐步回归分析；STIRPAT 模型（孔凡靖等，2019）用于变量的选取和剔除，地理加权回归模型（冉凤维等，2018）用于空间模式的分析，以便于研究影响因子的空间相关性；同时还有梯度分析（李婧昕等，2019）等方法及地理探测器（黄木易等，2019）的运用。

生态系统服务的影响因素包含内因和外因两个方面，包括生物多样性、人类活动、土地利用、政策管理等因素（刘绿怡等，2017）。景观格局是景观要素的排列与组合，景观格局发生变化意味着土地利用的改变，这不仅是景观要素空间排列组合的变化，也是生态过程的变化，因为景观格局是生态过程发生的载体。生态过程，即土壤、生物、大气中的能量流动与转化，包括养分循环、土壤侵蚀、水分流动等（苏常红和傅伯杰，2012）。

第二节 长江中游城市群生态服务价值的评估和影响因素

一 研究区概况和数据介绍

长江中游城市群的发展立足于《长江中游城市群发展规划》，该规划由国务院于 2015 年 4 月作出批复，由此开始，长江中游城市群的发展和建设成为国家战略。长江中游城市群总体面积约 3.17×10^5 平方千米，它是长江经济带的重要组成部分，位于长江流域，地处中国中部，是重要的枢纽地，连接着中国的东西两端、南北两方。因为其位置重要，成为中部崛起战略的重点区域，其交通条件优越，经济条件较强，是实施深化改革、推动新型城镇化的重要区域（涂文学，2019）。本研究选取了长江中游城市群内的湖北省武汉、黄石、黄冈、孝感、荆门、荆州、天门、潜江、仙桃、鄂州、咸宁 11 个市（61 个县、区），湖南省长沙、湘潭、岳阳、株洲、衡阳、益阳、娄底、常德 8 个市（64 个县、区），江西省南昌、九江、宜春、新余、吉安、萍乡、景德镇、上饶、抚州、鹰潭 10 个市（81 个县、区），以县域尺度研究长江中游城市群生态系统服务价值及其影响因子。

研究生态系统服务价值评估所使用的数据主要包括长江中游城市群2010年和2017年两期土地利用矢量数据。研究区的土地利用数据主要由2010年和2017年的Landsat TM/ETM高分辨率卫星影像得到。土地利用分类中一级地类包括耕地、林地、草地、水域、建设用地和未利用地（见表10-1），二级地类以当量表为准（当量表中不涉及建设用地），按照这个分类标准对当量表进行比例计算并对研究区生态系统服务价值进行评估。

生态系统服务价值影响因子的研究数据包括：所选择的长江中游城市群200多个县区单元社会经济数据和景观格局指数。为获取这些数据，课题组从湖北、湖南、江西各省市县统计年鉴和研究区域各个县域的政府门户网站统计公报中收集了湖北省11个市（61个县、区）、湖南省8个市（64个县、区）、江西省10个市（81个县、区）的固定资产投资、社会消费品零售总额、总产值、第二产业总产值、第二产业增加值占比、第三产业总产值、第三产业增加值占比、一般预算收入、城镇居民人均可支配收入、常住人口等社会经济数据。

表10-1　土地利用分类

土地利用类型一级分类	主要用地类型
耕地	水田、旱地
林地	针叶林、针阔混交、阔叶林、灌木林
草地	草原、灌草丛、草甸
水域	水系、冰川积雪
建设用地	建设用地
未利用地	荒漠、裸地

注：参照GB/T 21010—2007。

此外，景观格局指数由FRAGSTATS工具软件在土地利用数据的基础上计算分析得到。我们得到的景观指数包括斑块密度（PD）、蔓延度指数（CONTAG）、景观多样性指数（SHID）、斑块聚合度（AI）四类。其中PD是景观总体斑块破碎化（分化）程度的表征指标，PD的值越大则破碎化程度越大，单位面积上的斑块就越多，景观的异质性也就越高。

CONTAG 可以表现各种类型斑块的团聚程度、蔓延趋势。蔓延趋势高被认为是该种类型的斑块具有较好的连接性，蔓延趋势低则被认为是景观破碎化的表现。SHID 用以表征景观类型的多样性，即其景观的丰富（复杂）程度，SHID 的值越大，证明景观类型分布越平均，且其中没有特别突出的类型。AI 考察了每一种景观类型斑块间的连通性，取值越小，景观越离散（傅伯杰等，2001）。

后续计算 NPP 所用到的 2010 年、2015 年的温度数据和降水量数据（因为数据来源处缺少 2017 年的数据），用来计算土地利用比例的中国植被类型数据均来自中国科学院资源环境科学数据中心（http：//www.resdc.cn/）。

二 评估方法和影响因子分析

（一）基于系数修正的当量因子法

植被净初级生产力（Net Primary Production，NPP）是植物在单位时间和单位面积生产的有机干物质量，反映了植被相关生态系统对气候变化的影响（吴珊珊等，2016）。NPP 是许多生态系统功能的基础（Costanza，1989），Costanza 等人（1997a）将一些基于 NPP 的价值估算与基于供给、支持和文化服务的总价值估算进行比较，发现它们具有一致性。之后，Costanza 等人（1998）绘制了其一致性的关系图。NPP 在空间和时间上用遥感进行测量相对容易，所以其成为评估生态系统服务价值的关键因素。

本节在谢高地等人（2015）改进的生态系统服务价值当量表的基础上，用 Tho rnthwaite-Memorial 模型（Lieth 于 1974 年提出）计算研究区域各县区 NPP，进行生态系统服务价值当量的系数修正［如公式（10-1）至公式（10-3）］。而由于生态系统服务价值当量表是基于土地二级利用类型，因此由研究区域土地二级利用类型的比例计算出一级利用类型的价值当量。

$$NPP=3000\left[1-e^{-0.0009659(v-20)}\right] \quad (10-1)$$

其中：

$$V=\frac{1.05R}{\sqrt{1+(1+1.05/L)^2}} \tag{10-2}$$

$$L=3000+25t+0.05t^3 \tag{10-3}$$

式中，NPP 是植被净初级生产力（$DMt/hm^2 \cdot a$）；V 是年度实际蒸散量（mm）；L 是年度平均蒸散量（mm）；t 是当年平均温度（℃）；R 为当年降水量（mm）。

用 NPP 进行系数修正后，再计算生态系统服务价值［见公式（10-4）］。

$$ESV = \sum_{p=1}^{n}\sum_{q=1}^{m} e_{pq} \times E'_a \times A_q (i = 1,2,\cdots,n; j = 1,2,\cdots,m) \tag{10-4}$$

式中，ESV 是生态系统服务价值；e_{pq}是第 q 种生态系统的第 p 种生态系统服务价值当量因子；A_q 是该生态系统的土地利用类型面积；E'_a是由 NPP 而来的修正系数。

（二）空间回归模型

影响生态服务价值的因子分为内在和外在两个方面。内在影响因子反映生态系统与用地空间的动态演化，外在影响因子体现社会经济发展对生态系统的影响机理。生态环境是社会经济发展的基础，社会经济对生态环境具有能动作用，很大程度上促进或者阻碍着生态环境系统的发展。本节选用研究区域的常住人口表征人口因子，地区生产总值、第二产业增加值占比、第三产业增加值占比表征宏观经济因子，城镇居民人均可支配收入、固定资产投资额、社会消费品零售总额表征社会发展因子，据此研究生态系统服务的外在影响。景观格局是景观异质性的具体体现，其动态变化也受自然环境和人为因素的共同作用，其自然演变必然导致生态系统组分和功能的变化，进而影响生态系统服务价值。PD 和 SHID 描述了斑块密度及多样性程度，表征景观类型因子。CONTAG 和 AI 描述斑块之间的团聚程度和连通性，表征景观结构因子。本节将从景观类型因子和景观结构因子两方面探索对生态系统服务价值的内在影响。以 2010 年和 2017 年研究区域的 ESV 总量作为因变量 y，上述指标作为自变量 x，研究生态系统服务价值的影响因子（见表 10-2）。

表 10-2 综合影响因子的选取

<table>
<tr><th>类型</th><th>影响因子</th><th>名称</th><th>含义</th><th>单位</th><th>参考</th></tr>
<tr><td rowspan="4">景观格局指数（内在影响因子）</td><td rowspan="2">景观类型因子</td><td>PD</td><td>斑块密度，单位面积上的斑块数，描述景观总体斑块破碎化（分化）程度</td><td>/km²</td><td rowspan="4">王丽群等，2018；吴娇和李月臣，2018；赵育恒和曾晨，2019；Hao R. et al.，2017；Jing Y. et al.，2020</td></tr>
<tr><td>SHID</td><td>景观多样性指数，表征景观类型的多样性，即其景观的丰富（复杂）程度</td><td>/</td></tr>
<tr><td rowspan="2">景观结构因子</td><td>CONTAG</td><td>蔓延度指数，描述的是景观里不同斑块类型的团聚程度或延展趋势</td><td>%</td></tr>
<tr><td>AI</td><td>聚合度指数，描述景观类型斑块间的连通性</td><td>%</td></tr>
<tr><td rowspan="7">社会经济数据（外在影响因子）</td><td>人口因子</td><td>常住人口</td><td>指全年经常在家或在家居住 6 个月以上的人口，也包括流动人口在所在的城市居住</td><td>万人</td><td rowspan="7">赵志刚等，2017；许丽敏等，2018；孔凡靖等，2019；唐秀美等，2016；于倩茹等，2019；Briner et al.，2013</td></tr>
<tr><td rowspan="3">宏观经济因子</td><td>地区生产总值</td><td>本地区常住单位在一定时期内生产活动的最终成果，等于各产业增加值之和</td><td>亿元</td></tr>
<tr><td>第二产业增加值占比</td><td>在一定时期内，第二产业产值的增加值占该地区生产总值的百分比</td><td>/</td></tr>
<tr><td>第三产业增加值占比</td><td>在一定时期内，第三产业产值的增加值占该地区生产总值的百分比</td><td>/</td></tr>
<tr><td rowspan="3">社会发展因子</td><td>固定资产投资额</td><td>建造和购置固定资产的工作量以及与此有关的费用变化情况</td><td>万元</td></tr>
<tr><td>城镇居民人均可支配收入</td><td>居民家庭全部收入能用于安排家庭日常生活的那部分收入</td><td>万元</td></tr>
<tr><td>社会消费品零售总额</td><td>单位通过交易售给个人、社会集团，非生产、非经营用的实物商品金额</td><td>万元</td></tr>
</table>

将 *ESV* 和指标进行对数处理，通过对自变量的相关性分析，与显著性检验进行逐步回归，剔除不显著的变量，选择最终的影响因子，构造关于生态系统服务价值的线性回归方程。但经典的计量模型无法反映空间上的关系，还需要进行空间相关性的检验和分析。

Moran's I 指数是表征空间相关性的重要指数：

$$I = \frac{\sum_{i=1}^{n}\sum_{j=1}^{nm} w_{ij}(Y_i - \bar{Y})(Y_j - \bar{Y})}{S^2\sum_{i=1}^{n}\sum_{j=1}^{n} w_{ij}} \tag{10-5}$$

式中，w_{ij}是空间权重矩阵 W 中的（i，j）元，Y_i，Y_J为位置 i 与 j 空间单元的属性值。Moran's I 显著为正时，存在正向的空间自相关；Moran's I 显著为负时，则存在负向的空间自相关。

计算 Moran's I 指数在构建空间权重矩阵的基础上，空间权重矩阵主要有邻接矩阵和距离矩阵，本节用 GeoDa 软件构造距离空间权重矩阵，其基本概念是，设定一个固定距离，以其作为阈值，小于这个阈值则将其赋值 1，也即相邻关系，反之赋值 0，关系为不相邻：

$$W_{ij} = \begin{cases} 1, d_{ij} < d \\ 0, otherwise \end{cases} \tag{10-6}$$

构建好空间权重矩阵并选取相应的空间回归模型，其基本形式如下：

$$ESV = \alpha + \rho WESV + \beta_1(x_1) + \beta_1(x_2) + \varepsilon \tag{10-7}$$

$$\varepsilon = \lambda W_{\varepsilon} + \mu \tag{10-8}$$

式中，α 表示常数项；W 表示空间权重矩阵；β 为待估计的参数；ρ 表示空间滞后项的待估计参数；ε 表示随机误差项；λ 为空间自相关误差项的待估计参数，也被称为空间自相关系数；μ 为误差项；x_1是社会经济数据；x_2是景观格局指数。当模型形式为空间滞后模型时，则采用模型（10-7）的形式；当模型形式为空间误差模型时，则采用模型（10-8）的形式。

三　生态服务价值评价结果和影响因素分析

（一）生态系统服务价值时空变化

生态系统服务价值的计算结果表明，2010 年、2017 年长江中游城市群的生态系统服务价值总量分别是 6060.46 亿元、6876.36 亿元，8 年间生态系统服务价值总量增加了 815.9 亿元，变化率为 13.46%。其中湖北省增加了 275.97 亿元，变化率为 17.75%；湖南省增加了 154.05 亿元，变化率为

8.78%；江西省增加了385.88亿元，变化率为14.02%（见表10-3）。

表10-3 生态系统服务价值总量时间变化

地区	2010年（亿元）	2017年（亿元）	2010~2017年（%）
湖北省	1554.56	1830.53	17.75
湖南省	1754.35	1908.40	8.78
江西省	2751.55	3137.43	14.02
长江中游城市群	6060.46	6876.36	13.46

从具体县（区）域来看，武汉市江岸区、江汉区、硚口区、汉阳区、洪山区，长沙市芙蓉区、开福区、雨花区，南昌市东湖区、西湖区、青云谱区等经济发展较好的区域生态系统服务价值呈降低趋势，而其他区域生态系统服务价值大多呈上升趋势且大部分县区单元生态服务价值变化率为2.08%~14.09%，个别区域增长较多，如仙桃市、天门市、监利县、洪湖市、安乡县、新洲区、黄陂区、庐山市。

从空间格局上看，长江中游城市群各县区单元的生态系统服务价值分布和变化有空间差异，即从中间向两边呈增加趋势。东西两端的生态系统服务价值较高。

此外，长江中游城市群存在高—高集聚区和低—低集聚区，该区域内生态系统服务价值分布具有聚集性并且高低差异明显。高—低集聚区和低—高集聚区则表示高低值相互交错，空间破碎性明显。总体来说，长江中游城市群高—高集聚区和低—低集聚区较多，2010年到2017年变化不大，高—高集聚区和低—低集聚区的分布呈现中间集聚、零散分布的特征，呈带状在中间盘踞，高—高集聚区分别是平江县、崇阳县、通山县、临湘市、宜黄县、崇仁县、临川区，低—低集聚区分别是江汉区、汉阳区、武昌区、洪山区、东西湖区、青山区、硚口区、开福区、岳麓区、芙蓉区、珠晖区、石鼓区等地。

（二）四大类生态系统服务价值

研究中的生态系统分类是四大类，11个小类，包括供给服务、调节服务、支持服务、文化服务（见表10-4），这里通过四个大类的生态系统服务价值评估结果展现，后文将着重对11个小类的影响因子进行分析研究。

表10-4　生态系统服务分类

生态系统服务一级分类	生态系统服务二级分类
供给服务	食物生产、原料生产、水资源供给
调节服务	气体调节、气候调节、净化环境、水文调节
支持服务	土壤保持、维持养分循环、生物多样性
文化服务	美学景观

长江中游城市群三省份不同生态系统服务功能四大类的价值计算结果表明，研究期间三个省份各个单项生态服务功能变化幅度不一，但均呈上升趋势。湖北省和湖南省各功能上开幅度较大，而湖南省上开较小（见表10-5）。

表10-5　2010~2017年三省份四类生态系统服务价值

（单位：亿元）

类别	2010年				2017年			
服务	调节服务	支持服务	供给服务	文化服务	调节服务	支持服务	供给服务	文化服务
湖北省	1285.47	147.69	84.85	36.55	1531.80	159.42	97.64	41.67
湖南省	1366.93	250.96	80.44	56.02	1492.00	267.62	88.62	60.17
江西省	2076.59	440.06	139.95	94.95	2383.50	486.06	161.87	106.00
长江中游城市群	4728.99	838.71	305.24	187.52	5407.30	913.10	348.13	207.84

长江中游城市群调节服务价值最大，2010年和2017年分别为4728.99亿元、5407.30亿元。调节服务中的水文调节是水系的重要生态服务，而长江中游城市群湖泊、河流聚集且处于政策保护下，这对区域内生态系统调节服务有较大影响。

从空间上看，湖北省、湖南省和江西省的调节服务、供给服务和文化服务的生态系统服务价值具有相似性，即从中间向外围呈下降趋势，而支持服务聚集在东南方向，主要位于江西省。从 2010 年到 2017 年，调节服务、供给服务和文化服务在空间上差异不大，支持服务逐渐向东偏移。

（三）各类用地生态系统服务价值

生态系统服务价值的分地类计算结果见表 10-6，从中可以看出，长江中游城市群生态系统服务价值在各地类的计算结果中，耕地、水域、林地、草地的年生态系统服务价值呈上升趋势，未利用地则呈下降趋势。其中水域生态系统服务价值上升最多，且在 2017 年成为总量最大的生态系统服务价值，水域对生态系统服务有很大贡献，其对水资源供给服务、水文调节服务贡献巨大，对净化环境服务、气候调节服务、生物多样性服务贡献较多。究其原因，长江中游城市群湖泊集聚，水系众多，湖北省有“千湖之省”之名，湖南省内有洞庭湖和湘江、资水、沅水和澧水四大水系，江西省有中国第一大淡水湖鄱阳湖，几个因素共同作用使得其生态系统服务价值较大。水域生态系统服务价值的增加与 2010~2017 年长江中游城市群水域面积增加不无关系。湖北省 2013 年发布第一批湖泊保护名录，包括了 308 个湖泊，而这个数字在 2013~2017 年里不断增加，为“一湖一法”的落实提供了基础，湖南省、江西省也在不断推进“一湖一法”和“湖长制”“河长制”的落实，这使得水域保护不断得到完善和发展，水域面积渐渐增加。

林地生态系统服务价值的增加虽小于水域，但在 2010 年林地是生态系统服务价值最大的地类。林地对气候调节、气体调节、土壤保持、水文调节、生物多样性贡献较大。因为长江中游城市群林地约占 48%，所以其生态系统服务价值较大。

表 10-6 各类用地生态系统服务价值时间变化

类别	地域	耕地	林地	草地	水域	未利用地
2010 年 ESV（亿元）	湖北	154.75	362.72	29.54	1007.48	0.08
	湖南	129.47	894.42	21.85	708.46	0.14
	江西	172.08	1560.46	109.10	909.70	0.21
	长江中游城市群	456.30	2817.60	160.49	2625.64	0.43

续表

类别	地域	耕地	林地	草地	水域	未利用地
2017 年 ESV（亿元）	湖北	158.83	389.80	29.92	1251.93	0.05
	湖南	137.02	950.77	22.17	798.29	0.15
	江西	187.59	1717.29	115.63	1116.78	0.14
	长江中游城市群	483.44	3057.86	167.72	3167.00	0.34
2010~2017 年变化率（%）	湖北	2.64	7.46	1.28	24.26	-29.92
	湖南	5.83	6.30	1.47	12.68	9.02
	江西	9.01	10.05	5.98	22.76	-33.54
	长江中游城市群	5.95	8.53	4.50	20.62	-18.81

各类用地生态系统服务的空间分布在 2010 年到 2017 年变化不大，其中耕地生态系统服务价值较高区域集中在湖北省天门市、潜江市、仙桃市、钟祥市、沙洋县，江西省丰城市、临川区，湖南省衡南县等耕地面积较大地区。林地生态系统服务价值较高区域集中在湖南省平江县、浏阳市，江西省修水县、浮梁县、婺源县等地。草地生态系统服务价值较高区域集中于研究区右侧，包括湖北省麻城市、江西省遂川县等。水域生态系统服务价值较高区域集中于研究区上半部分，包括湖北省洪湖市，湖南省岳阳县、沅江市，江西省鄱阳县、余干县等。洪湖市是四湖汇聚之地，共有大小湖泊 102 个，岳阳县水网密布，全县有新墙河、汨罗河、东洞庭湖三大水系，鄱阳县境内大小河流 225 条，总长 2070 千米，充足的水文资源使得这些地区生态系统服务价值较大。

（四）生态服务价值总量的影响因素分析

在相关检验的基础上，采用线性回归模型得到生态系统服务价值总量与景观格局指数 PD、第三产业增加值占比、城镇居民人均可支配收入呈现负相关性（表 10-7）。即斑块密度越大，生态系统服务价值越小，斑块密度表示斑块破碎程度和景观异质性，值越高，异质性越大、破碎性越大。因为斑块密度决定生态过程，斑块的破碎程度会影响能量的流动和营养物质的循环，从而影响生态系统服务价值。第三产业增加值占比和城镇居民人均可支配收入越高，生态系统服务价值越低。第三产业的发展和城镇居民人均可支配收入等社会经济因素将导致对食物、原材料等的需求增加，并增加废弃物排放数量，降低生态系统服务价值（唐秀美等，2016），有损生态系统服务价值。

表 10-7 生态服务价值总量回归结果

类别	时间	PD	第三产业增加值占比	城镇居民人均可支配收入	调整 R^2	λ
多元线性回归模型	2010	−0.340***	−0.358***	−0.259***	0.471	
	2017	−0.215***	−0.360***	−0.412***	0.499	
空间回归模型	2010	−1.526***	−2.414***	−0.2442***	0.592	−0.6450***
	2017	−0.576***	−3.190**	−2.439***	0.550	0.403***

注：** 表示 $P<0.01$；*** 表示 $P<0.001$ 的显著水平下显著。

进一步检验发现普通最小二乘法（Ordinary Least Squares，OLS）误差项存在空间性，同时通过空间自相关指数 Moran's I 值的计算发现 2010 年的长江流域中部地区生态系统服务价值存在正向空间自相关关系，在拉格朗日乘子空间自相关误差检验的研判下，最终采用空间误差回归模型。与线性回归模型的R^2相比，拟合效果变好，表明结果更加稳定和准确。从空间误差回归模型中可以分析得出 PD、第三产业增加值占比、城镇居民人均可支配收入对生态系统服务价值呈负向影响。PD 是景观斑块间分异程度，即破碎化程度的一个表示指标，PD 越大则说明单位面积上斑块越小，这是景观破碎、空间异质的表现。PD 对生态系统服务价值的影响是负向的，也就是景观的破碎使生态系统服务受到一定程度的损害。第三产业与城镇居民人均可支配收入和经济发展有重要联系，其负向影响说明人类追求经济增长的活动会降低生态系统服务价值。

（五）单项生态服务价值总量的影响因素分析

对 11 个单项生态系统服务价值进行 OLS 回归和空间回归，除了气体调节之外，其余的生态系统服务都具有空间自相关效应。结果表明 2010 年和 2017 年 OLS 回归都通过了检验，但调整R^2较小，最大调整R^2值出现于 2010 年食物生产生态服务功能，为 0.503。在空间误差模型拟合后调整R^2显著增加。从 OLS 的回归结果来看，2010 年 PD 对水文调节服务的影响系数最大，为-0.376，2017 年 PD 对各项生态服务功能影响在-0.178~0.019 普遍不高。第三产业增加值占比对各项服务的影响差别不大，2010 年对维持养分循环影响最大，为-0.474，2017 年对食物生产影响最大，为-0.422。城镇居民人均可支配收入除了对水文调节服务和食物生产服务的影响较小之外，对其他服务的影响差别不大，2010 年对气体调节影响最大为，-0.281，2017 年对气候调节影响最大，为-0.453。2010 年和 2017 年相比，回归结果存在差别，PD 和第三产业增加值占比对单项服务的影响多为减小，城镇居民人均可支配收入影响为增加，PD 的负向影响变化在单项服务中存在差异。

从 11 类生态系统服务价值的空间误差模型可以看出与最小二乘回归模型相比，该模型的拟合结果更好、更稳定（见图 10-1）。3 个不同的自变量对 11 类生态系统服务价值的解释是存在差异的。斑块密度 PD 主要负向作用于维持养分循环、原料生产两项生态系统服务，这种作用在 2010~2017 年间呈减小趋势。第三产业增加值占比主要负向作用于气候调节、原料生产、维持养分循环土壤保持三项服务，在 2010~2017 年期间差异不大，相对维持稳定。城镇居民人均可支配收入对各类生态系统服务的正向作用相对均衡，这种正向影响在 2010~2017 年已经呈现负向影响。城镇居民人均可支配收入的增加表征着经济发展、收入增加带来了消费的活跃，住房消费增加、娱乐消费增加都导致用地需求的增长，用地需求增长意味着土地利用的转变，极大可能由耕地等向建设用地转变，这势必带来生态系统服务的衰减。

四　结论和讨论

本节采用基于 *NPP* 系数修正的价值当量法评估长江流域中部地区三个省份生态系统服务价值，并加以时空分析和比较，采用空间回归方法挖掘了景观格局和社会经济发展对生态系统服务价值的影响。总体来看，2010~2017 年，湖北省武汉市江岸区、湖南省长沙市芙蓉区、江西省南昌市东湖区等经济发达的区域生态系统服务价值有所下降，其他县、区、市生态系统服务价值呈上升趋势。长江流域中部地区 207 个县域单元的生态系统服务价值空间分布存在一定差异，从中部到两端是减少的。斑块密

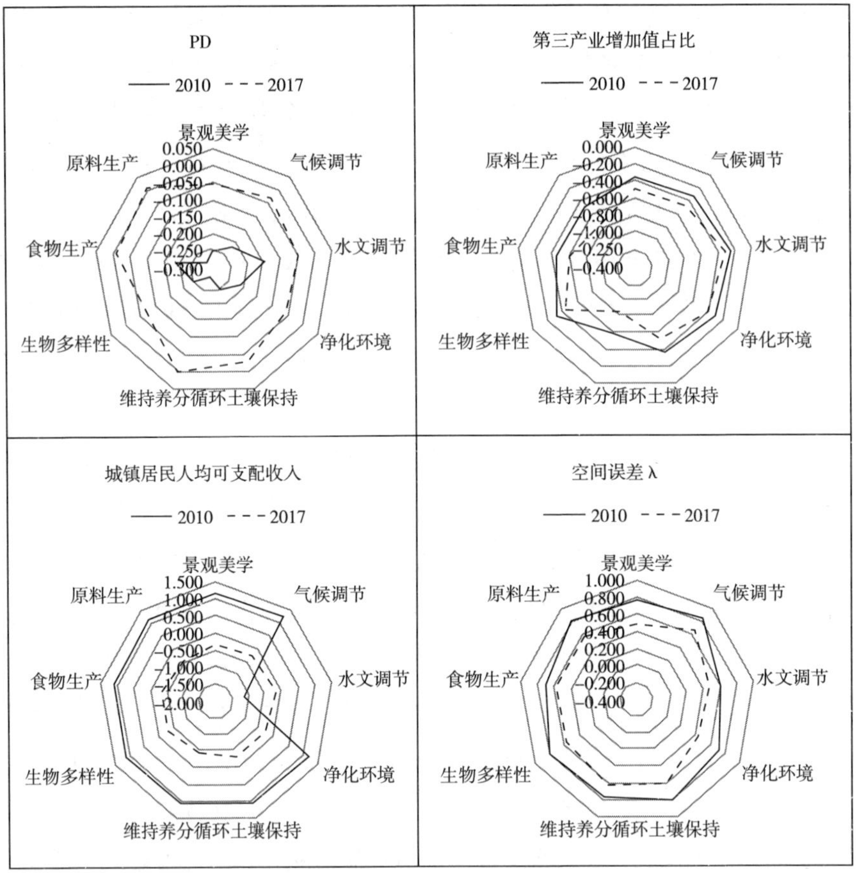

图 10-1 影响因子雷达图

度、第三产业增加值占比、城镇居民人均可支配收入对生态系统服务价值呈负向影响，说明景观的破碎会使生态系统服务受到一定程度的损害，第三产业的发展和人类生活水平的提高也在一定程度上威胁了生态系统服务。据此得出以下结论：①长江流域中部地区生态系统服务价值有所提高，但是湖北省、湖南省和江西省各自变化的幅度有所不同；②各类用地中生态系统服务价值最大的为水域和林地，其次为耕地、草地，从 2010 年到 2017 年呈增加趋势，未利用地生态系统服务价值最小，从 2010 年到 2017 年呈减少趋势；③长江流域中部地区的生态系统服务价值呈现显著的空间自相关现象，斑块密度、第三产业增加值占比、城镇居民人均可支配收入显著负向影响区域的生态系统服务价值，其中城镇居民人均可支配收入的负向影响最大。

在生态文明建设的背景下，为了实现长江流域社会经济系统与自然生态系统的协同发展，推动长江经济带的保护和修复，提出以下建议：①在国土空间的开发和利用过程中注重空间格局规划，避免高密度、细碎化的开发和建设造成城市远郊区景观破碎化，提升湖南省蒸湘区、湖北省新洲区等省会城市远郊区与地级市市辖区的生态系统服务价值。②在长江经济带“共抓大保护，不搞大开发”的战略方针下，重视对重要生态功能区的保护，权衡江西省鄱阳县、湖南省岳阳县、湖北省监利县等相关高生态系统服务价值县域经济发展与生态保护的关系，不牺牲生态用地以发展经济。③在诊断生态系统服务中维持养分循环和食物生产功能受到较大威胁的基础上，结合江西省青山湖区、湖北省江夏区、湖南省岳麓区等省会城市中心城区及其他相关地区存在生态系统输入输出养分不均衡以及食物生产供需矛盾加剧等生态环境问题，开展国土空间生态修复，划分出优化开发与重点修复区域，分阶段地制定保护措施，因地制宜地进行开发利用和保护修复。对于重要的生态功能区，要限制人类开发对区域内生态环境本底的影响，改善生态环境质量，以提高生态系统服务价值。优化开发区域要根据人口、资源、环境相互协调的发展要求，加大生态系统资源投入，确定合理的生态系统养分循环承载上限，在生态系统承载力范围内走节约用地、规模化发展道路。重点修复区内要以修复食物生产功能为先，确保封禁和退耕措施的同时坚守耕地红线，推广保护性耕作措施，坚持生态保护与治理相结合。

本节在数据处理和方法设计上有待进一步改进：①基于温度和降水量测算的 *NPP* 存在一定的局限性，模型因数据缺失，未对土壤、地形、生物生态学等特性进行测度和考量。②本节鉴于建设用地生态系统服务价值量较少，忽略了建设用地的生态系统服务价值，有待进一步完善。

第三节 武汉城市圈生态服务价值的评估和影响因素

一 研究区域

武汉城市圈位于湖北省东部、长江中游、江汉平原中东部，地貌类型多样且以平原为主。武汉城市圈是指以中国中部地区最大城市武汉为圆心，覆盖武汉市在内的半径100千米范围内的黄石、鄂州、黄冈、孝感、咸宁、仙桃、潜江、天门8个大中型城市组成的区域经济联合体，行政区划面积共5.78万平方千米，是中国中部最大的城市群和城市组团之一。截至2017年，武汉城市圈常住人口约3800万，地区生产总值突破18000亿元，面积不到湖北省1/3的武汉城市圈，集中了全省一半以上的人口，60%以上的GDP总量，是湖北经济发展的核心区域。武汉城市圈是拉动中部崛起的重要引擎和以长江流域经济带为轴线的我国东、中、西部协调发展的关键接力点之一。湖北省正加快将其打造成长江中游城市群最重要的增长极，协同推进汉江生态经济带、三峡生态经济合作区、洞庭湖生态经济区建设。2007年12月7日，国务院正式批准武汉城市圈为“全国资源节约型和环境友好型社会建设综合配套改革试验区”。

二　研究数据

本节所使用的数据主要包括武汉城市圈2005年、2010年和2015年3期土地利用矢量数据和城市圈范围内的各个县区、市区单元社会经济统计数据及景观指数统计数据等。其中研究区的LUCC数据主要通过2005年、2010年和2015年获取的Landsat TM/ETM精度30米的高分辨率卫星影像空间数据解译。结合武汉城市圈的实际土地利用情况和本节需要，将武汉城市圈土地利用类型的一级地类分为耕地、林地、草地、水域、建设用地和未利用地6类（见表10-8），在此基础上利用FRAGSTATS软件计算得到景观格局指数数据。此外，为获取武汉城市圈内各个县区、市区单元的社会经济统计数据，分别从湖北各县统计年鉴、武汉市年鉴、中国城市统计年鉴以及武汉城市圈48个县域的政府门户网站收集了人口、GDP、农业总产值等社会经济数据。由于不是所有指标都能从年鉴及政府门户网站中获取，部分数据通过回归和预测等科学方法补齐（罗盛锋和闫文德，2018）。比如2005年部分县市的第二产业和第三产业增加值数据缺失，我们利用2008~2017年的数据构建了回归模型，用模拟推算出了2005年的产业结构数据。总体缺失数据小于5%，能够满足研究工作和精度需要。

表 10-8　武汉城市圈土地利用现状分类

武汉城市圈土地利用类型一级分类	土地利用现状分类
耕地	耕地
林地	林地、园地
草地	草地
水域	水域及水利设施用地
建设用地	商服用地、工矿仓储用地、住宅用地、公共管理与公共服务用地、特殊用地、交通运输用地
未利用地	其他土地

三　生态系统服务价值的计算和影响因子选取

（一）生态系统服务价值的修正和计算

生态系统服务功能指人类从生态系统获得的效益。生态系统给人类提供各种效益，包括供给、调节、文化及支持功能（MEA）。由于生态服务价值的空间异质性、复杂性及动态性等诸多特性（曾杰等，2014；杨锁华等，2018；王航等，2017；李文楷等，2008），直接将 Costanza 等人提出的生态系统服务价值化评估方法（Costanza et al.，1997）应用于中国其他研究区域势必会带来诸多误差，难以有效衡量不同地区的生态服务价值（谢高地等，2008），为此需要建立适用于特定研究区域的生态服务价值当量，对生态服务价值系数进行科学修正。

为建立适用于武汉城市圈的生态系统单位面积生态服务价值系数，评估武汉城市圈生态服务价值，本节借鉴谢高地等人的做法，采用问卷调查的方式进行系数修正。由于生态服务价值不能基于观察确定，本节采用意愿调查价值评估法，通过问卷调查和基于调查对象的回答来确定（谢高地等，2008）。问卷设计选定了 6 类生态系统 9 个单项功能，选择研究区域内有相关教育背景（衡量标准：一是研究方向和专业背景相适，通过高校教师网页介绍判断；二是研究成果、论文集或研究课题与 ESV 相适，通过“中国知网”搜索引擎论文成果辅助判断）的人，如武汉大学、华中科技大学、华中师范大学、中南财经政法大学和华中农业大学生态学等研究方向的教师和相关科研工作者作为问卷调查者以保证对 ESV 的了解。此后进一步收集整理问卷，利用调查结果结合实际情况，参照谢高地等人的当量表修正武汉城市圈生态服务价值系数表。

谢高地等根据 Costanza 等人的研究结合胡瑞法和冷燕的方法（谢高地等，2008；胡瑞法和冷燕，2006），将一个标准生态系统服务价值当量因子定义为 1hm^{2}全国平均产量的农田每年自然粮食产量的经济价值，其意义在于体现了生态系统对生态服务贡献的大小（谢高地等，2015），并由此计算得出中国一个生态系统服务价值当量因子的经济价值为 449.1 元/hm^2。本节利用研究区各城市耕地地均粮食产量与同期全国地均粮食产量修正各个年份的当量价值，得到武汉城市圈生态系统单位面积生态服务价值表。利用公式（10-9）计算武汉城市圈各年度土地生态服务价值。

$$ESV = \sum A_k \times VC_k \tag{10-9}$$

式中，ESV 为生态服务价值；A_k为研究区第 k 种土地利用类型面积；VC_k为生态系统服务价值系数，即第 k 种土地利用类型单位面积的生态服务价值。

此外，为消除时间序列间农作物价格波动和货币通货膨胀对总价值量的影响（许丽敏等，2018；王航等，2017），本节同时设置 2005 年 ESV 为基线，根据不同年份间的经济 GDP 计算相较 2005 年的价值系数，估算出最终武汉城市圈的各项 ESV（Wu et al.，2013）。因此，所计算的 ESV 随时间推移相互之间是可比的，便于后期时间动态的分析研究。

（二）生态系统服务价值的影响因子

本节通过价值当量货币化测算（谢高地等，2015）武汉城市圈 2005~2015 年间 48 个县域空间行政单元的总量和 9 个单项 ESV，将 ESV 的价值估算结果分别作为被解释变量 y，选取农村经济指标（Wu et al.，2013；马骏等，2014）、景观格局指标数据（王丽群等，2018）分别作为解释变量 x，在散点图和相关性分析的基础上通过逐步回归和实际意义检验的方法构造以解释变量拟合被解释变量的线性回归方程（徐静安和徐淑惠，2016；Peng et al.，2017）。结合经验和实际情况，研究区的解释变量——农村经济指标数据（经济产值 GDP、人均可支配收入等）具有空间溢出效应，且存在一定空间自相关关系，因此在经典计量回归分析模型的基础上，将武汉城市圈的空间关系考虑在内，构建适当的空间权重矩阵，利用空间计量回归的理论方法进一步对回归计量模型进行优化与改进，研究总量和各个单项 *ESV* 与农村经济发展、景观演变之间的内在驱动机理和影响关系。

本节最终选取农村居民人均可支配收入（罗盛锋和闫文德，2018）（x_1）和农业总产值（许丽敏等，2018；徐煖银等，2019；赵志刚等，2017；罗盛锋和闫文德，2018；董天等，2019）（x_2）作为农村社会经济发展的衡量，选择城市景观聚集度指数 *AI*（王航等，2017；梁友嘉和刘丽珺，2018；徐晓然等，2018）（x_3）作为景观演变的测度，结合散点图的趋势和走向对解释变量和各项生态服务价值的被解释变量进行双对数标准化处理，构建基于武汉城市圈总量/单项 *ESV* 的被解释变量的空间回归计量模型［如公式（10-10）］，研究武汉城市圈景观演变、农村经济发展与 *ESV* 的变化及驱动影响关系。

$$AI=\left[\frac{g_{ii}}{\max\to g_{ii}}\right](100) \tag{10-10}$$

式中，g_{ii} 指相应景观类型的相似邻接斑块数量。AI（Aggregation Index）基于同类型斑块像元间公共边界长度来计算。当某类型中所有像元间不存在公共边界时，该类型的聚合程度最低；而当类型中所有像元间存在的公共边界达到最大值时，具有最大的聚合指数（徐晓然等，2018）。

四　研究结果和分析

（一）土地利用与生态服务价值转换结果

通过统计问卷调查的结果（见表 10-9）可知，其中建设用地的部分当量（调节服务和供给服务）假定为 0（曾杰等，2014；彭文甫等，2014；Costanza et al.，1997），因考虑到建设用地在文化服务等功能上具有一定价值，即建设用地依赖于人类土地利用/覆被，形成了独特的人为景观格局类型，作为生态系统的组分发挥作用并影响人类福祉，所以在建设用地的当量调整中本节一定程度上保留了问卷调查结果，即保留了建设用地文化服务当量。针对不同专家的调查结果，对 0~4 相关性结果采取均值化方法，以耕地食物生产功能为标准（耕地—4 强相关性—食物生产功能）对其他价值当量进行 0~1 标准化处理和适当调整，得到武汉城市圈生态系统单位面积生态服务价值当量（见表 10-10）。

表 10-9 问卷相关性分值调查结果（武汉城市圈，2017 年）

一级类型	二级类型	耕地	林地	草地	水域	建设用地	未利用地
调节服务(Regulating Services)	气候调节	1.95	3.70	2.75	2.95	1.45	1.60
	气体调节	2.00	3.70	2.65	2.50	1.65	1.55
	水文调节	2.55	3.45	3.10	3.60	1.05	1.95
	土壤保持	2.95	3.70	3.40	2.15	0.95	1.95
供给服务(Supply Services)	食物生产	4.00	2.15	1.85	2.75	1.05	1.05
	淡水供应	1.35	2.00	1.85	3.90	0.55	0.95
文化服务(Cultural Services)	文化娱乐	1.05	2.20	2.40	2.95	3.35	0.95
	提供景观美学	1.70	3.45	3.20	3.40	2.30	1.45
	自然遗产&自然多样性	1.85	3.40	2.95	3.05	1.50	2.10

表 10-10 武汉城市圈生态系统单位面积生态服务价值当量（武汉城市圈，2018 年）

一级类型	二级类型	耕地	林地	草地	水域	建设用地	未利用地
调节服务(Regulating Services)	气候调节	0.49	0.93	0.69	0.74	0.00	0.40
	气体调节	0.50	0.93	0.66	0.63	0.00	0.39
	水文调节	0.64	0.86	0.78	0.90	0.00	0.49
	土壤保持	0.74	0.93	0.85	0.54	0.00	0.49
供给服务(Supply Services)	食物生产	1.00	0.54	0.46	0.69	0.00	0.26
	淡水供应	0.34	0.50	0.46	0.98	0.00	0.24

续表

一级类型	二级类型	耕地	林地	草地	水域	建设用地	未利用地
文化服务（Cultural Services）	文化娱乐	0.26	0.55	0.60	0.74	0.84	0.24
	提供景观美学	0.43	0.86	0.80	0.85	0.58	0.36
	自然遗产 & 自然多样性	0.46	0.85	0.74	0.76	0.38	0.53

根据调整后的武汉城市圈生态系统单位面积 *ESV* 价值当量，结合修正后的武汉城市圈一个标准生态服务价值当量因子的经济价值，利用公式（10-9）首先计算得到武汉市生态系统单位面积生态服务价值（元/hm^2，以 2005 年武汉市为例，见表 10-11）。

表 10-11　武汉市生态系统单位面积生态服务价值（元/hm^2，2005 年）

	二级类型	耕地	林地	草地	水域	建设用地	未利用地	总计
不同用地类型的每年 *ESV*（元/hm^2）	气候调节	239.18	453.82	337.30	361.83	0.00	196.25	1588.38
	气体调节	245.31	453.82	325.04	306.64	0.00	190.12	1520.93
	水文调节	312.77	423.16	380.23	441.56	0.00	239.18	1796.90
	土壤保持	361.83	453.82	417.03	263.71	0.00	239.18	1735.57
	食物生产	490.62	263.71	226.91	337.30	0.00	128.79	1447.33
	淡水供应	165.58	245.31	226.91	478.35	0.00	116.52	1232.67
	文化娱乐	128.79	269.84	294.37	361.83	410.89	116.52	1582.24
	提供景观美学	208.51	423.16	392.50	417.03	282.11	177.85	1901.16
	自然遗产 & 自然多样性	226.91	417.03	361.83	374.10	183.98	257.58	1821.43
	合计	2379.50	3403.67	2962.12	3342.35	876.98	1661.99	14626.61

在武汉城市圈单位面积 *ESV* 价值当量表的基础上，根据武汉城市圈各县区空间单元不同土地利用类型面积统计，利用 *ESV* 公式分别计算得到 2005 年、2010 年、2015 年 3 期不同时间序列空间行政单元的总量和单项服务功能 *ESV* 结果（见表 10-12、表 10-13）。

表 10-12 武汉城市圈市域总量生态服务价值统计

评价单元/市区合计	生态服务价值 *ESV*（亿元）			生态系统服务价值（*ESV*/亿元）变化		
	2005 年	2010 年	2015 年	2005~2010 年	2010~2015 年	2005~2015 年
武汉城市圈	176.175	169.296	153.717	-6.879	-15.579	-22.458
武汉市	20.399	21.551	20.139	1.152	-1.412	-0.260
黄冈市	59.512	55.750	50.086	-3.762	-5.664	-9.426
黄石市	11.997	10.957	12.822	-1.040	1.865	0.825
咸宁市	28.541	29.226	24.423	0.685	-4.803	-4.118
孝感市	30.730	27.874	23.609	-2.856	-4.265	-7.121
鄂州市	4.641	4.421	4.011	-0.220	-0.410	-0.630
天门市	5.532	5.991	5.548	0.459	-0.443	0.016
仙桃市	9.072	8.257	7.686	-0.815	-0.571	-1.386
潜江市	5.750	5.268	5.392	-0.482	0.124	-0.358

表 10-13 2005~2015 年武汉城市圈不同生态系统服务功能的价值变化

单项生态服务功能	各年份单项生态系统服务价值 *ESV*/亿元			各年份单项生态系统服务价值 *ESV*/亿元变化		
	2005 年	2010 年	2015 年	2005~2010 年	2010~2015 年	2005~2015 年
气候调节	19.651	18.878	17.119	-0.773	-1.759	-2.532
气体调节	19.434	18.664	16.920	-0.770	-1.744	-2.514
水文调节	22.066	21.200	19.243	-0.866	-1.957	-2.823
土壤保持	23.022	22.101	20.043	-0.921	-2.058	-2.979
食物生产	23.696	22.747	20.673	-0.949	-2.074	-3.023
淡水供应	13.883	13.356	12.144	-0.527	-1.212	-1.739
文化娱乐	14.673	14.130	12.864	-0.543	-1.266	-1.809
提供景观美学	20.073	19.306	17.539	-0.767	-1.767	-2.534
自然遗产和自然多样性	19.676	18.914	17.173	-0.762	-1.741	-2.503
总计 *ESV* Total *ESV*	176.175	169.296	153.717	-6.879	-15.579	-22.458

（二）生态系统服务价值的时空变化

1. 总体生态系统服务价值的变化

计算结果显示，武汉城市圈在2005年、2010年和2015年的生态服务总价值分别是176.175亿元、169.296亿元、153.717亿元，*ESV*总量逐年减少，2005~2010年、分别逐期减少6.879亿元、15.579亿元，变化率分别为-3.90%、-9.20%，2010~2015年间减少量更为剧烈，较2005~2010年超出近一倍多。从空间格局上讲，研究区内各地区*ESV*的分布和变化存在较为明显的空间差异现象，武汉城市圈*ESV*的空间分布整体上呈现以武汉市为圆心的环状圈层外延递增结构，东北与东南方向*ESV*价值整体较高，区域差异显著。从局部分析来看，武汉市内的洪山、江汉、硚口等几个中心城区的*ESV*最低，汉南、东西湖等新城区次之，麻城、蕲春、罗田等县域相对较高。综合空间差异与时间对比分析，2005~2010年安陆市的*ESV*显著减少，其他区县变化幅度相对较小；2010~2015年则出现了高频度、广范围的*ESV*减少趋势，主要集中于以武汉市为中心、武汉与武汉城市圈最外沿之间的环层，其中包括大悟、汉川、罗田、通山等地在内的县区均有较大幅度减少，这是造成2010~2015年期间武汉城市圈*ESV*剧烈减少的重要因素。由此也使2010~2015年*ESV*降低比率急剧超过2005~2010年，生态服务功能受到严重影响，因此应加大保护力度。

2. 单项生态服务功能价值时空变化特征

武汉城市圈不同生态系统服务功能单项的价值计算结果表明，研究期间各个单项生态服务功能均呈现下降趋势，但从局部分析，相较武汉城市圈总量*ESV*而言，单项服务功能之间的降低比率和趋势有所差异。其中，2005~2015年期间价值比率下降较明显的生态服务功能有气候调节（-12.89%）、气体调节（-12.94%）和土壤保持（-12.94%）等。研究发现，3期序列间各项生态服务功能价值大小顺序均为：食物生产>土壤保持>水文调节>提供景观美学>自然遗产和自然多样性>气候调节>气体调节>文化娱乐>淡水供应。整体的功能服务大小排序为：调节服务>文化服务>供给服务。横向分析，供给服务价值最低；纵向对比，单项服务类型价值的损失集中于外沿个别县域的急剧下降。武汉城市圈内水体分布较为广泛，尤其是长江、汉江、东湖等诸多河流、湖泊分布其中，对于城市圈内部的小气候改善及生态系统调节服务具有重要影响。此外研究结果在一定程度上也反映出虽然人类的社会经济活动对武汉城市圈生态服务价值产生了巨大的负向影响，但基于土地利用类型格局和面积大小的分布，单项生态服务功能价值之间变化和结构分布相对比较稳定。10 多年来食物生产一直是武汉城市圈区域性的主导生态系统服务功能，这与研究区的耕地面积分布、耕地红线政策保障以及日益增加的人口压力带来的巨大刚性粮食需求是密不可分的，还与人类的选择性需求息息相关。

（三）生态系统服务价值的影响因素分析

1. 总体生态系统服务价值的影响因素

武汉城市圈总量 *ESV* 与景观结构、农村社会经济 3 个指标构建的线性回归方程结果（见表 10-14）表明：2005 年、2010 年、2015 年 3 期回归结果 *P* 值均小于 0.001，模型总体拟合效果极好。另外，总量 *ESV* 与农村经济发展指标农村居民人均可支配收入和景观 AI 聚集度指数呈现较强的负相关性，而与农业总产值呈现较强的正相关性。根据 3 个指标模型拟合系数得知，2005~2015 年，3 个指标对生态服务价值的影响剧烈程度呈现倒“V”字形变化，即先递增后递减。以农业总产值为例，系数变化为 0.6484、0.7281、0.5423，影响剧烈程度呈现先升后降的态势。

表 10-14 武汉城市圈总量 *ESV* 双对数线性回归分析

模型构建与拟合	OLS 经典最小二乘				
	农村经济发展		景观演变	模型总体	
	农村居民人均可支配收入（x_1）	农业总产值（x_2）	景观 AI 聚集度指数（x_3）	模型显著性	调整 R^2
2005 总量 *ESV*（*y*）	-1.7007***	0.6484***	-15.1118**	***	0.9048
2010 总量 *ESV*（*y*）	-1.0072***	0.7281***	-29.2697***	***	0.8820
2015 总量 *ESV*（*y*）	-1.0744**	0.5423***	-14.2770*	***	0.8444

*表示显著水平 $P<0.05$；**表示显著水平 $P<0.01$；***表示显著水平 $P<0.001$ 极显著；*y*：总量生态服务价值 *ESV*，x_1：农村居民人均可支配收入，x_2：农业总产值，x_3：景观 AI 聚集度指数。

利用空间计量分析的方法构建基于距离的空间权重矩阵，并代入模型进行空间拟合与优化，通过分析 Moran's I 值（2005 年 0.1473，2010 年 0.2153，2015 年 0.1241）可以得出结论：2005~2015 年武汉城市圈总量 *ESV* 的全局空间自相关指数 Moran's I 值均为正值，暗示可能存在一定的正向空间自相关关系，即总量 *ESV* 的空间分布不是随机分布，而是表现出相似值之间的空间集聚。利用空间误差模型（Spatial Error）和空间滞后模型（Spatial Lag）进行模型改进。最终选取基于距离权重矩阵改进的空间误差模型，得到 2005~2015 年总量 *ESV* 空间误差回归模型（见表 10-15）。从 3 期的空间回归结果来看，模型的拟合效果有所改进，且均通过显著性检验。其中，农业总产值对应的正向回归系数和农村居民人均可支配收入与景观 AI 聚集度指数的负向回归系数均适当减小，消除了由地域空间自相关带来的空间误差影响，使得模型更加稳健和准确。

表 10-15　总量 *ESV* 空间误差回归模型

时间	农村居民人均可支配收入	农业总产值	景观 AI 聚集度指数	$R^2(n=48)$	LAMBDA
2005	-1.7024***	0.6208***	-16.4430**	0.9157	0.2668（*P* 值 0.1268）
2010	-1.0986**	0.6796***	-34.3766***	0.9039	0.4189**
2015	-1.0965*	0.4865***	-19.8382*	0.8672	0.3592*

* 表示显著水平 $P<0.05$；** 表示显著水平 $P<0.01$；*** 表示显著水平 $P<0.001$ 极显著；y：总量生态服务价值 *ESV*，x_1：农村居民人均可支配收入，x_2：农业总产值，x_3：景观 AI 聚集度指数。

农村居民人均可支配收入可以描述生活水平和社会福利等，其值的增加表征农村居民生活的改善，伴随娱乐、消费等社会经济活动需求的增长，造成较高生态服务价值地类如耕地、林地等土地利用类型向低值建设用地的转变，带来了 *ESV* 的负向变化。农业总产值则侧面反映了产业结构，表征地方区域对农业发展的重视和利用程度，农业总产值的正向变化表示诸如水利设施、集约土地、农业投入的完善，进一步改善了生态结构，使得 *ESV* 随之正相关变化（许丽敏等，2018）。此外，基于本节采集时景观 AI 聚集度指数较侧重于反映城镇土地景观，相对农地景观的作用不是很明显，也就是说人类活动背景下随着高值 *ESV* 土地类型的破碎化、零星化加剧，转而逐渐被低值建设用地取代，其景观类型拥有公共边长概率增大，使得城镇景观 AI 聚集度指数的正向变化指示了城镇低值土地利用类型的集聚，造成相对生态服务价值的负相关关系。空间模型的优化和实际合理性对照解释较好地描述了农村经济发展和景观演变二者对生态服务价值的影响关系和内在驱动机理。

2. 单项生态系统服务价值的影响因素

立足于不同土地利用类型之间的 9 个单项生态服务功能，进行生态服务价值的回归计量分析（见表 10-16）。结果表明，不同时间序列间模型总体效果极好，模型效果极显著，不同的系数间也基本通过显著性检验。值得留意的是 2015 年某些指标未通过检验，但整体效果较好。从时间静态角度看，3 期的局部趋势相似，其中农业总产值对食物生产单项功能的影响系数最大，城市景观 AI 聚集度指数对文化服务（文化娱乐、提供景观美学功能等）的影响效果较为显著。就动态时间序列分析而言，自变量的回归拟合系数 3 期间有较大差异，这与由土地利用类型定向改变引起的单项生态服务功能价值的变化密切相关。

表 10-16 武汉城市圈单项 *ESV* 双对数线性回归分析

单项生态服务功能	OLS 经典最小二乘					
	研究年份	农村经济发展		景观演变	模型总体	
		农村居民人均可支配收入	农业总产值	景观 AI 聚集度指数	模型显著性	调整 R^2
食物生产	2005	-1.9498***	0.8184***	-15.8318**	***	0.9106
	2010	-0.9093*	0.8900***	-36.9516***	***	0.8542
	2015	-0.9098*	0.6515***	-23.0015**	***	0.8573
土壤保持	2005	-2.2743***	0.7385***	-22.1527***	***	0.9098
	2010	-1.3780***	0.8167***	-41.2340***	***	0.8629
	2015	-1.4033***	0.5851***	-28.9907***	***	0.8629
水文调节	2005	-2.0371***	0.7125***	-19.0528**	***	0.9030
	2010	-1.1667**	0.7864***	-37.1693***	***	0.8560
	2015	-1.1742**	0.5635***	-25.3599***	***	0.8509

续表

单项生态服务功能	研究年份	OLS 经典最小二乘				
		农村经济发展		景观演变	模型总体	
		农村居民人均可支配收入	农业总产值	景观 AI 聚集度指数	模型显著性	调整 R^2
提供景观美学	2005	-1.4391***	0.5663***	-13.7226**	***	0.8758
	2010	-0.8998***	0.6388***	-24.9010***	***	0.8645
	2015	-0.9561**	0.4736***	-10.8822 P 值 0.1858	***	0.8047
自然遗产 & 自然遗产多样性	2005	-1.5873***	0.5962***	-14.6649**	***	0.8898
	2010	-0.9988***	0.6734***	-26.8731***	***	0.8754
	2015	-1.0663**	0.5007***	-12.3536 P 值 0.1377	***	0.8236
气候调节	2005	-2.1767***	0.6808***	-21.4298***	***	0.9013
	2010	-1.3664***	0.7581***	-38.6895***	***	0.8591
	2015	-1.3872***	0.5379***	-27.5131***	***	0.8515
气体调节	2005	-2.2516***	0.6876***	-22.2152***	***	0.9037
	2010	-1.4344***	0.7668***	-39.7138***	***	0.8618
	2015	-1.4617***	0.5443***	-28.4187***	***	0.8552
文化娱乐	2005	-1.0794***	0.5250***	-11.4286*	***	0.8501
	2010	-0.5843*	0.5866***	-21.2834***	***	0.8391
	2015	-0.6112 P 值 0.1248	0.4310***	-8.2367 P 值 0.2949	***	0.7679
淡水供应	2005	-1.7249***	0.6932***	-15.9195**	***	0.8897
	2010	-0.8547*	0.7597***	-33.4165***	***	0.8399
	2015	-0.8372*	0.5439***	-22.0287**	***	0.8331

* 表示显著水平 $P<0.05$；** 表示显著水平 $P<0.01$；*** 表示显著水平 $P<0.001$ 极显著。

利用空间权重矩阵分别对武汉城市圈 3 期时间序列的 9 个单项 *ESV* 进行空间优化，最终得到改进后的单项 *ESV* 空间回归模型，拟合结果较线性回归有所改善，主要表现在回归系数的适当减弱和稳健上，较好地展示了单项 *ESV* 与农村经济、景观间的相互关系。

分析各单项 *ESV* 的空间误差改进模型（见图 10-2），相关拟合结果均得到了较好的优化改进。雷达图的空间误差改进模型系数分析结果显示，2005 年、2010 年和 2015 年期间，不同的解释变量分别对各单项生态服务功能被解释变量产生了差异化的影响。农村居民人均可支配收入主要负向作用于土壤保持等生态服务功能，且对各个单项服务功能作用差异较大。随着农村居民人均可支配收入的提高，消费、住房、娱乐等基础设施与用地的需求有所增长，这使得土地利用类型向建设用地转变，造成了土壤保持等单项功能的衰退。农业总产值在不同时间序列间对武汉城市圈 9 项单项生态服务功能的正向作用大小较为均衡，相对维持稳定。景观 AI 聚集度指数影响系数则表现出了较大的时间差异。研究表明，本节在农村社会经济、景观方面选取的三者表征变量之间对 9 项单项服务功能产生了综合性的差异性作用，具体则表现在影响系数值大小的差异和自然服务功能货币代价的响应。

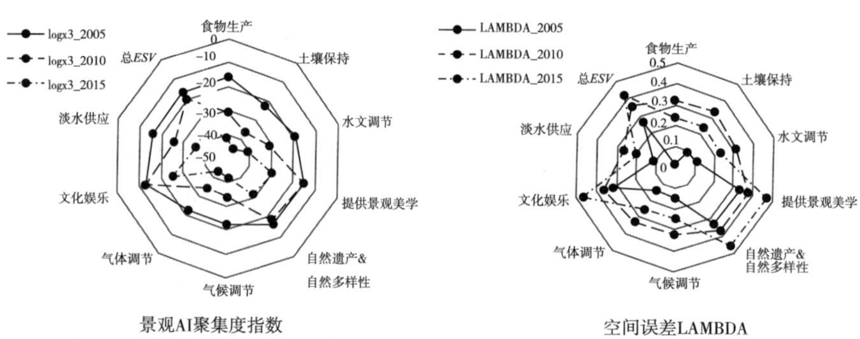

图 10-2　2005~2015 年武汉城市圈单项 *ESV* 回归系数雷达图分析

五　结果和讨论

本节基于生态服务价值的理论分析框架，通过问卷调查建立“武汉城市圈生态系统单位面积生态服务价值当量”，分别对武汉城市圈 48 个县域空间行政单元 2005 年、2010 年和 2015 年 3 期时间序列的 *ESV* 进行了货币化定量测算，估算得到研究区域时空维度的定量生态价值。结果显示，2005~2015 年武汉城市圈 *ESV* 逐年递减，伴随的是武汉城市圈人口、资金涌入与农村区域经济的崛起，这也对区域生态功能造成了巨大的负向效应。此外，由于人类活动强度空间差异显著，生态价值县域空间差异性较大，其中罗田、通山等县的生态价值虽然总体较高但递减趋势较快，单项功能与生态服务中总体分布格局相对稳定。利用测算结果，构建了农村经济发展、景观演变对 *ESV* 的双对数空间拟合影响模型，其中农村居民人均可支配收入和景观 AI 聚集度指数负向作用于生态服务价值，而农业总产值则与生态服务价值正相关，阐释了农村区域经济发展和景观演变对生态服务价值的影响与互馈关系（梁友嘉和刘丽珺，2018）。

目前生态服务价值核算方法可以分为基于单位服务功能价格的方法（功能价值法）和基于单位面积价值当量因子的方法（当量因子法）两类（谢高地等，2015），当量因子法因数据需求少、直观易用而得到广泛应用。但当量因子表的准确构建是当量因子法的核心，结合“中国生态服务价值当量因子表”（谢高地等，2008），利用问卷调查、专家打分和经济波动去修订当量因子，虽然具有一定的科学性和可行性，但同时也具有一定的主观臆断性。其实对于特定区域的研究和政策参考而言，不同的生态服务价值测算方法得到的计算结果必然会有所差异，我们并不需要局限于计算得到的生态服务价值绝对量的大小，而更应关注其边际分析和生态服务的相对贡献大小，即在可比体系下的相对增减变化（张舟等，2013）。科学利用定量生态价值结果，辅助政策决策与权衡价值利弊，这才能有助于促进区域可持续发展。

（1）整治修复生态系统，健全生态保护的生态补偿机制。生态服务价值是生态系统服务功能的直接体现（Carpenter et al.，2009），表征了区域生态服务功能的强弱变化与正负效应。利用定量测算结果，用经济手段量化生态补偿标准，根据生态补偿与生态足迹的理论框架，促进区域生态修复治理落实和保护。

（2）政策制定要合理权衡产业经济结构与景观格局构成。政策措施作为区域性经济发展的关键因素，科学定量化生态系统服务价值并权衡生态系统服务需求，为景观布局与调控方案制定提供依据，为农村产业经济发展与安排提供参考，在生态保护与经济发展之间寻求政策施行平衡点，合理权衡利弊关系，才能实现政策效果帕累托最优。

（3）判别生态服务影响驱动机理，定向改善以促进可持续发展。影响机理的结果表明农村区域经济发展与景观格局二者彼此影响共同作用于生态服务价值，农村居民人均可支配收入和聚集度指数的负向影响与农业总产值的正向影响，表明社会经济与景观均呈现了对 *ESV* 变化极显著的相关关系，因此，有针对性地制定生态保护目标同时定向改善才能促进区域可持续发展。

本章小结

本章首先基于系数修正的当量因子法计算研究长江经济带的重要组成部分——长江中游城市群区域内各县区植被净初级生产力，并进行生态系统服务价值当量的系数修正。将植被净初级生产力进行系数修正后，再计算生态系统服务价值，选择影响因子，构造关于生态系统服务价值的线性回归方程，并利用空间回归模型进行空间相关性的检验和分析。其次，为建立适用于武汉城市圈的生态系统单位面积生态服务价值系数，评估武汉城市圈生态服务价值，本章采用意愿调查价值评估法来确定不同用地类型和不同生态系统服务价值的修正系数，以此为基础评估武汉城市圈的生态系统服务价值，分析其影响因素。

参考文献

[1] 董天、肖洋、张路、肖燚、郑华、欧阳志云：《鄂尔多斯市生态系统格局和质量变化及驱动力》，《生态学报》2019 年第 2 期，第 1~11 页。

[2] 傅伯杰、陈利顶、马克明、王仰麟：《景观生态学原理及应用》，科学出版社，2001，第 202~207 页。

[3] 高振斌、王小莉、苏婧、陈志凡、郑明霞、孙源媛、纪丹凤：《基于生态系统服务价值评估的东江流域生态补偿研究》，《生态与农村环境学报》2018 年第 6 期，第 563~570 页。

[4] 何池全、崔保山、赵志春：《吉林省典型湿地生态评价》，《应用生态学报》2001 年第 5 期，第 754~756 页。

[5] 侯元兆、王琦：《中国森林资源核算研究》，《世界林业研究》1995 年第 3 期，第 51～56 页。
[6] 胡其玉、陈松林：《基于生态服务价值量的土地利用变化环境效应研究》，《生态科学》2019 年第 5 期，第 58～67 页。
[7] 胡瑞法、冷燕：《中国主要粮食作物的投入与产出研究》，《农业技术经济》2006 年第 3 期，第 2～8 页。
[8] 黄木易、岳文泽、方斌、冯少茹：《1970—2015 年大别山区生态服务价值尺度响应特征及地理探测机制》，《地理学报》2019 年第 9 期，第 1904～1920 页。
[9] 蒋延玲、周广胜：《中国主要森林生态系统公益的评估》，《植物生态学报》1999 年第 5 期，第 426～432 页。
[10] 孔凡靖、陈玉成、陈庆华、牟秦杰、阎建忠：《重庆市农田生态服务价值时空变化特征及其驱动因素分析》，《中国生态农业学报》（中英文）2019 年第 11 期，第 1637～1648 页。
[11] 李婧昕、许尔琪、张红旗：《关键驱动力作用下的新疆生态系统服务时空格局分析》，《中国农业资源与区划》2019 年第 5 期，第 9～20 页。
[12] 李文华：《生态系统服务功能价值评估的理论、方法与应用》，中国人民大学出版社，2008。
[13] 李文楷、李天宏、钱征寒：《深圳市土地利用变化对生态服务功能的影响》，《自然资源学报》2008 年第 3 期，第 440～446 页。
[14] 李湘德：《长江经济带生态系统服务价值测算及影响因素研究》，江西财经大学，2019。
[15] 梁友嘉、刘丽珺：《生态系统服务与景观格局集成研究综述》，《生态学报》2018 年第 20 期，第 1～8 页。
[16] 刘绿怡、刘慧敏、任嘉衍、卞子亓、丁圣彦：《生态系统服务形成机制研究进展》，《应用生态学报》2017 年第 8 期，第 2731～2738 页。
[17] 罗盛锋、闫文德：《广西北部湾沿岸地区生态系统服务价值变化及其驱动力》，《生态学报》2018 年第 9 期，第 3248～3259 页。
[18] 马骏、马朋、李昌晓、彭月、魏虹：《基于土地利用的三峡库区（重庆段）生态系统服务价值时空变化》，《林业科学》2014 年第 5 期，第 17～26 页。
[19] 欧阳志云、王如松、赵景柱：《生态系统服务功能及其生态经济价值评价》，《应用生态学报》1999 年第 5 期，第 635～639 页。
[20] 欧阳志云、王效科：《中国陆地生态系统服务功能及其生态经济价值的初步研究》，《生态学报》1999 年第 5 期，第 607～613 页。
[21] 彭丽云、许艳、黄背英、陈佳丽、赫丽娟：《兰州市耕地生态系统服务价值估算》，《现代农业科技》，2019，第 258～260、265 页。
[22] 彭文甫、周介铭、杨存建、赵景峰、罗怀良：《基于土地利用变化的四川省生态系统服务价值研究》，《长江流域资源与环境》2014 年第 7 期，第 1053～1062 页。

[23] 冉凤维、罗志军、曹丽萍、赵杰、赵越：《南昌市生态服务价值变化及其驱动因素分析》，《水土保持研究》2018年第3期，第177~183页。

[24] 苏常红、傅伯杰：《景观格局与生态过程的关系及其对生态系统服务的影响》，《自然杂志》2012年第5期，第277~283页。

[25] 苏常红、王亚璐：《汾河上游流域生态系统服务变化及驱动因素》，《生态学报》2018年第22期，第7886~7898页。

[26] 粟晓玲、康绍忠、佟玲：《内陆河流域生态系统服务价值的动态估算方法与应用——以甘肃河西走廊石羊河流域为例》，《生态学报》2006年第6期，第2011~2019页。

[27] 涂文学：《和衷共济谋大业——长江中游城市群的建设》，《武汉文史资料》2019年第10期，第4~11页。

[28] 唐秀美、郝星耀、刘玉、潘瑜春、李虹：《生态系统服务价值驱动因素与空间异质性分析》，《农业机械学报》2016年第5期，第336~342页。

[29] 王航、秦奋、朱筠、张传才：《土地利用及景观格局演变对生态系统服务价值的影响》，《生态学报》2017年第4期，第1286~1296页。

[30] 王丽群、张志强、李格、马丰伟、陈立欣：《北京边缘地区景观格局变化及对生态系统服务的影响评价——以牛栏山—马坡镇为例》，《生态学报》2018年第3期，第750~759页。

[31] 吴娇、李月臣：《三峡库区（重庆段）景观格局变化及其对生态系统服务价值的影响》，《生态与农村环境学报》2018年第4期，第308~317页。

[32] 吴珊珊、姚治君、姜丽光、王蕊、刘兆飞：《基于MODIS的长江源植被NPP时空变化特征及其水文效应》，《自然资源学报》2016年第1期，第39~51页。

[33] 谢高地、张彩霞、张雷明、陈文辉、李士美：《基于单位面积价值当量因子的生态系统服务价值化方法改进》，《自然资源学报》2015年第8期，第1243~1254页。

[34] 谢高地、张彩霞、张昌顺、肖玉、鲁春霞：《中国生态系统服务的价值》，《资源科学》2015年第9期，第1740~1746页。

[35] 谢高地、张钇锂、鲁春霞、等：《中国自然草地生态系统服务价值》，《自然资源学报》2001年第1期，第47~53页。

[36] 谢高地、甄霖、鲁春霞、肖玉、陈操：《一个基于专家知识的生态系统服务价值化方法》，《自然资源学报》2008年第5期，第911~919页。

[37] 徐丛春、韩增林：《海洋生态系统服务价值的估算框架构筑》，《生态经济》（中文版）2003年第10期，第199~202页。

[38] 许丽敏、李虎、陈冬花、叶李灶、李建贵、赵俊鹏：《生态服务价值时空变化特征及其驱动力——以新疆博州为例》，《亚热带资源与环境学报》2018年第1期，第66~74页。

[39] 徐静安、徐淑惠：《第四讲回归分析中的变量筛选技术及统计检验》，《上海化

工》2016 年第 8 期，第 11~15 页。

[40] 徐晓然、谢跟踪、邱彭华：《1964—2015 年海南省八门湾红树林湿地及其周边土地景观动态分析》，《生态学报》，2018（20）：1-10［2018-12-02］.http：//kns. cnki. net/kcms/detail/11. 2031. Q. 20180709. 1627. 018. html。

[41] 徐煖银、郭泺、薛达元、孙思琦：《赣南地区土地利用格局及生态系统服务价值的时空演变》，《生态学报》，2019（1）：1-9［2018-11-21］.http：//kns. cnki. net/kcms/detail/11. 2031. Q. 20180926. 1413. 084. html。

[42] 薛达元：《长白山自然保护区生物多样性非使用价值评估》，《中国环境科学》2000 年第 2 期，第 141~145 页。

[43] 薛达元：《自然保护区生物多样性经济价值类型及其评估方法》，《生态与农村环境学报》1999 年第 2 期，第 54~59 页。

[44] 于倩茹、徐煖银、孙思琦、郭泺：《鄂西北地区土地利用格局及其生态系统服务价值的时空变化》，《生态科学》2019 年第 4 期，第 119~128 页。

[45] 杨清伟、蓝崇钰、辛琨：《广东—海南海岸带生态系统服务价值评估》，《海洋环境科学》2003 年第 4 期，第 25~29 页。

[46] 杨锁华、胡守庚、瞿诗进：《1990—2014 年长江中游经济带生态系统服务价值时空变化特征》，《水土保持研究》2018 年第 3 期，第 164~169 页。

[47] 臧正、邹欣庆、宋翘楚：《空间权重对分析地理要素时空关联格局的影响——基于中国大陆省域水资源消耗强度的实证》，《地理研究》2017 年第 5 期，第 872~886 页。

[48] 曾杰、李江风、姚小薇：《武汉城市圈生态系统服务价值时空变化特征》，《应用生态学报》2014 年第 3 期，第 883~891 页。

[49] 赵志刚、余德、韩成云、王凯荣：《鄱阳湖生态经济区生态系统服务价值预测与驱动力》，《生态学报》2017 年第 24 期，第 8411~8421 页。

[50] 张丽琴、渠丽萍、吕春艳、李玲：《基于空间格局视角的武汉市土地生态系统服务价值研究》，《长江流域资源与环境》2018 年第 9 期，第 1988~1997 页。

[51] 张文远、朱家明、王昱斐：《基于生态服务价值评估模型的环境退化成本研究》，《齐齐哈尔大学学报（自然科学版）》2019 年第 5 期，第 84~88 页。

[52] 张瑜、赵晓丽、左丽君、张增祥、汪潇：《黄土高原生态系统服务价值动态评估与分析》，《水土保持研究》2018 年第 3 期，第 170~176 页。

[53] 张舟、吴次芳、谭荣：《生态系统服务价值在土地利用变化研究中的应用：瓶颈和展望》，《应用生态学报》2013 年第 2 期，第 556~562 页。

[54] 赵鸿雁、陈英、杨洁、裴婷婷：《基于改进当量的甘肃省耕地生态系统服务价值及其与区域经济发展的空间关系研究》，《干旱区地理》2018 年第 4 期，第 851~858 页。

[55] 赵育恒、曾晨：《武汉城市圈生态服务价值时空演变分析及影响因素》，《生态学报》2019 年第 4 期，第 1426~1440 页。

[56] 赵志刚、余德、韩成云、王凯荣:《鄱阳湖生态经济区生态系统服务价值预测与驱动力》,《生态学报》2017 年第 24 期，第 8411~8421 页。

[57] 朱印酒:《我国生态系统服务价值研究进展及问题探析》,《环境工程》2017 年第 6 期，第 118~121 页。

[58] Briner, S., Ché Elkin, Huber R.. Evaluating the Relative Impact of Climate and Economic Changes on Forest and Agricultural Ecosystem Services in Mountain Regions. Journal of Environmental Management, 2013, 129C (48): 414-422.

[59] Carpenter, S., R.,, Mooney, H. A., Agard, J., Capistrano, D., Defries, R. S., Diaz, S., Dietz, T., Duraiappah, A. K., Oteng-Yeboah, A., Pereira, H. M., Perrings, C., Reid, W. V., Sarukhan. J, Scholes, R. J., Whyte, A.. Science for Managing Ecosystem Services: Beyond the Millennium Ecosystem Assessment. Proceedings of the National Academy of Sciences of the United States of America, 2009, 106 (5): 1305-1312.

[60] Costanza, R., d'Arge, R., de Groot, R., Farber, S., Grasso, M., Hannon, B., Limburg, K., Naeem, S., O'Neill, R. V., Paruelo, J., Raskin, R. G., Sutton, P., van den Belt M.. The Value of the World's Ecosystem Services and Natural Capital. Nature, 1997, 387 (6630): 253-260.

[61] Costanza, R.. What Is Ecological Economics? . Ecological Economics, 1989, 1 (1): 0-7.

[62] Costanza, R., Folke, C.. Valuing Ecosystem Services with Efficiency, Fairness, and Sustainability as Goals// Nature's Services: Societal Dependence on Natural Ecosystems. 1997a.

[63] Costanza, R., d'Arge, R., de Groot, R., Farber, S., Grasso, M., Hannon, B., Limburg, K., Naeem, S., O'Neill, R. V., Paruelo, J., Raskin, R. G., Sutton, P., van den Belt M.. The Value of the World's Ecosystem Services and Natural Capital. Nature, 1997b, 387 (6630): 253-260.

[64] Costanza, Robert, d'Arge, Ralph, de Groot, Rudolf, et al.. The Value of Ecosystem Services: Putting the Issues in Perspective. Ecological Economics, 1998, 25 (1): 67-72.

[65] Daily, G. C.. Nature's Services: Societal Dependence on Natural Ecosystems. Pacific Conservation Biology, 1997, 6 (2): 220-221.

[66] Doherty, J. M., Miller, J. F., Prellwitz, S. G., et al.. Hydrologic Regimes Revealed Bundles and Tradeoffs Among Six Wetland Services. Ecosystems, 2014, 17 (6): 1026-1039.

[67] Faber, M., Winkler, R., Heterogeneity and Time: From Austrian Capital Theory o Ecological Economics. American Jurnal of Economics & Sociology, 2010, 65 (3): 803-825.

[68] Hao, R., Yu, D., Liu, Y., et al., Impacts of Changes in Climate and Landscape Pattern on Ecosystem Services. Science of the Total Environment, 2017, 579 (feb. 1): 718-728.

[69] Jing Yang, Chen Zeng, YiJiao Cheng, Spatial Influence of Ecological Networks on Land Use Intensity. Science of the Total Environment, 2020, 717 (2020): 137-151.

[70] Kosz, M., Valuing Riverside Wetlands: the Case of the "Donau-Auen" National Park. Ecological Economics, 1996, 16 (2): 109-127.

[71] Moran, P. A. P., Notes on Continuous Stochastic Phenomena. Biometrika, 1950, 37 (1/2): 17.

[72] Ehrlich, P. B., Ehrlich, A. H. Extinction: The Causes and Consequences of the Disappearance of Species. Quarterly Review of Biology, 1982 (1): 82.

[73] Pattanayak, S. K. Valuing Watershed Services: Concepts and Empirics from Southeast Asia. Agriculture Ecosystems & Environment, 2004, 104 (1): 171-184.

[74] Pellant, M. L., Interpreting Indicators of Rangeland Health. 2005.

[75] Peng, J., Zhao, M. Y., Guo, X. N., Pan, Y. J., Liu, Y. X., Spatial-temporal Dynamics and Associated Driving Forces of Urban Ecological Land: A Case Study in Shenzhen City, China. Habitat International, 2017, 60: 81-90.

[76] Peterson, C. H., Lubchenco, J., Daily, G. C., Marine Ecosystem Services. Natures Services Societal Dependence on Natural Ecosystems, 1997, 38: 135-170.

[77] Reitsma, S., Slaaf, D. W., Vink, H., et al., A Typology for the Classification, Description and Valuation of Ecosystem Function, Goods and Services. Ecological Economics, 2002, 41 (3): 393-408.

[78] Wu, K. Y., Ye, X. Y., Qi, Z. F., Zhang, H., Impacts of Land Use/Land Cover Change and Socioeconomic Development on Regional Ecosystem Services: The Case of Fast-Growing Hangzhou Metropolitan Area, China. Cities, 2013, 31: 276-284.

第十一章　生态网络的建设与国土空间利用

在新时代背景下，生态网络建设和土地资源的集约利用成为推进新型城镇化发展、实施国土空间规划的重要手段，也是落实生态文明建设、加强自然资源管理和维护生态安全格局的重要抓手。本章将生态网络作为区域空间联动介质，研究其空间效应对区域国土空间利用的影响，为区域经济—生态系统协调发展提供了新视角，也为国土空间利用提供了理论支撑。

第一节　国土空间生态网络建设背景

快速的城市化使得城市以前所未有的规模和速度扩张，并导致世界范围内景观格局发生显著变化（Li et al.，2015b；Su et al.，2016）。2000~2018年，世界人口城镇化率从46.69%上升到55.27%（The World Bank，2019）。多样而高密度的人类活动刺激了城市土地的空间扩张（Zeng et al.，2017b）。过去，土地粗放型开发利用使得城市资源环境趋紧，各种生态环境问题日益突出（Qian et al.，2019），如土地无序利用、资源短缺、栖息地破碎化、生物多样性减少和城市热岛效应（Steeneveld et al.，2011；Scolozzi 和 Geneletti，2012；Tan et al.，2013；Yu et al.，2017；Liu et al.，2019）。因此，应实现既能适应城市多样化需求又能尽量减少不利的社会和生态影响的城市可持续发展（Erb，2012）。

为了实现生态系统保护和社会经济发展，应提高土地利用效率，并实现城市发展和规划的“精明增长”（Miller 和 Hoel，2002；Gabriel et al.，2006）、“紧凑型开发”（Burchell 和 Shad，1998）、“填充式开发”（Wong et al.，1997）和“多功能土地集约利用”（Lau et al.，2005；Wiggering et al.，2006；Manderülo et al.，2007；Slee，2007），这也是土地集约利用的应有之义（Liu et al.，2019）。土地集约利用会使得单位土地面积社会经济活动的产出增加（Cao et al.，2019），同时，土地集约利用的许多方面超过了投入或产出流，并直接关系到生态系统特性的变化（Erb，2012）。土地系统构成了复杂的、适应性强的社会生态系统，其形成取决于社会经济和生态系统之间的相互作用以及土地利用与环境动态之间的互动反馈（Berkes et al.，1998；Meyfroidt et al.，2018）。土地的可持续利用需通过环境、经济和社会指标来进行综合性权衡分析以达到协调、保护和发展的目的，并能够长期维持生态系统功能（Seppelt et al.，2013）。联合国可持续发展目标（SDG15）旨在保护、恢复和促进陆地生态系统的可持续利用、森林的可持续管理，制止和扭转土地退化和生物多样性丧失，以实现可持续和公平的人类与生态系统福祉的总体目标（United Nations，2015）。生态网络展现出重要的自然特性，在实现城市环境中的可持续景观方面发挥主导作用（Behnaz 和 Mahdi，2010）。当自然生态系统由于人类的土地利用变化而支离破碎时，它们也被认为是保护生物多样性的最佳策略之一（Bennett，2003；Blasi et al.，2008）。生态网络突出生态一致性的特点，使其在景观规划中得以实施，并有助于制定高效的土地利用政策，以应对土地开发的环境影响（Bennett，1999；Jongman，2002；Vuilleumier 和 Prelaz-Droux，2002；Jongman et al.，2004；Opdam et al.，2006；Huber et al.，2007；Gurrutxaga et al.，2010）。区域综合生态网络的建立被认为是维护区域生态安全体系的基准，能提高其可持续发展的能力（Nikolakaki 和 Dunnett，2005；United Nations，2015；Peng et al.，2017）。因此，土地集约利用和生态网络的耦合对于实现城市社会经济系统和生态系统之间的平衡日益重要（Cen et al.，2015）。

然而，城市土地利用与生态网络的耦合研究有限，空间信息尚未得到充分利用。当嵌入空间互动关系时，土地集约利用与生态网络之间的实际关系仍不明晰。生态网络被认为是嵌入可持续景观的土地利用规划的空间概念，其重点是研究基于景观生态学理论的源地—基质—廊道构成的网络空间格局（Opdam et al.，2006；Behnaz 和 Mahdi，2010；Peng et al.，2018a）。生态网络的空间内聚力不容忽视（Opdam，2002；Opdam et al.，2003），空间关系影响着土地集约利用（Chen et al.，2011；Liu et al.，2019），由于土地利用变化过程与区域一体化密切相关，土地利用变化的空间溢出通常伴随着区域一体化的进程（Lambin，2001；Liu et al.，2019）。兴趣点（Point of Interest，POIs）数据、手机信令数据等空间大数据可以为土地相关问题的研究提供强大的数据支持（Zoomers et al.，2016；Deng et al.，2017；Zeng et al.，2017a）。因此，从适当的空间视角探究生态网络与土地集约利用之间的互动关系十分必要（Opdam et al.，2006）。同时，空间影响是探索土地集约利用驱动机制的关键因素。为填补上述空白，本章的主要贡献归纳如下：在 Erb 等人（2013）概念框架的基础上对土地集约利用进行评价，并在景观空间维度上延伸了土地集约利用的内涵。利用嵌入“生态网络”空间权重矩阵的空间杜宾模型，探讨了土地集约利用的驱动机制以及土地集约利用与生态网络的空间关系。本章可为土地生态可持续发展提供理论依据和经验依据。

第二节　生态网络建设和国土空间利用的理论分析框架

本节我们将提供一个理论分析框架，通过结合生态网络的三个属性，即土地属性、生态属性和空间属性，探索土地—社会经济—生态网络之间的相互作用和潜在驱动机制（如图 11-1 所示）。

生态网络，是一种结构类似于网络的空间景观模式，其本质上具备土地属性，并可以与土地系统发生互动。生态网络通常包括两部分：第一部分为“生态源地”，是具有较高生态服务价值的生态用地（Peng et al.，2018b）；第二部分为“生态廊道”，是一种集生态、社会、文化等功能于

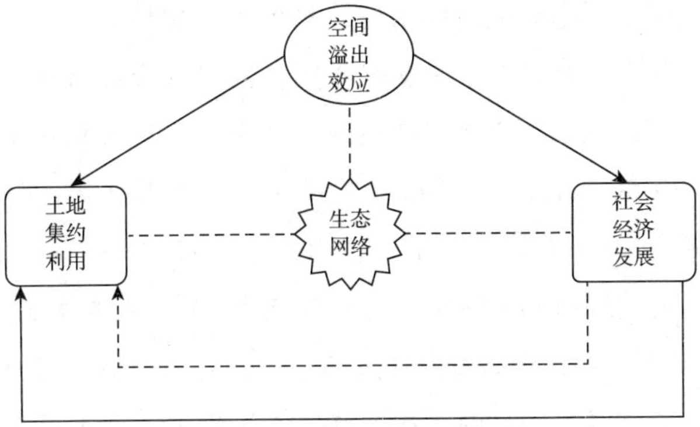

图 11-1　理论分析框架

一体的线状或带状结构的生态景观。生态廊道具有景观阻力小和某些促进物种迁移的生态特性。一般来说，在城市土地系统中，生态用地的保护与城市建设用地空间扩张是协调并存的过程（Li et al.，2015b）。然而，在过去的几十年中，城市用地的空间扩张是土地利用变化的主要特征，其中生态用地向城市建设用地的转化是最显著的（王思远等，2002；Bohnet 和 Pert，2010；Seto et al.，2012；Qiu 和 Turner，2013；Li et al.，2015b）。因此，应该协调生态保护与城市化之间的关系，因为生态用地面积的变化是城市生态系统服务的重要驱动力（Li et al.，2015a，2015b），并且对环境平衡产生了重大影响（Zhou et al.，2018）。不同用地类型的微观转换映射着土地系统中众多要素之间的复杂权衡，这些权衡要求确定、优化各类用地类型的数量、质量和空间格局，以解决城市环境问题，并实现可持续发展。在生态保护方面，生态网络作为一种生态安全格局，不仅可以为必要的生态系统服务和健康的生活环境提供基本的保护，还可以有效地遏制城市建筑空间无序扩张（Chen et al.，2006；Kong et al.，2010；Zhou et al.，2011；Zhao 和 Xu，2015；Peng et al.，2018a）。生态源地可以被视为生态土地，可以满足城市发展的生态安全要求，这是城市扩张和生态保护之间权衡的结果（Peng et al.，2018b）。考虑到城市土地不断增长的需求，土地集约利用经常被视为通过减少对生产性土地的竞争并减缓诸如城市发展和环境保护之间的权衡取舍以实现可持续发展（Meyfroidt et al.，2018）。

对这两个关键方面的充分理解和考虑，是土地保护政策生效的关键。

生态网络属于生态学范畴的术语，具备生态属性，而其作为生态系统的代表，会与社会经济系统产生交互作用，同时社会经济和土地系统之间也存在一定程度的互动。生态网络是维护城市生态健康和安全的空间格局（Tao et al.，2015；Yu et al.，2017），关乎城市及其居民的可持续生态服务功能的实现（Yu，2005；Li et al.，2014，2017；Yu et al.，2017）。从微观角度看：生态源地是提供高质量生态服务价值的关键性生态补丁（Peng et al.，2018b），生态廊道通过建立迁移廊道来联系孤立的生境，从而达到保护生物多样性的目的，在维持生态过程中发挥重要作用（Peng et al.，2017）。这些由城市功能多样化所带来的生态效益，促进了城市的合理发展，提高了城市社会经济发展的可持续性。因此，在城市生态系统中，生态网络是连接城市地区生态系统和社会经济组成部分的重要概念。生态系统与社会经济系统两者之间紧密相连并产生相互作用，特别是良好的生态系统功能，为人类提供了充沛的自然资源和宜居的生存环境，促进了社会经济的发展。相比之下，生境破碎化和生物多样性丧失被认为是影响社会生态系统可持续发展的核心瓶颈（Peng et al.，2018a），因为如果没有生态系统提供服务，城市地区的各种活动就不会发生（Li et al.，2015b）。因此，只有生态底线思维才能实现生态保护与经济发展的双赢（Peng et al.，2018b）。生态网络作为这种思维方式的典型代表，引导着决策过程生态逻辑可持续性（最小阈值）和社会经济可行性（生物多样性保护最大目标水平）（Opdam et al.，2006）。生态网络可以帮助决策者根据社会经济发展需求和生态过程的内在关系，设计和改变景观结构，协调社会、经济和生态之间的关系（Opdam et al.，2006）。生态网络将具有生态功能和发展潜力的模式联系起来，以实现生态和社会经济利益之间的平衡，并在生态和社会经济方面整合整个保护区（Opdam et al.，2006；Gurrutxaga et al.，2010）。社会经济系统和土地系统之间存在着强烈的相互作用。城市土地是城市社会生产和消费的基本要素，是城市人口和各种社会经济活动的直接载体，也是城市社会经济活动不可或缺的自然资源（Qian et al.，2019）。因此，土地利用方式受到社会经济进程、选择和能力的显著影响（Erb，2012）。土地系统和社会经济系统之间的权衡体现在以下三个方面：社会经济对土地系统的投入、土地系统对社会经济产出变化的影响以及潜在的社会经济成本效益。

生态网络是基于“源地—廊道—矩阵”模型的空间景观格局（Forman，1995），具有空间属性，并表现出空间溢出效应。空间溢出效应是一个纯粹的空间外部性概念，是指某个观测点的变化通过某种媒介，基于邻接性、地理或经济以及空间相互作用，对其他观测点产生的直接或间接影响。空间内聚力从景观空间性的角度描述了生态网络的物理特征（Opdam et al.，2003；Termorshuizen et al.，2007），空间尺度的考虑是生态网络设计的核心（Rouget et al.，2006；Liang et al.，2018）。生态廊道作为一种连接工具，是基因流动、种群动态和种子传播的主要通道，也是资本、资源和信息流动的关键媒介（Peng et al.，2018b）。在生态保护和社会经济发展的双重压力下，需要实现生态功能的空间整合（Peng et al.，2017）。生态系统与特定土地或社会经济系统的相互作用可以被验证，因为三个系统的所有要素都有明确的空间分配（Gurrutxaga et al.，2010）。生态网络的四个结构组成部分（质量、面积、网络密度和景观渗透性）可被视为虚拟内聚力生成器的“旋钮”，旋转任何一个旋钮都可以在网络中实现空间内聚（Opdam et al.，2006）。空间连通性（包括网络密度和景观渗透性）控制着源地之间的生物流动（Termorshuizen et al.，2007）。在这个动态的生态过程中，生态网络表现出与其他空间单元的社会经济系统和土地系统相互作用的空间溢出效应。在上述的动态相互作用中，不同空间单元之间存在着不同的权衡。这些权衡可能会抑制或促进陆地生态系统的变化，并导致它们转变为城市土地（Liu et al.，2018b），从而以明确的空间方式直接影响土地利用方式。同时，不同行政单位的社会经济权衡以生态网络作为空间驱动力和媒介，对邻近单位的社会经济发展产生间接的正面或负面影响。因此，生态网络的空间溢出效应、具有地理基础的空间连续性和区域生态系统功能的空间流动性（马克明等，2004；Yu 和 Wang，2012；Xu et al.，2018；Guo et al.，2019），是耦合土地—社会经济—生态系统的关键因素。

第三节 研究区概况与数据来源

武汉城市圈地处中国中部、湖北省东部，位于长江流域中游，北纬29°05′~31°50，东经112°30′~116°10′，除中心城市武汉外，武汉城市圈由黄冈、孝感、鄂州、黄石、咸宁5个地级市及天门、潜江、仙桃3个省辖县级市组成，包括48个县区单元（Zeng et al.，2017b）。武汉城市圈总面积57.8×10^3平方千米，以平原为主，常住人口3800万人，2017年国内生产总值（GDP）22613.4亿元。其面积占湖北省总面积的31.2%，人口占湖北省总人口的52.4%，GDP占湖北省的60.3%。选择武汉城市圈作为研究区域，是因为它是中国规模最大、发展最快的城市圈之一，具有独特的区位条件，并赋予了武汉相当大的机遇，如外商投资、基础设施建设和社会经济发展（Tan et al.，2014；Zeng et al.，2019）。武汉城市圈也发挥战略支点的重要作用，是华中地区发展的主要增长极（He et al.，2017）。

本章的空间单元以武汉城市圈中的48个行政单元为基础，以县区为单位进行研究。所使用的数据包括2005年和2017年Landsat Thematic Mapper（TM）遥感影像的土地利用数据，空间分辨率为30米。土地利用类型分为7个类别［即基于现行土地利用分类（GB/T 21010—2017），中国国家标准化管理委员会，2017］。2005年和2017年武汉城市圈POIs空间分布图取自百度地图开放平台（http：//lbsyun.baidu.com/index.php？title=lbscloud）。我们选择了经常出现的食品、酒店、购物中心、教育和培训、交通设施、金融、房地产和企业集团等行业的POIs（Zeng et al.，2017a）。从中国科学院地理空间数据云（http：//www.gscloud.cn/）下载全球数字高程模型（GDEM）30米分辨率的数字高程数据后，从该卫星的数字高程图（DEM）获得武汉城市圈和DEM数据，其网格大小为30m×30m。人口、GDP和收入等社会经济数据来自《武汉统计年鉴》（2006~2018年）、《湖北年鉴》（2006~2018年）、《湖北省统计年鉴》（2006~2018年）和《中国经济统计年鉴》（2006~2018年）。

第四节　生态网络构建对国土空间集约利用的影响

一　土地集约利用度的测算

近年来，土地集约利用评价方面的研究成果较为丰富（Erb et al.，2013；Cen et al.，2015；Zeng et al.，2017a，2017b）。初期阶段，土地集约利用度应用于农业领域，以投入产出关系的形式进行测量（Zeng et al.，2017b）。以往的研究在土地集约利用度定义的基础上，提出了国家、城市圈和不同城市的评价框架；将投入产出关系作为关键考虑因素（Choy et al.，2013；Zeng et al.，2017a）。基于上述定义的考虑，Erb 等人关于土地集约利用度的概念框架集成了三个维度：投入强度、产出强度和土地上的生产活动对生态系统产生的影响。我们在 Erb 等人框架的基础上，对三个维度内涵进行了拓展延伸。

（一）产出方面

将产出定义为土地的实际承载能力，特别是其对人口、建筑物和设施的容纳情况。人口是中国各种土地利用评估和土地规划中经常出现的重要指标，其中土地集约利用度的概念与人口承载能力密切相关（Zeng et al.，2017a）。POIs 代表了紧凑城市形式的一个重要的建筑环境属性，并成为衡量城市土地利用的有用且功能强大的基础设施产出指标（Prestele et al.，2016；Zeng et al.，2017a，2017b），其代表了城市土地生产上的有形的人类活动。我们想象一块矩形土地，将其上的人口和 POIs 分别视为该矩形的长和宽，那么其乘积是矩形的“虚拟”面积，代表了“真实”的土地承载产出容量。

（二）投入方面

使用传统的投入性指标——土地面积（与虚拟产出面积形成对比）来衡量土地投入（Erb et al.，2013）。

（三）景观要素

从景观的角度扩展了 Erb 等人概念框架中的第三个维度。景观指标可以反映城市区域（建成区）的物理外观和空间配置，以研究这些区域的空间聚集或分散形态。这意味着在不明确城市功能过程的情况下，测量了景观斑块镶嵌的物理组成或结构。这种观点解释了城市的形状复杂性，而没有考虑有关功能、活动和土地利用模式。聚集指标处理景观斑块类型在空间上聚集的趋势，即以大块、聚集或传染性分布的形式出现（Abdullahi 和 Pradhan，2017）。

景观 AI 聚集度作为核心聚合指标，已广泛用于度量空间异质性。景观 AI 聚集度反映景观空间格局的总体聚集和连贯性（Abdullahi 和 Pradhan，2017；Zeng et al.，2018）。因此，我们选择这种典型而实用的指标作为代表景观 AI 聚集模式的空间景观系数。

土地集约利用计算方法如公式（11-1）所示。

$$LUI_i = K \times \frac{产出}{投入} = AI_i \times \frac{POP_i \times POIs_i}{A_i} \tag{11-1}$$

式中，LUI_i 是第 i 个县的土地集约利用；K 是景观 AI 聚集指数；AI_i 是第 i 个县的 AI；POP_i 和 $POIs_i$ 分别是指第 i 个县的人口和 $POIs$；A_i 是第 i 个县的土地面积。

二 生态网络的构建与内部互动测算

（一）生态源地的提取

“源地”的概念可以应用于景观格局和生态过程的研究，它对生态进程的发展有积极的贡献（Chen et al.，2011）。在遥感影像中提取面积>1 平方千米的林地、湿地、草地作为生态用地，将这些生态用地与规划指南中重要生态区域的范围叠加，提取重叠程度高、生态基质良好的区域作为生态源地。这些规划指南包括《湖北省生态红线区保护规划》、《主体功能区规划》、《国家级自然保护区名录》和《中国湿地保护行动计划》。

（二）生态网络的构建（基于 MCR 模型）

景观阻力面构建。生态阻力面是生物物种在空间迁移过程中所遇阻力的等值面，通过寻找不同源地之间的阻力低谷能够为生态廊道疏通提供主要依据（熊春妮等，2008）。景观阻力值的确定是构建生态网络的关键，因为物种通过不同的景观类型时，在生态源地之间的交流和传播需要不同的成本。通过考虑景观单元对物种迁移的影响以及坡度变化对源地间连通性的影响，为不同的景观类型和坡度分配阻力值（见表 11-1）（陈剑阳等，2015；胡炳旭等，2018）。在我们的研究区域无法获得特定动物种类的成本值，因此，我们结合武汉城市圈的实际情况，通过考虑不同土地利用类型的植被覆盖率和生态服务价值，确定了不同土地利用类型的景观阻力（Kong et al.，2010；陈剑阳等，2015）。然后，对研究区土地利用类型栅格数据和坡度栅格数据进行重分类赋值，通过综合加权指数法，构建景观阻力面，以定量地表征在不同景观中物种迁移所遇到的景观阻力强度。

表 11-1　不同用地类型与坡度的景观阻力值

土地利用类型	二级分类	阻力值（80%）	备注	坡度	阻力值（20%）
林地		5	野生动物的重要栖息地（重要为陆生生物）	0°~5°	5
湿地		15	湿地生物的主要栖息地、迁徙鸟类物种的垫脚石（鸟类非本研究研究对象）		
草地		30	丰富的植物群落为草食动物的主要栖息地	5°~10°	100
耕地		50	人工半自然生态系统，其镶嵌结构由具有相对稳定生态属性的林地和湿地组成		
水域		600	陆生生物迁徙的主要障碍（本研究仅考虑陆生生物，水域生态不做分析）	10°~15°	200
建设用地		1000	人类活动最集中的区域，对栖息地的破碎化产生巨大影响		

续表

<table>
<tr><th>土地利用类型</th><th>二级分类</th><th>阻力值（80%）</th><th>备注</th><th>坡度</th><th>阻力值（20%）</th></tr>
<tr><td rowspan="4">交通用地</td><td>高速</td><td>1000</td><td rowspan="4">人类流动的重要“导管”、陆生生物迁徙的屏障、栖息地破碎的主要原因、扰动源、促进人为渗透和污染</td><td rowspan="2">15°~25°</td><td rowspan="2">400</td></tr>
<tr><td>铁路</td><td>1000</td></tr>
<tr><td>国道</td><td>600</td><td rowspan="2">25°~40°</td><td rowspan="2">600</td></tr>
<tr><td>省道</td><td>500</td></tr>
<tr><td>未利用地</td><td></td><td>700</td><td>荒地或空地，景观阻力较大</td><td>40°~70°</td><td>1000</td></tr>
</table>

提取生态廊道，构建生态网络。为了识别城市生态廊道，我们进行了最小累积阻力（MCR）分析，该方法可根据空间单元的阻力系数计算出最小成本路径，并考虑了地理特征和生物学行为，具有较高的可操作性和可行性（Peng et al.，2017）。该模型经常与景观图理论相结合，以反映能量、物质、基因迁移和底层表面之间复杂的网络结构和生态系统规模关系（Zeller et al.，2012）。提取生态源地和廊道后，可构建生态网络。MCR 的确定采用公式（11-2）（Yu，1999；Yu et al.，2005b）：

$$MCR = f_{\min} \sum_{j=n}^{i=m} (D_{ij} \times R_i) \tag{11-2}$$

式中，MCR 为两个生境斑块间潜在廊道的阻力；D_{ij} 和 R_i 分别代表物种从源地 j 穿过景观类型 i 到达某点时的距离和阻力（Yu，1999；Yu et al.，2005b；Li et al.，2015b）。

三　基于重力模型的生态源地间空间互动的测算

源地与源地之间的相互作用强度可以用来表征潜在生态廊道的有效性和连接斑块的重要性；生境质量高、阻力低的源地之间存在较大的相互作用（Kong et al.，2010）。生境质量较好的源地或廊道能够减少物种迁移与扩散的景观阻力，增加物种迁移过程中的幸存率（Sklar 和 Costanza，

1991；胡炳旭等，2018）。基于重力模型构建了生态源地间的相互作用矩阵，定量评价了生态源地间的相互作用强度，从而判定生态廊道的相对重要性。重力模型是为了模拟牛顿万有引力定律所描述的重力相互作用而设计的，可帮助计算两个或多个位置之间的流量或特定属性的相互作用（Zeng et al.，2019）。重力估计值与属性呈正相关，与空间距离呈负相关；是空间相互作用大小的合理指标（Isard，2017；Zeng et al.，2019）。基于重力模型的生态源地间空间互动测算表达式如公式（11-3）所示。

$$G_{ij}=\frac{(N_i\times N_j)}{(D_{ij})^2}=\frac{\left[\frac{1}{p_i}\times\ln(S_i)\right]\left[\frac{1}{p_j}\times\ln(S_j)\right]}{\left(\frac{L_{ij}}{L_{max}}\right)^2}=\frac{(L_{max})^2\ln(S_i)\times\ln(S_j)}{(L_{ij})^2p_i\times p_j} \tag{11-3}$$

式中，G_{ij}是源地i与源地j之间的相互作用强度；N_i与N_j分别为源地i与源地j的权重系数；D_{ij}为源地i与源地j之间潜在廊道的标准化成本值大小；P_i与P_j为源地i与j的整体成本值；S_i与S_j为源地i与j的面积；L_{ij}为源地i与源地j之间潜在廊道的累积成本值；L_{max}为研究区内所有廊道的最大成本值（孔繁花和尹海伟，2008）。

四 驱动因素和空间相互作用

（一）探索驱动因素

工业化、城市化和人口增长被认为是影响全球土地利用变化的共同驱动力。因此，我们探讨了社会经济发展对城市土地集约利用的影响（Long et al.，2007；Chen et al.，2014）。例如，高科技和高附加值产业的出现有利于土地集约利用的改善，因为它们具有以最小的建设用地产生大量收益的潜力（Liu et al.，2018b）。我们根据区域特征和数据的可获取性选择了9个潜在因素，这些因素是国内生产总值、城市化率、第二产业增加值占比、第三产业增加值占比、社会消费品零售总额、固定资产投资、农村居民可支配收入、城镇居民可支配收入和农业总产值。由于土地集约利用与解释变量之间不存在线性关系，而对土地集约利用度取对数后，ln（LUI）与解释因子之间存在中度线性关系，故因变量为取对数后的土地集约利用度，即 ln（LUI）。我们进行相关分析和 OLS 回归，找出高度相关的因素，消除多重共线性。OLS 回归是一种统计工具，旨在估计一个因变量和一个或多个自变量之间的关系（Lewis-Beck 和 Lewis-Beck，2015）。OLS 方法广泛应用于计量经济学、工程学和数据科学等领域。OLS 的工作方式是提出一个可以根据数据进行调整的模型，从而使与所提出模型相关的每个点之间的距离大小之和尽可能最小（Machado et al.，2019）。方程（Hutcheson，2011）的一般形式如公式（11-4）所示：

$$y = \alpha + \sum_{i=1}^{k} \beta_i x_i \tag{11-4}$$

式中，x_i 为解释变量，y 为 ln（土地集约利用度），β_i 为解释变量的系数，α 为 y 在各 $x=0$ 时的平均值。

（二）空间权重矩阵的构建

空间模型的观测点为武汉城市圈的 48 个县级单位。考虑到生态源地不具有特定的行政属性，某些生态源地存在跨行政边界的现象。为了解决这一问题，我们提取了生态源地的重心，确定了生态源地的行政隶属。重心落在哪一县区单位，我们就认为此生态源地属于哪个县区单元。根据生态源地间相互作用矩阵计算空间权重矩阵，最后将县内生态源地间的交互作用值、县内各生态源地与县外各生态源地间的交互作用值进行汇总，得到县域单尺度上生态网络空间权重。

（三）空间自相关检验

空间自相关系数——莫兰指数（Moran's I）是一种描述空间单元之间相关性的经典指标，它通过引入空间权重来考虑空间单位之间的依赖性（Liu et al.，2018b）。我们使用莫兰指数来衡量城市分散化的程度。我们认为空间自相关在 5%的显著性水平上显著。莫兰指数计算如公式（11-5）所示。

$$I = \left(\frac{n}{\sum_{i=1}^{n}\sum_{j=1}^{n} w_{ij}}\right)\left(\frac{\sum_{i=1}^{n}\sum_{j=1}^{n} w_{ij}(x_i - \bar{x})(x_j - \bar{x})}{\sum_{i=1}^{n}(x_i - \bar{x})^2}\right) \tag{11-5}$$

式中，n 为观测点的个数，在武汉城市圈中为 48；x_i 是第 i 县的土地集约利用度；x_j 为 y_j 的土地集约利用度，$\bar{x}$ 是均值；w_{ij}表示空间权值矩阵的值（LeSage 和 Pace，2009）。

（四）空间杜宾模型（SDM）

我们构建了考虑因变量（LUI）和解释变量 SDM 模型，以探讨生态网络对县级的土地集约利用的影响（Zeng et al.，2016）。以往的研究一般将某些解释变量的邻域效应作为自变量来证明空间溢出效应。我们将空间溢出效应纳入空间权重矩阵，因为我们假设县级生态网络是资金、信息和资源流动的渠道。生态网络作为一种嵌入式溢出介质，在多种因素作用下发挥作用，不受解释变量的限制（Zeng et al.，2019）。我们使用 Stata15 来进行统计和空间分析。SDM 模型如公式（11-6）所示。

$$y = \beta_0 + \alpha w_{(F_{ij})} y' + \sum_{i=1}^{m} \beta_i x_i + \sum_{i=1}^{m} w_{(F_{ij})} \beta_j x_j + \varepsilon \tag{11-6}$$

其中，β 是解释变量的系数；β_0 是常数项；y 是 ln（LUI）；y'是其邻域值。x 表示解释变量，分别是国内生产总值、第三产业增加值占比和农业总产值。假设空间模型产生的最终误差是独立分布的，并且符合正态分布。w 是一个 48×48 的空间权重矩阵，$w_{(F_{ij})}$ 表示县级生态网络的空间权重矩阵，ε 是误差（Hays et al.，2010；Crowley，2012）。

第五节　模型结果分析

一　土地集约利用的时空变化

表 11-2 给出了 2005 年和 2017 年武汉城市圈土地集约利用度的最大值、最小值、平均值、中位数和标准差。土地集约利用度最小值在梁子湖区（2005 年为 0.2328，2017 年为 14.33）。土地集约利用度最大值出现在城市圈的中心，即武昌区（2005 年为 1217.37）和江汉区（2017 年为 102178.49）。2005 年和 2017 年，所有行政单元的土地集约度均呈现增长势态。2017 年土地集约利用平均值比 2005 年高出近 70 倍，离散程度显

著，表明县与县之间的土地集约利用水平差距扩大。

表 11-2 还显示了 2005 年和 2017 年武汉城市圈的景观 AI 聚集度指数、人口数量、POIs 和土地面积特征。景观 AI 聚集度指数中，2005 年青山区和 2017 年江汉区的 AI 最高，平均值略有上升。在人口数量这一产出指标中，其平均增加量为 288 万。从另一个指数 POIs 来看，2005 年和 2017 年洪山区的高值明显，并且从 2005 年到 2017 年 POIs 的平均值和中位数大幅增长，反映了武汉市区在 13 年期间基础设施建设的快速发展。在投入指标上，县的土地面积大多大于区，其中麻城市的面积值在两年内均最高，最低的是铁山区（2005 年为 28.74km^2）和江汉区（2017 年为 28.29km^2）。

表 11-2　2005 年和 2017 年武汉城市圈的土地集约利用度

指标	年份	最小值	最大值	平均值	中位数	标准差
景观 AI 聚集度指数	2005	91.75	97.99	93.86	93.64	1.41
	2017	91.19	99.33	93.91	93.51	1.75
人口数量（$*10^3$）	2005	59	1621	630.01	589.50	347.72
	2017	58	1634	658.77	616.65	329.88
POIs	2005	7	1042	192.67	61	272.50
	2017	521	69786	9895.08	4518.50	13213.72
土地面积（km^2）	2005	28.74	3599	1210.51	1173	912.53
	2017	28.29	3604.02	1210.23	1166.24	911.76
土地集约利用度	2005	0.2328	1217.37	102.51	3.08	277.42
	2017	14.33	102178.49	7264.34	258.74	21092.49

武汉城市圈西部和东部的土地集约利用评价的值高于北部和南部。针对 2005 年和 2017 年的具体变化，总结为以下三个方面：首先，武汉市区在这两年中都占据主导地位，而市郊的东西湖区则呈现出大幅增长的趋势；其次，武汉周边部分地级市辖区（如孝南、咸安、华容等地区）的土地集约利用水平呈落后趋势，被武汉市郊区超越，而与武汉北部接壤的洪安和麻城两个县级单位的土地集约利用度则上升了一个等级；最后，武汉城市圈副中心城市黄石市的黄石港区在辐射强度方面表现出明显优势，鄂

城区和黄州区是黄石市周边地级市的市区，土地集约利用等级由低度集约上升为相对集约。

二　生态网络特征

（一）生态源地

在《湖北省生态红线区域保护规划》等重要规划的基础上，筛选出林地、湿地、草原等 83 个生态源地。生态源地的特征见表 11-3。2005 年和 2017 年，武汉城市圈各类生态源地占土地总面积的比例分别为 14.24%和 12.74%，呈小幅下降趋势。林地面积占生态源地比例最高，2005 年为 78.08%，2017 年为 82.97%。林地规模较大，一般分布在武汉城市圈南部、东部、东北部和北部的山区。湿地面积占总源地面积比例略有下降（2005 年为 17.09%，2017 年为 16.68%），湿地主要分布在武汉市中东部地区。草地占总源地面积比例最低，2005 年为 4.83%，2017 年为 0.35%，呈下降趋势。

表 11-3　2005 年和 2017 年武汉城市圈生态源地的特征

土地利用类型	年份	总面积（km^2）	生态源地面积（km^2）	各类生态源地占总土地面积比例（%）	各类生态源地占总源地面积比例（%）	源地数量（个）
林地	2005	17401.38	6405.17	36.81	78.08	42
	2017	18988.83	6090.45	32.07	82.97	48
湿地	2005	2211.58	1402.28	63.41	17.09	33
	2017	2055.95	1224.46	59.56	16.68	31
草地	2005	1409.27	396.37	28.13	4.83	8
	2017	745.92	25.44	3.41	0.35	4
耕地	2005	29294.16	—	—	—	—
	2017	29048.23	—	—	—	—
水域	2005	3785.00	—	—	—	—
	2017	2671.15	—	—	—	—
建设用地	2005	3288.53	—	—	—	—
	2017	4077.37	—	—	—	—

续表

土地利用类型	年份	总面积（km^2）	生态源地面积（km^2）	各类生态源地占总土地面积比例（%）	各类生态源地占总源地面积比例（%）	源地数量（个）
未利用地	2005	239.55	—	—	—	—
	2017	42.01	—	—	—	—
总计	2005	57629.47	8203.82	14.24	100	83
	2017	57629.46	7340.35	12.74	100	83

（二）生态廊道

景观阻力的最高值大多集中在城市中心，特别是武汉市区。与2005年相比，2017年最高阻力值区域数量明显增加，范围显著扩大。相反，武汉城市圈外环县一级的景观阻力值最小，因为其景观类型多为林地，景观阻力值最低。

通过MCR分析，2005年生态廊道为105292条，2017年生态廊道为93650条，呈明显下降趋势。表11-4和图11-2反映了这两年生态廊道的特征。如表11-4所示，廊道总长度从14451.04千米增加到16951.75km。廊道长度的最大值、平均值和标准差在2005~2017年间均呈现出明显的增长趋势。最短长度为0.0150千米，两个年份中都保持稳定。如图11-2所示，2005年和2017年，大部分生态廊道的长度小于4千米，相对较短，两年内只有少数生态廊道长度超过10千米。将模拟的潜在生态廊道叠加到土地利用类型图上后，最小成本路径通过的区域多为林地和其他绿色空间，景观阻力较小。

表11-4 2005年和2017年生态廊道概况

年份	数量	廊道总长度（km）	廊道长度最小值（km）	廊道长度最大值（km）	廊道长度的平均值（km）	廊道长度的标准差
2005	105292	14451.04	0.0150	12.87	0.1372	0.3643
2017	93650	16951.75	0.0150	15.07	0.1810	0.4705

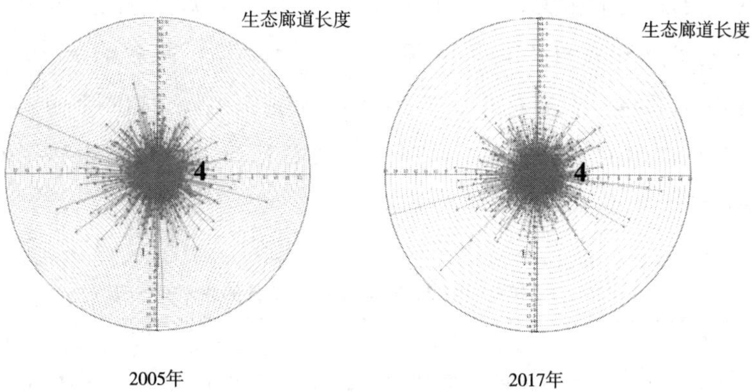

图 11-2　2005 年、2017 年武汉城市圈生态网络的空间分布格局、生态廊道的长度及景观阻力面情况

（三）生态网络及其相互作用

武汉城市圈东北和南部生态廊道集聚分布，这种模式与生态源地的空间分布密切相关，并受到其深远影响。这两年的数据特征存在差异：最强的相互作用发生在 2005 年的源地 33 和 34 之间，以及 2017 年的源地 30 和 32 之间，除源地 33 外，这些都是林地。相互作用强的源地间连通性好，2005 年为 3463.25，2017 年为 7515.14。生态源地相互作用的平均值（2005 年为 17.39，2017 年为 25.68）和中位数（2005 年为 1.28，2017 年为 1.31）从 2005 年到 2017 年有所增加，标准差（2005 年为 118.90，2017 年为 229.48）从 2005 年到 2017 年翻了近一番。

三　驱动机制与空间效应

（一）土地集约利用的驱动因素

表 11-5 列出了 2005 年和 2017 年与 ln（土地集约利用度）具有显著相关关系的社会经济变量。2005 年和 2017 年，城市化率（$p<0.01$），社会消费品零售总额（$p<0.01$）和城镇居民可支配收入（$p<0.01$）是相关性最高的指标。而第二产业增加值占比与 ln（土地集约利用度）之间的相关性（2005 年为 $p<0.1$，2017 年为 $p<0.05$）从 2005 年至 2017 年由正变负。国内生产总值（$p<0.01$）和第三产业增加值占比（$p<0.01$）与 ln（土

地集约利用度）正相关，固定资产投资总额（2005 年为 $p<0.01$，2017 年为 $p<0.05$）和农村人均可支配收入（$p<0.01$）的影响从 2005 年至 2017 年有所下降。农业总产值（2005 年为 $p<0.05$，2017 年为 $p<0.01$）是唯一起负作用的因素，并在这两个年度中对 ln（土地集约利用度）都有负面影响。

表 11-5　2005 年和 2017 年显著自变量的相关性分析

变量	城市化率	国内生产总值	第二产业增加值占比	第三产业增加值占比	固定资产投资总额	社会消费品零售总额	城镇居民可支配收入	农村居民可支配收入	农业总产值
2005 年	0.8225***	0.7921***	0.2721*	0.4749***	0.6871***	0.8109***	0.8735***	0.8736***	-0.3660**
2017 年	0.8125***	0.8067***	-0.3283**	0.6818***	0.3220**	0.8480***	0.9268***	0.6999***	-0.4086***

备注：*，**和***分别代表 10%、5% 和 1%显著性水平。

我们在 2005 年和 2017 年使用不同的显著解释变量组合进行了回归。我们还确定国内生产总值、第三产业增加值占比和农业总产值是导致土地集约利用变化的三个主要潜在驱动因素。我们关注 ln（土地集约利用度）和三个解释变量之间的相关性。在 2005 年和 2017 年，国内生产总值（$p<0.01$）和第三产业增加值占比（$p<0.01$）对 ln（土地集约利用度）产生正向影响，表明 ln（土地集约利用度）随着国内生产总值和第三产业增加值占比的增加而正向增加。而农业生产总值（2005 年 $p<0.05$，2017 年 $p<0.01$）对 ln（土地集约利用度）均有负向影响。无论 2005 年还是 2017 年，ln（土地集约利用度）的相关系数最高的是国内生产总值（2005 年为 0.7921，2017 年为 0.8067），农业总产值（2005 年为-0.3660，2017 年为-0.4086）最弱。土地集约利用主要归因于国内生产总值的增长和第三产业的发展，同时又受到农业的制约。

（二）县域间生态网络的空间互动

图 11-3 为 2005 年和 2017 年武汉城市圈县域生态网络空间相互作用特征。2005 年江岸区和江汉区之间以及 2017 年硚口区和江汉区之间的互动值最低，这是因为它们是社会经济快速发展的中心区域，土地利用高度集

约，生态用地最少。麻城市内部互动最为强烈，从 2005 年的 10314.02 增加到 2017 年的 32863.01。麻城拥有丰富优质的森林资源，它位于大别山中段南部山麓，具有较高的生境价值。从地级市层面来看，由于大别山森林资源的自然优势，两年中黄冈市各县域单位的空间互动总和均为最大。此外，武汉市湿地资源丰富，如东湖国家湿地公园、金银湖国家湿地公园等，使得武汉市县域空间互动总和较高。

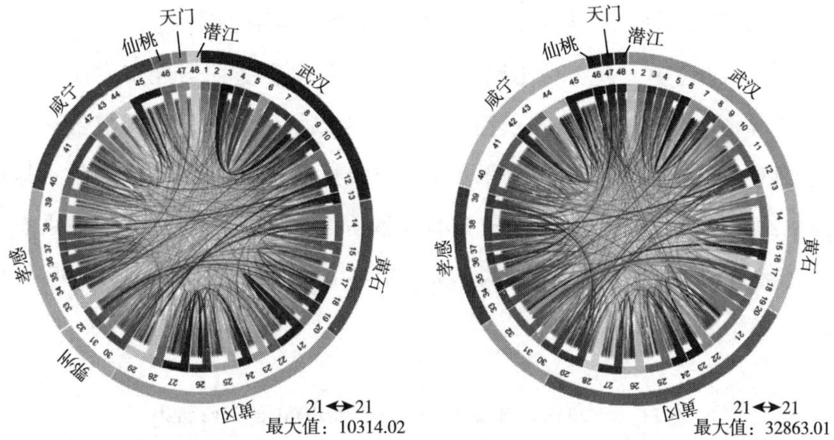

图 11-3　2005 年和 2017 年武汉城市圈县域生态网络空间相互作用特征

（三）生态网络对土地集约利用的空间效应

2005 年和 2017 年的空间自相关结果如表 11-6 所示。土地集约利用度的 Moran's I（2005 年为 0.338，2017 年为 0.192）均为显著（$p<0.01$），并且从 2005 年到 2017 年，正向的空间自相关有所减少。通过 Moran's I 检验误差，在这两年中观察到显著的空间相关性。因此，我们采用空间杜宾模型来分别探究这两年土地集约利用度的空间关系和驱动因素。

表 11-6 也给出了 OLS 回归和 SDM 回归的结果。W_ ln（土地集约利用度）在 2005 年和 2017 年的空间系数显著，分别为 0.4779 和 0.3702，表明邻近地区通过生态网络产生的直接影响存在。从 W_ 农业总产值的空间系数来看，从 2005 年至 2017 年 SDM 的空间系数由不显著变为负显著。由于两年内的 W_ 国内生产总值和 W_ 第三产业增加值占比系数不显著，无

法观察到国内生产总值和第三产业增加值通过生态网络空间矩阵产生间接空间溢出效应。在 OLS 回归和 SDM 回归中，本地驱动因素（国内生产总值、第三产业增加值占比和农业总产值）的系数显著。从 2005 年到 2017 年，我们观察到了三个主要变化。首先，就土地集约利用而言，体现在 W_ 土地集约利用空间系数上的正向空间溢出效应减弱。其次，国内生产总值和第三产业增加值占比对当地的积极影响有所下降。最后，尽管 W_ 农业总产值的负向空间系数变得显著，但 2017 年当地农业发展水平的负向影响要小于 2005 年。考虑到调整后的 R^2 大于 0.9，SDM 的稳健性得到了证实。

研究结果表明，武汉城市圈的土地集约利用度受社会经济发展，特别是 GDP 和产业结构的驱动。然而，这一过程以牺牲农业发展为代价。通过将生态网络作为空间介质，邻居的直接和间接溢出效应促进或限制了地区土地集约利用度，其影响力要大于本地驱动因素。具体而言，通过生态网络的直接空间溢出效应促进了区域土地集约利用，其数据从 2005 年到 2017 年呈下降趋势。

表 11-6　2005 年和 2017 年 OLS 和 SDM 的回归结果

类别	OLS 回归		SDM 回归	
	2005 年	2017 年	2005 年	2017 年
W_ 国内生产总值	0.0280***	0.0051***	0.0281***	0.0049***
W_ 第三产业增加值占比	3.23**	2.17*	3.35**	2.04*
W_ 农业总产值	-4.19*10-6***	-1.51*10-6***	-2.87*10-6**	-1.21*10-6***
W_ 农业总产值	—	—	—	-2.67*10-6**
W_ ln（土地集约利用度）	—	—	0.4779**	0.3702*
土地集约利用度的 Moran's I	—	—	0.338***	0.192***
Moran's I 残差检验	—	—	3.74***	2.847***
LM SAC	—	—	68.28***	7.14**
R^2	0.7174	0.8316	0.9682	0.9938
调整后的 R^2	0.6981	0.8201	0.9644	0.9930

备注：*、**和***分别代表 10%、5%和 1%的显著性水平。

第六节 生态网络与国土空间集约利用的讨论

我们将从土地集约利用度的时空格局、生态网络的建设、土地集约利用度的潜在社会经济驱动力以及土地集约利用度与生态网络之间的空间关系四个方面进行深入讨论，以期对制度框架、城市发展、规划、生态安全和社会经济发展起到启示作用。

土地集约利用对于改善自然资源管理和加强可持续治理至关重要（Gong et al.，2014；Zeng et al.，2017a）。在中国，土地集约利用被视为推动“建设资源节约型社会”的指导方针（Zeng et al.，2017a），许多城市（如北京、深圳、武汉）正处于发展的关键时期，迫切需要对不同的城市土地利用现状、基础设施建设、城市规划中的空间调整以及土地空间利用进行精确诊断（Yang et al.，2016；Zeng et al.，2017a）。武汉城市圈的测算结果显示出显著的空间异质性，并证实了市区与欠发达县之间土地集约利用度的明显差异。武汉市是竞争最激烈的地区，也是最活跃的地区，而武汉市中心的优势十分突出，原因是武汉在基础设施建设上投入了大量资金，对人才和人口的吸引力较大，而武汉周边城市圈发展滞后。从上述现象中可以得出不同地区的土地集约利用度与社会经济发展水平是一致的。此现象的政策启示如下：新型城镇化规划意味着应在县域等适当尺度上加强城市圈中城市间联系以促进其发展，而不是通过以效率为重点的建设用地进行扩展（国务院办公厅，2014）。与其采取过多的政府手段直接干预中小城市的发展，不如大范围考虑实施集聚发展战略，促进在集聚经济中发挥作用的核心城市的辐射效应（Lan et al.，2019）。此外，无论在国家一级还是在地方一级，城市土地利用规划的清单都应是优先事项。

生态网络是城市环境保护的框架（Gao et al.，2017）。潜在生态网络构建结果表明，林地不仅是生物物种的重要栖息地，还是生物迁移和传播的主要途径，这是因为其相互作用强、受干扰少、植被覆盖多、抗逆性最低。黄冈市生态源地空间相互作用最强的原因是其森林覆盖率较高，2018年已达到43%（黄冈市人民政府，2019）。高度的异质性、少量的大斑块、破碎化和生物多样性的减少降低了城市景观质量，这是由形成景观的不同要素之间的空间关系来定义的（Behnaz 和 Mahdi，2010）。城市生态网络应该通过生态廊道及城市与自然环境之间的共生关系来促进和加强生态源地之间的联系（Behnaz 和 Mahdi，2010），突出重点优质生态源地，增强生态网络的可持续性和生态交互性。城市游憩空间网络工程（Turner，1995；Cranz 和 Boland，2004）、公园系统（Jongman 和 Pungetti，2004；TPL，2006；Maruani 和 Amit-Cohen，2007）和绿道网络（McHarg，1969；Ahern，1995；Little，1999；Ahern，2002；Fabós，2004；Turner，2006）是将自然网络与城市人工网络交织在一起的重要规划方案（Behnaz 和 Mahdi，2010）。

在社会经济发展中，社会经济因素对土地集约利用度变化的贡献是至关重要的（Zeng et al.，2017b；Cao et al.，2019）。国内生产总值、第三产业增加值占比和农业总产值与土地集约利用显著相关，国内生产总值和第三产业增加值占比发挥了积极作用。而农业总产值对土地集约利用有负向影响。国内生产总值作为一个市场价值概念，通常反映了中国经济转型发展的运行状况，经济转型增强了社会经济活动的强度，对土地利用效率产生了深远影响（Liu et al.，2019）。在城市化进程中第三产业的发展也对土地利用效率产生了很大的影响。在市场机制下，土地利用实行自由竞争和市场定价，土地利用效率普遍较高，低效率产业可能会逐渐边缘化。相应地，可以通过优化产业结构和土地利用结构，提高土地利用效率（Liu et al.，2019）。城市发展不断吸引农业劳动力，导致只有小部分人口从事农业生产（Jiang et al.，2013），劳动力转移是促进城市土地集约利用的投入导向因素，因此，农业产出与土地集约利用呈负相关关系。这些结果对于决策者确定遏制城市扩张的优先事项，并就社会经济发展做出提高效率的决策是有益的（Zeng et al.，2017b）。政府应以产业升级和培育产业带为重点，实现经济转型，提升土地利用水平，此外，还应加强对中国城市土地利用与农业发展之间紧张关系的关注。几十年来，中国在食品供应方面基本上实现了自给自足，而这一条件并不能保证长期实现，因此迫切需要平衡城市增长与农业发展之间的关系（Jiang et al.，2013）。

由于区域间可能存在的经济、社会和生态关系，城市土地利用是一个空间过程（Bai et al.，2018）。成功的区域和城市发展政策的实施越来越依赖于考虑和应对城市内部和城市之间的社会经济与生态相互作用的能力（Arndt et al.，2000；van Houtum 和 Lagendijk，2001；Cheng et al.，2013）。具有空间渗透性的生态网络是基于生态空间与相邻地块镶嵌关系的土地、社会经济和生态系统之间相互作用的空间媒介（Wu et al.，2018）。空间视角下设计生态网络，对土地利用政策和规划项目的环境影响评估过程会产生影响（Gurrutxaga et al.，2010）。生态网络建设中，拥有较高重力值的县域单元倾向于通过各种权衡，实现高度资源有效配置和可持续利用，这有助于协调区域发展，实现可持续的城市土地集约化利用（Tian 和 Sun，2018）。在区域发展的现实中，生态网络可以通过关注有效的空间尺度来解决保护和发展之间的悖论（Opdam et al.，2006）。了解社会生态系统之间正在出现的相互作用，为解决城市可持续发展问题和探索内部流动过程提供新思路，也为解决与城市可持续发展有关的关键问题提供了研究基础（Huang et al.，2015；卢伊和陈斌，2015）。社会经济发展和生态可持续性之间的冲突和平衡已经成为世界范围内的共同焦点，特别是在人口众多的发展中国家（Zhang et al.，2014；Cen et al.，2015）。生态网络应强调城市景观的整体优化，采用风险预防和栖息地保护的多重视角来进行建设，而不仅仅着重于景观生态学理论中的生态源地和廊道空间格局组织的局部生态要素的单独管理（Guo et al.，2019）。因此，城市规划师、资源管理者和决策者应在土地利用和景观规划决策中考虑生态网络的构建，以改善土地集约利用度，维护城市圈的生态安全格局。对于城市可持续发展的决策，应该对土地集约利用的综合特性以及监测和预测城市密集型土地利用的长期机制进行详细研究，以做出有关城市可持续发展的决策（Cen et al.，2015）。

本章还有一些可进一步完善之处。首先，应考虑目标生物物种。由于难以获取物种相关数据，我们的研究没有明确的目标物种。生态廊道在促进物种迁移中起着重要的作用，生态网络作为生物多样性保护的一种有效途径日益被人们接受。因此，在今后的生态网络建设研究中，必须考虑具体的物种信息。其次，应考虑较长的时间跨度。我们选择 2005～2017 年（为期 13 年）进行研究，考虑到数据的可得性和不同年份数据口径的一致性，由于产生的土地利用变化及其相关的生态效应需要较长时间的探索和检测，因此在今后的相关研究中，应采取较长的时间跨度和更为精细的时间序列分类。最后，应该考虑其他因素。在未来的研究中，除了生态网络之外，社会网络、交通、制度等因素也应在研究中嵌入和探索，为决策者加强区域融合提供参考。

第七节 研究结论

本章通过嵌入空间相互作用矩阵研究了 2005 年和 2017 年武汉城市圈潜在生态网络构建对土地集约利用的空间溢出效应。结果表明，2017 年土地集约利用度的平均值比 2005 年高出近 70 倍，从 2005 年到 2017 年土地集约利用度的差距进一步拉大。土地集约利用主要受社会经济发展的驱动，其中国内生产总值和第三产业增加值占比对土地集约利用有正向影响，而农业总产值与土地集约利用呈负相关。土地集约利用过程中通过生态网络产生空间溢出效应，这种影响在 2005～2017 年略有减弱。这些发现对于理解城市社会经济和生态系统之间的协同效应、相互作用和权衡关系非常重要。

本章的主要贡献是在理论分析框架和研究方法两个方面。从理论视角出发，提出了土地—社会经济—生态系统相互作用关系的理论框架，以系统整合的视角解释了生态网络对土地集约利用度空间溢出效应的驱动机制。从方法论的角度来看，我们的第一个贡献在于土地集约利用度的评价。我们将对土地承载能力和景观聚集的理解纳入 Erb 等人的概念框架中，并扩展了其第三维度的含义。第二个贡献在于空间模型的构建。与传统空间建模采用“纯”空间关系不同，我们将“生态”空间权重矩阵嵌入空间杜宾模型中，以生态网络作为空间媒介，衡量空间溢出效应，探究土地集约利用的驱动因素。

本章小结

快速的城市化导致了城市大规模扩张和大型生境资源的破碎割裂。在新型城镇化和生态文明建设的战略背景下，土地集约利用和生态网络构建成为遏制城市无序蔓延、保障生态安全的有效手段，也是落实国土空间规划、加强自然资源管理、维护生态安全格局的重要抓手。本章通过探究生态网络对区域城市土地集约利用的空间溢出效应及其潜在驱动机制，探索武汉城市圈土地集约利用和生态网络在空间上的耦合关系，进而探寻区域城市资源、生态、社会经济全面可持续的发展路径。结果表明武汉城市圈的土地集约利用度受社会经济发展，特别是 GDP 和产业结构的驱动。将生态网络作为空间介质发现，邻域空间社会经济因子造成的空间驱动机制影响力要大于本地驱动因素。研究结果有助于探索生态网络在区域层面上对土地集约利用的空间影响，并为制定相关政策以实现城市陆地生态系统的生态安全以及区域平衡协调的可持续发展提供参考。

参考文献

[1]《国家新型城镇化规划（2014 年—2020 年）》。

[2]《2018 年黄冈市国民经济和社会发展统计公报》，2019. 03. 11.，http：//www. hg. gov. cn/art/2019/3/11/art_ 7522_ 312418. html。

[3]《中华人民共和国土地利用现状分类国家标准（GB/T 21010—2017）》。

[4] 陈剑阳、尹海伟、孔繁花、幺贵鹏：《环太湖复合型生态网络构建》，《生态学报》2015 年第 9 期，第 3113～3123 页。

[5] 胡炳旭、汪东川、王志恒、汪翡翠、刘金雅、孙志超、陈俊合：《京津冀城市群生态网络构建与优化》，《生态学报》2018 年第 12 期，第 4383～4392 页。

[6] 孔繁花、尹海伟：《济南城市绿地生态网络构建》，《生态学报》2008 年第 4 期，第 379-387 页。

[7] 刘佳、尹海伟、孔繁花、李沐寒：《基于电路理论的南京城市绿色基础设施格局优化》，《生态学报》2018 年第 12 期，第 4363～4372 页。

[8] 卢伊、陈彬：《城市代谢研究评述：内涵与方法》，《生态学报》2015 年第 8 期，第 2438～2451 页。

[9] 马克明、傅伯杰、黎晓亚、关文彬：《区域生态安全格局：概念与理论基础》，《生态学报》2004 年第 4 期，第 761~768 页。

[10] 王思远、刘纪远、张增祥、周全斌、王长有：《近 10 年中国土地利用格局及其演变》，《地理学报》2002 年第 5 期，第 523~530 页。

[11] 熊春妮、魏虹、兰明娟：《重庆市都市区绿地景观的连通性》，《生态学报》2008 年第 5 期，第 2237~2244 页。

[12] 许峰、尹海伟、孔繁花、徐建刚：《基于 MSPA 与最小路径方法的巴中西部新城生态网络构建》，《生态学报》2015 年第 19 期，第 6425~6434 页。

[13] 尹海伟、孔繁花、祈毅、王红扬、周艳妮、秦正茂：《湖南省城市群生态网络构建与优化》，《生态学报》2011 年第 10 期，第 2863~2874 页。

[14] The WORLD BANK. (2019) . World Urbanization Prospects: 2018 Revision. United Nations Population Division. https: //data. worldbank. org/indicator/SP. URB. TOTL. IN. ZS? end=2018&start=1960&view=chart.

[15] United Nations. (2015) . The UN Sustainable Development Goals. United Nations, New York. http: //www. un. org/sustainabledevelopment/summit/.

[16] Abdullahi, S., Pradhan, B. , (2017) . Urban Compactness Assessment. In: Pradhan B. (eds) Spatial Modeling and Assessment of Urban Form. Springer, Cham.

[17] Ahern, J. (1995) . Greenways as a Planning Strategy. Landscape Urban Planning, 33 (1-3), 131-155.

[18] Ahern, J. (2002) . Greenways As Strategic Landscape Planning: Theory and Application. Dissertation, Wageningen University, Wageningen, the Netherlands.

[19] Arndt, M., Gawron, T., Jähnke, P. (2000) . Regional Policy Through Co-operation: From urban forum to urban network. Urban Studies 37 (11), 1903-1923.

[20] Bai, Y., Deng, X., Jiang, S., Zhang, Q., Wang, Z. (2018) . Exploring the Relationship Between Urbanization and Urban Eco-efficiency: Evidence from prefecture-level cities in China. Journal of cleaner production, 195, 1487-1496.

[21] Behnaz, A., Mahdi, K. (2010) . A Case Study of Urban Ecological Networks and a Sustainable City: Tehran's Metropolitan Area. Urban Ecosystem, 13, 23-36.

[22] Bennett, A. F. (1999) . Linkages in the Landscape. The Role of Corridors and Connectivity in Wildlife Conservation. Gland, Switzerland and Cambridge, UK: IUCN.

[23] Bennett, A. F. (2003) . Linkages in the Landscape. The Role of Corridors and Connectivity in Wildlife Conservation, Second ed. Gland, Switzerland and Cambridge, UK: IUCN.

[24] Berkes, F., Folke, C., Colding, J. (Eds.) . (1998) . Linking Social and Ecological Systems: Management Practices and Social Mechanisms for Building Resilience. Cambridge University Press, Cambridge.

[25] Blasi, C., Zavattero, L. , Marignani, M., Smiraglia, D., Vico, E. D. (2008) .

The Concept of Land Ecological Network and Its Design Using a Land Unit Approach. Plant Biosystems, 142 (3), 540-549.

[26] Bohnet, I., Pert, P. (2010). Patterns, Drivers and Impacts of Urban Growth- a Study from Cairns, Queensland, Australia from 1952 to 2031. Landscape Urban Planning, 97 (4), 239-248.

[27] Burchell, R., Shad, N. A. (1998). The Costs of Sprawl Versus Compact Development. Chicago, IL.

[28] Cao, X., Liu, Y., Li, T., Liao, W. (2019). Analysis of Spatial Pattern Evolution and Influencing Factors of Regional Land Use Efficiency in China Based on ESDA-GWR. Scientific Reports, 9 (1), 520.

[29] Cen, X., Wu, C., Xing, X., Fang, M., Garang, Z., Wu, Y. (2015). Coupling Intensive Land Use and Landscape Ecological Security for Urban Sustainability: An Integrated Socioeconomic Data and Spatial Metrics Analysis in Hangzhou City. Sustainability, 7 (2), 1459-1482.

[30] Chen, Y., Li, X., Shi, P., Gong, A., Dou, W. (2006). Land Cover Pattern Optimization for Local Ecological Security Using Remotely Sensed Data. International Journal of Remote Sensing, 27 (10), 2003-2010.

[31] Chen, W., Yan, C. Q., Wu, Q., Li, Y. (2011). Study on the Contribution of Land Element to Economic Growth of Development Zones: Based on Panel Data Estimation and Measurement in Jiangsu Province. Areal Research and Development, 30, 146-149.

[32] Chen, J., Chang, K. T., Karacsonyi, D., Zhang, X. (2014). Comparing Urban Land Expansion and Its Driving Factors in Shenzhen and Dongguan, China. Habitat International, 43, 61-71.

[33] Cheng, J., Bertolini, L., le Clercq, F., Kapoen, L. (2013). Understanding Urban Networks: Comparing A Node-, A Density-and An Accessibility-based View. Cities, 31, 165-176.

[34] Choy, L. H. T., Lai, Y., Lok, W. (2013). Economic Performance of Industrial Development on Collective Land in the Urbanization Process in China: Empirical Evidence from Shenzhen. Habitat International, 40, 184-193.

[35] Cranz, G., Boland, M. (2004). Defining the Sustainable Park: A Fifth Model for Urban Parks. Landscape journal, 23 (2), 102-120.

[36] Crowley, G. R. (2012). Spatial Dependence in Constitutional Constraints: the Case of US States. Constitutional Political Economy, 23 (2), 134-165.

[37] Deng, F. F., Huang, Y. (2004). Uneven Land Reform and Urban Sprawl in China: the Case of Beijing. Progress in Planning, 61, 211-236.

[38] Deng, X., Gibson, J., Wang, P. (2017). Management of Trade-offs Between

Cultivated Land Conversions and Land Productivity in Shandong Province. Journal of Cleaner Production, 142, 767-774.

[39] Erb, K. H. (2012). How A Socio-ecological Metabolism Approach Can Help to Advance Our Understanding of Changes in Land-use Intensity. Ecological Economics, 76, 8.

[40] Erb, K. H., Haberl, H., Jepsen, M. R., Kuemmerle, T, Lindner, M., Müller Daniel, Verburg, P. H., Reenberg, A. (2013). A Conceptual Framework for Analysing And Measuring Land-use Intensity. Current Opinion in Environmental Sustainability, 5 (5), 464-470.

[41] Fabós, J. G. (2004). Greenway Planning in The United States: Its Origins and Recent Case Studies. Landscape and Urban Planning, 68 (2-3), 321-342.

[42] Forman, R. T. T. (1995). Land Mosaics: The Ecology of Landscapes and Regions, Second ed. Cambridge University Press, Cambridge.

[43] Gabriel, S. A., Faria, J. A., Moglen, G. E. (2006). A Multi Objective Optimization Approach to Smart Growth in Land Development. Socio-Economic Planning Sciences, 40 (3), 212-248.

[44] Gao, Y., Ma, L., Liu, J., Zhuang, Z., Huang, Q., Li, M. (2017). Constructing Ecological Networks Based on Habitat Quality Assessment: A Case Study of Changzhou, China. Scientific reports, 7, 46073.

[45] Glaeser, E. L., Kahn, M. E. (2003). Sprawl and Urban Growth, in: J. V. Henderson, J. Thisse (Eds.), Handbook of Urban Economics. IV. pp. 2481-2527.

[46] Gong, J., Chen, W., Liu, Y., Wang, J. (2014). The Intensity Change of Urban Development land: Implications for the City Master Plan of Guangzhou, China. Land Use Policy, 40, 91-100.

[47] Guo, R., Wu, T., Liu, M., Huang, M., Stendardo L, Zhang Y. (2019). The Construction and Optimization of Ecological Security Pattern in the Harbin-Changchun Urban Agglomeration, China. International Journal of Environmental Research and Public Health, 16 (7), 1190.

[48] Gurrutxaga, M., Lozano, P. J., Barrio, G. D. (2010). GIS-based approach for incorporating the connectivity of ecological networks into regional planning. Journal for Nature Conservation, 18 (4), 318-326.

[49] Hays, J. C., Kachi, A., Franzese, R. J. (2010). A Spatial Model Incorporating Dynamic, Endogenous Network Interdependence: A Political Science Application. Statistical Methodology, 7 (3), 406-428.

[50] He, J., Li, C., Yu, Y., Liu, Y., Huang, J. (2017). Measuring Urban Spatial Interaction in Wuhan Urban Agglomeration, Central China: A Spatially Explicit Approach. Sustainable Cities and Society, 32, 569-583.

[51] Huang, Q., Zheng, X., Hu, Y. (2015). Analysis of Land-use Energy Indicators Based on Urban Metabolism: A Case Study for Beijing. Sustainability, 7 (6), 7473-7491.

[52] Huber, P. R., Roth, N. E., Beardsley, K., Thorne, J. H., McCoy, M. C., Meade, R. (2007). Potential Impacts of Urban Growth on An Ecological Network in the San Joaquin Valley. San Francisco: Association for American Geographer's.

[53] Hutcheson, G. D. (2011). Ordinary least-squares regression. L. Moutinho and GD Hutcheson, The SAGE Dictionary of Quantitative Management Research, 224-228.

[54] Isard, W. (2017). Gravity and Spatial Interaction Models. Methods of Interregional Land Regional Analysis, Routledge, 243-280.

[55] Jiang, L., Deng, X., Seto, K. C. (2013). The Impact of Urban Expansion on Agricultural Land Use Intensity in China. Land Use Policy, 35, 33-39.

[56] Jongman, R. H. G. (2002). Homogenisation and Fragmentation of the European Landscape: Ecological Consequences and Solutions. Landscape and Urban Planning, 58, 211-221.

[57] Jongman, R. H. G., Külvik, M., Kristiansen, I. (2004). European Ecological Networks and Greenways. Landscape and Urban Planning, 68, 305-319.

[58] Jongman, R. H., Pungetti, G. (Eds.). (2004). Ecological Networks and Greenways: Concept, Design, Implementation. Cambridge University Press, Cambridge.

[59] Kong, F., Yin, H., Nakagoshi, N., Zong, G. (2010). Urban Green Space Network Development for Biodiversity Conservation: Identification Based on Graph Theory and Gravity Modeling. Landscape and Urban Planning, 95 (1), 16-27.

[60] Lambin, E. F. (2001). Global Land-use and Land-cover Change: What Have We Learned So Far?. Global Change News 46, 27-30.

[61] Lan, F., Da, H., Wen, H., Wang, Y. (2019). Spatial Structure Evolution of Urban Agglomerations and Its Driving Factors in Mainland China: From the Monocentric to the Polycentric Dimension. Sustainability, 11 (3), 610.

[62] Lau, S. S. Y., Giridharan, R., Ganesan, S. (2005). Multiple and Intensive Land Use: Case Studies in Hong Kong. Habitat International, 29 (3), 0-546.

[63] Leitao, A. B., Ahern, J. (2002). Applying Landscape Ecological Concepts and Metrics in Sustainable Landscape Planning. Landscape and urban planning, 59 (2), 65-93.

[64] LeSage, J., Pace, R. K. (2009). Introduction to Spatial Econometrics. Chapman and Hall/CRC.

[65] Lewis-Beck, C., Lewis-Beck, M. (2015). Applied Regression: An Introduction (Vol. 22). Sage publications.

[66] Li, C., Zheng, H., Li, S., Chen, X., Li, J., Zeng, W., ..., Ouyang, Z.

(2015a). Impacts of Conservation and Human Development Policy Across Stakeholders and Scales. Proceedings of the National Academy of Sciences, 112 (24), 7396-7401.

[67] Li, F., Wang, R. S., Hu, D. (2014). Measurement Methods and Applications for beneficial and detrimental effects of ecological services. Ecological Indicators, 47, 102-111.

[68] Li, F., Ye, Y., Song, B., Wang, R. (2015b). Evaluation of Urban Suitable Ecological Land Based on the Minimum Cumulative Resistance Model: A Case Study from Changzhou, China. Ecological Modelling, 318, 194-203.

[69] Li, F., Liu, X. S., Zhang, X. L. (2017). Urban Ecological Infrastructure: an Integrated Network for Ecosystem Services and Sustainable Urban Systems. Journal of Cleaner Production, 163, S12-S18.

[70] Liang, J., He, X., Zeng, G., Zhong, M., Gao, X., Li, X., ..., Fang, Y. (2018). Integrating Priority Areas and Ecological Corridors Into National Network for Conservation Planning in China. Science of Total Environment, 626, 22-29.

[71] Little, C. E. (1999). Greenway for America. Johns Hopkins University Press, Baltimore.

[72] Liu, Y., Zeng, C., Cui, H., Song, Y. (2018b). Sustainable Land Urbanization and Ecological Carrying Capacity: A Spatially Explicit Perspective. Sustainability, 10 (9), 3070.

[73] Liu, S., Ye, Y., Li, L. (2019). Spatial-Temporal Analysis of Urban Land-Use Efficiency: An Analytical Framework in Terms of Economic Transition and Spatiality. Sustainability, 11 (7), 1839.

[74] Long, H., Tang, G., Li, X., Heilig, G. K. (2007). Socio-economic Driving Forces of Land-use Change in Kunshan, the Yangtze River Delta economic area of China. Journal of Environmental Management, 83 (3), 351-364.

[75] Machado, T. J., Vieira Filho, J., de Oliveira, M. A. (2019). Forensic Speaker Verification Using Ordinary Least Squares. Sensors, 19 (20), 4385.

[76] Manderülo, Wiggering, H., Helming, K. (2007). Multifunctional land use: Meeting Future Demands for Landscape Goods and Services, in: Multifunctional Land use. Springer, Berlin, Heidelberg, pp. 1-13.

[77] Maruani, T., Amit-Cohen, I. (2007). Open Space Planning Models: A Review of Approaches and Methods. Landscape and Urban Planning, 81 (1-2), 1-13.

[78] McHarg, I. L. (1969). Design with Nature. The Natural History Press, Garden City, New York.

[79] Meyfroidt, P., Roy Chowdhury, R., Bremond, A. D., Ellis, E. C., Erb, K. H., ..., Verburg, P. H. (2018). Middle-range Theories of Land System Change. Global Environmental Change, 53, 52-67.

[80] Miller, J. S., Hoel, L. A. (2002). The "smart growth" debate: Best Practices for Urban Transportation Planning. Socio-Economic Planning Sciences, 36 (1), 1-24.

[81] Nikolakaki, P., Dunnett, N. (2005). The Use of Spatial Concepts As A Basis for Designing a Viable-habitat Network: Conserving Redstart (Phoenicurus phoenicurus) populations In Sherwood Forest, England. Journal for Nature Conservation, 13 (1), 31-48.

[82] Opdam, P. (2002). Assessing the Conservation Potential of Habitat Networks, in: Gutzwiller, K. J. (Ed.), Applying Landscape Ecology in Biological Conservation. Springer Verlag, New York, pp. 381-404.

[83] Opdam, P., Verboom, J., Pouwels, R. (2003). Landscape Cohesion: An Index for the Conservation Potential of Landscapes for Biodiversity. Landscape Ecology, 18, 113-126.

[84] Opdam, P., Steingröver, E., Van Rooij, S. (2006). Ecological Networks: A Spatial Concept for Multi-actor Planning of Sustainable Landscapes. Landscape and Urban Planning, 75 (3-4), 322-332.

[85] Peiser, R. B. (1989). Density and Urban Sprawl. Land Economics, 65, 193-204.

[86] Peng, J., Zhao, H., Liu, Y. (2017). Urban Ecological Corridors Construction: A Review. Acta Ecol. Sin. 37 (1), 23-30.

[87] Peng, J., Pan, Y. J., Liu, Y. X., Zhao, H. J., Wang, Y. L. (2018a). Linking Ecological Degradation Risk to Identify Ecological Security Patterns in A Rapidly Urbanizing Landscape. Habitat International, 71, 110-124.

[88] Peng, J., Yang, Y., Liu, Y., Du, Y., Meersmans, J., Qiu, S. (2018b). Linking Ecosystem Services and Circuit Theory to Identify Ecological Security Patterns. Science of Total Environment, 644, 781-790.

[89] Prestele, R., Alexander, P., Rounsevell, M. D., Arneth, A., Calvin, K., Doelman, J., ..., Havlik, P. (2016). Hotspots of Uncertainty in Land-use and Land-cover Change Projections: A Global-Scale Model Comparison. Global change biology, 22 (12), 3967-3983.

[90] Qian, Q., Liu, H., Zheng, X., (2019). A Regional Sustainable Intensive Land Use Evaluation Based on Ecological Constraints: A Case Study in Jinan City. Sustainability, 11 (5), 1434.

[91] Qiu, J. X., Turner, M. G. (2013). Spatial Interactions Among Ecosystem Services in An Urbanizing Agricultural Watershed. Proc. Natl. Acad. Sci. USA. 110 (29), 12149-12154.

[92] Rouget, M., Cowling, R. M., Lombard, A. T., Knight, A. T., Kerley, G. I. (2006). Designing Largescale Conservation Corridors for Pattern and Process. Conservation Biology, 20, 549-561.

[93] Scolozzi, R., Geneletti, D. (2012). A Multi-Scale Qualitative Approach To Assess The Impact of Urbanization on Natural Habitats and Their Connectivity. Environmental Impact Assessment Review, 36 (none), 9-22.

[94] Seppelt, R., Lautenbach, S., Volk, M. (2013). Identifying Trade-offs Between Ecosystem Services, Land Use, and Biodiversity: A Plea for Combining Scenario Analysis and Optimization on Different Spatial Scales. Current Opinion in Environmental Sustainability, 5 (5), 458-463.

[95] Seto, K. C., Güneralp, B., Hutyra, L. R. (2012). Global Forecasts of Urban Expansion to 2030 and Direct Impacts on Biodiversity and Carbon Pools. Proc. Natl. Acad. Sci. USA. 109 (40), 16083-16088.

[96] Simeonova, V., Achterberg, E., van der Grift, E. A. (2019). Implementing Ecological Networks Through the Red for Green approach in a Densely Populated Country: Does it work?. Environment, Development and Sustainability 21 (1), 115-143.

[97] Sklar, F. H., Costanza, R. (1991). The Development of Dynamic Spatial Models for Landscape Ecology: A Review and Prognosis. Ecological Studies: Analysis and Synthesis (USA).

[98] Slee, B. (2007). Social Indicators of Multifunctional Rural Land Use: The Case of Forestry in the UK. Agriculture Ecosystems & Environment 120 (1), 31-40.

[99] Steeneveld, G. J., Koopmans, S., Heusinkveld, B. G., van Hove, L. W. A., Holtslag, A. A. M. (2011). Quantifying Urban Heat Island Effects and Human Comfort for Cities of Variable Size and Urban Morphology in the Netherlands. Journal of Geophysical Research: Atmospheres 116. D20.

[100] Su, Y., Chen, X., Liao, J., Zhang, H., Wang, C., Ye, Y., Wang, Y. (2016). Modeling the Optimal Ecological Security Pattern for Guiding the Urban Constructed Land Expansions. Urban Forestry & Urban Greening, 19, 35-46.

[101] Tan, P., Chou, C., Chou, C. C. K. (2013). Impact of Urbanization on the Air Pollution "Holiday Effect" in Taiwan. Atmospheric Environment, 70, 361-375.

[102] Tan, R., Liu, Y., Liu, Y., He, Q., Ming, L., Tang, S. (2014). Urban Growth and Its Determinants Across the Wuhan Urban Agglomeration, Central China. Habitat International, 44, 268-281.

[103] Tao, Y., Li, F., Zhao, D. (2015). Variation in Ecosystem Services Across an Urbanization Gradient: A Study of Terrestrial Carbon Stocks from Changzhou, China. Ecological Modelling, 318, 210-216.

[104] Termorshuizen, J. W., Opdam, P., Brink, A. V. D. (2007). Incorporating Ecological Sustainability Into Landscape Planning. Landscape and Urban Planning, 79, 374-384.

[105] Tian, Y., Sun, C. (2018). A Spatial Differentiation Study on Comprehensive Carrying Capacity of the Urban Agglomeration in the Yangtze River Economic Belt. Regional Science and Urban Economics, 68, 11-22.

[106] TPL. (The Trust for Public Land). (2006). The Excellent City Park System. San Francisco, CA, USA.

[107] Turner, T. (1995). Greenways, Blueways, Skyways and Other Ways to A Better London. Landscape and Urban Planning, 33 (1-3), 269-282.

[108] Turner, T. (2006). Greenway Planning in Britain: Recent Work and Future Plans. Landscape and Urban Planning, 76 (1-4), 240-251.

[109] Vuilleumier, S., Prelaz-Droux. R. (2002). Map of Ecological Networks for Landscape Planning. Landscape and Urban Planning, 58, 157-170.

[110] van Houtum, H., Lagendijk, A. (2001). Contextualising Regional Identity and Imagination in the Construction of Polycentric Urban Regions: The Cases of the Ruhr Area and the Basque country. Urban Studies, 38 (4), 747-767.

[111] Wei, T., Simko, V. (2013). Corrplot: Visualization of A Correlation Matrix. R package Version, 0. 73, 230 (231), 11.

[112] Wiggering, H., Dalchow, C., Glemnitz, M., Helming, K., Zander, P. (2006). Indicators for Multifunctional Land Use-linking Socio-economic Requirements with Landscape Potentials. Ecological Indictor, 6 (1), 238-249.

[113] Wong, S. W., Boon, W., Chia, R., Chong, A. (1997). The Use of Multi-lateral Well Technology in An Infill Development Project, in: SPE Asia Pacific Oil and Gas Conference and Exhibition. Society of Petroleum Engineers.

[114] Wu, Y., Dong, S., Huang, H., Zhai, J., Li, Y., Huang, D. (2018). Quantifying Urban Land Expansion Dynamics Through Improved Land Management Institution Model: Application in Ningxia-Inner Mongolia, China. Land use policy, 78, 386-396.

[115] Xu, L., Huang, Q. H., Ding, D. D., Mei, M. Y., Qin, H. T. (2018). Modelling Urban Expansion Guided by Land Ecological Suitability: A Case Study of Changzhou City, China. Habitat International, 75, 12-24.

[116] Yang, B., Xu, T., Shi, L. (2016). Analysis On Sustainable Urban Development levels and Trends in China's Cities. Journal of Cleaner Production, 141 (10), 868e880.

[117] Ye, Y., Su, Y., Zhang, H. O., Liu, K., Wu. Q. (2015). Construction of an Ecological Resistance Surface Model and Its Application in Urban Expansion Simulations. Journal of Geographical Sciences, 25 (2), 211-224.

[118] Yu, K. J. (1999). Landscape Ecological Security Patterns in Biological Conservation. Acta Ecol. Sin. 19 (1), 8-15.

[119] Yu, K. J., 2005a. "Anti-planning" Approach. China Architectural Industrial Press, Beijing.

[120] Yu, K. J., Li, W., Li, D. H., Li, C. B., Huang, G., Liu, H. L. (2005b). Suitability Analysis of Heritage Corridor in Rapidly Urbanizing Region: A Case Study of Taizhou city. Geogr. Res. 24 (1), 69-76.

[121] Yu, K. J., Wang, S. S. (2012). Regionl Ecological Security Patterns: Beijing Case, Ninth ed. China Architecture & Building Press, Beijing, China, pp. 119-156, ISBN 978-711-213-663-6.

[122] Yu, Q., Yue, D., Wang, J, Zhang, Q., Li, Y., Yu, Y., Chen, J., Li, N. (2017). The Optimization of Urban Ecological Infrastructure Network Based on the Changes of County Landscape Patterns: A Typical Case Study of Ecological Fragile Zone Located at Deng Kou (Inner Mongolia). Journal of Cleaner Production, 163, 54-67.

[123] Yu, Q., Yue, D., Wang, Y., Kai, S., Fang, M., Ma, H., ..., Huang, Y. (2018). Optimization of Ecological Node Layout and Stability Analysis of Ecological Network in Desert Oasis: A Typical Case Study of Ecological Fragile Zone Located at Deng Kou County (Inner Mongolia). Ecological indicators, 84, 304-318.

[124] Zeller, K. A., McGarigal, K., Whiteley, A. R. (2012). Estimating Landscape Resistance to Movement: A Review. Landscape Ecology, 27 (6), 777-797.

[125] Zeng, C., Zhang, A., Xu, S. (2016). Urbanization and Administrative Restructuring: A Case Study on the Wuhan Urban Agglomeration. Habitat International, 55, 46-57.

[126] Zeng, C., Yang, L., Dong, J. (2017a). Management of Urban Land Expansion in China Through Intensity Assessment: A Big Data Perspective. Journal of Cleaner Production, 153, 637-647.

[127] Zeng, C., Zhang, A., Liu, L., Liu, Y. (2017b). Administrative Restructuring and Land-use Intensity-A Spatial Explicit Perspective. Land Use Policy, 67, 190-199.

[128] Zeng, C., Song, Y., He, Q., Liu, Y. (2018). Urban-rural Income Change: Influences of Landscape Pattern and Administrative Spatial Spillover Effect. Applied geography 97, 248-262.

[129] Zeng, C., Song, Y., Cai, D., Hu, P., Cui, H., Yang, J., Zhang, H. (2019). Exploration on the Spatial Spillover Effect of Infrastructure Network on Urbanization: A Case Study in Wuhan Urban Agglomeration. Sustainable Cities and Society, 47, 101476.

[130] Zhang, J., Fu, M., Zhang, Z., Tao, J., Fu, W. (2014). A trade-off Approach of Optimal Land Allocation Between Socio-economic Development and Ecological

Stability. Ecological Modelling, 272, 175-187.

[131] Zhang, Y., Su, Z., Li, G., Zhuo, Y., Xu, Z. (2018). Spatial-temporal Evolution of Sustainable Urbanization Development: A Perspective of the Coupling Coordination Development Based on Population, Industry, and Built-up Land Spatial Agglomeration. Sustainability, 10 (6), 1766.

[132] Zhao, X., Xu, X. (2015). Research on Landscape Ecological Security Pattern in a Eucalyptus Introduced Region Based on Biodiversity Conservation. Russian Journal of Ecology, 46 (1), 59-70.

[133] Zhou, W., Huang, G., Cadenasso, M. L. (2011). Does Spatial Configuration Matter? Understanding the Eff ects of Land Cover Pattern on Land Surface Temperature in Urban Landscapes. Landscape and Urban Planning, 102 (1), 54-63.

[134] Zhou, D., Tian, Y., Jiang, G. (2018). Spatio-temporal Investigation of the Interactive Relationship Between Urbanization and Ecosystem Services: Case Study of the Jingjinji Urban Agglomeration, China. Ecological Indicators, 95, 152-164.

[135] Zoomers, A., Gekker, A., Schafer, M. T. (2016). Between Two Hypes: Will "Big Data" Help Unravel Blind Spots in Understanding the "Global Land Rush?". Geoforum, 69, 147-159.

第十二章　国土空间优化和生态环境保护的对策建议

本章在长江经济带国土空间优化与生态环境保护的理论构建，以及重点生态区和重点城市群的实证分析的基础上，针对长江生态环境保护现阶段主要面临的问题，从国土空间规划体系，“山水林田湖草”的整体性保护要求，跨行政区的管理和保护机制，效率、效应和效益导向下的生态环境保护模式，以及多部门和多主体的协同方面提出了五点对策建议。

第一节　国土空间规划体系下的多层次生态环境保护

新时期的国土空间规划是国家治理体系和治理能力现代化的重要体现，是生态文明建设的空间载体，也是长江经济带生态环境保护的重要支撑。新时期的国土空间规划体系是我国空间规划体系的整合和重塑，是国土空间治理方式改变的现实需求和生态文明建设的根本要求。2018 年 3 月在《中共中央关于深化党和国家机构改革的决定》中，自然资源部成为国务院新的组成部门，标志着自然资源和生态环境管理体制的重大改革，2019 年 5 月在中共中央国务院印发《关于建立国土空间规划体系并监督实施的若干意见》中将主体功能区规划、土地利用规划、城乡规划等空间规划融合为统一的国土空间规划并监督实施，实现真正意义上的“多规合一”。在这个过程中国土空间规划已逐渐上升为国家战略，从编制、管理、监督到公众参与各个环节均体现了国家空间治理能力和治理体系的有效性、管控性、科学性和权威性。长江经济带的生态环境保护需要加强与国土空间规划体系的多层次对接，通过总体规划、专项规划和详细规划中的标准和要求为生态环境保护提供制度支撑，通过省、市、县的规划方案加强生态环境保护规划的落地实施，具体的对策建议主要包括以下三点。

（1）建议以国土空间规划中生态保护红线的底线要求为基础，以资源环境承载力评估和生态系统服务价值结果为参照，因地制宜地开展生态环境保护、修复和治理。随着第三次国土调查的开展和生态保护红线的划定，国土空间用途管制的目标、方法和途径更为明确。建议长江经济带的生态环境保护首先要比对生态保护红线的空间范围，在系统评估资源环境承载力、国土空间开发适宜性和生态系统服务价值的前提下，综合确定“保护”和“开发”的幅度和强度，促进长江经济带的可持续发展。

（2）建议修订国土综合整治的地方标准，增加生态修复的措施要求。建议尽快在省级国土空间综合整治的地方标准中融入山、水、林、田、湖、草综合生态修复的相关要求，重点从矿山治理、水生态修复、森林和草地生态系统的保护和修复、湖泊湿地的修复和治理等方面明确结构优化和空间治理的要求，强调自然修复为主，在人工辅助修复和生态重塑的过程中进一步明确物理修复措施、化学修复措施和生物修复措施的一般规定，做到生态保护和修复有章可循、有标准可依。

（3）建议具体项目区的生态环境保护和修复参照国土综合整治的地方和行业标准，确保相关措施途径的规范化。虽然长江经济带的生态环境保护和修复以完整的流域生态系统为基本单元，但是具体保护和修复的工作需要通过项目区综合整治落地实现。建议项目区在开展生态环境保护规划的过程中，在参照生态环境部门、林业部门、水利部门等具体标准和要求的基础上，综合国土综合整治的地方标准和行业标准，确保项目实施的可行性。

第二节 空间外溢性视角下的“山水林田湖草”整体性保护

建议长江经济带和汉江经济带的生态环境保护要进一步深入贯彻落实

习近平总书记提出的生态文明思想，统筹推进“山水林田湖草”的系统治理，在保护、修复和治理的各个环节中强调系统性、整体性和层次性，针对流域的自然要素的整体特征来进行总体谋划。比如不论位于汉江流域的大巴山生物多样性保护，还是长江流域沿线的武陵山生物多样性保护，按照《全国重大生态系统保护和修复工程规划（2021—2035年）》，围绕生物栖息地的保护和修复，需要从水土流失治理、石漠化治理、河湖湿地治理、森林资源保护等多个方面提升生态系统的整体功能，而非单一地针对陆域或水域生态系统进行自然修复、人工辅助修复或者是生态重塑。为了在长江经济带的生态环境保护中切实做到“山水林田湖草”的系统性生态修复，现提出以下几点建议。

（1）建议加强对生态环境外溢特征的认识和测度。在流域生态系统的保护过程中，需要充分认识生态环境的外部性特征。山、水、林、田、湖、草这些自然生态要素本身在空间布局上就是相邻相接、相依相存的，物种迁移、污染扩散、土地利用变化等为这些自然要素形成生命共同体提供了相互影响的基础，也是生态环境保护外部性特征的具体体现。因此要加强对流动介质的变化特性、变化速率和变化路径的建模、分析和时空比较，掌握山、水、林、田、湖、草相互影响的途径和方式，实现对生态环境外部性的测度和分析，从而更好地实现流域生态系统的保护。

（2）建议形成具有逻辑关系链的系统性生态要素集。在流域生态系统健康问题诊断中结合景观生态学理论、森林生态学理论、生态水利理论、流域治理理论等基础知识，识别人类生产生活对陆域、水域和大气等产生的胁迫作用，系统梳理重要生态问题在不同自然要素中转换的方式和路径，从而在研究对象上形成具有逻辑关系链的系统性生态要素集。

（3）建议联系人类活动和生态系统服务价值诊断生态环境问题。在流域生态系统的修复和治理过程中，需要准确评估生态系统的承载力，实现山、水、林、田、湖、草与生态系统服务功能的融合对接。长江经济带已利用岸线长达2625千米，在快速的城镇化和工业化发展背景下，不仅仅是“黄金水道”长江的保护和治理面临着巨大的挑战，沿线的森林资源、河湖、湿地均在一定程度上表现出了水土涵养、气体调节、景观功能、水文调节等生态功能上的退化，因此建议在进行长江经济带生态修复的过程中，按生态功能区来系统分析山、水、林、田、湖、草各类生态系统服务价值的变化，识别生态服务价值发生变化的直接和间接自然驱动要素，以及彼此之间的关联模式，从而在修复和治理模式的规划设计和工程措施上更有针对性，提高生态修复的联动效应，提升生态治理的效率。

第三节　空间外部性视角下的跨行政区的管理和保护机制

建立突破行政区界限的长江经济带生态环境保护组织机构，加强“自上而下”的生态管理机制建设，以自然地理要素作为保护和治理的边界，以自然生态系统健康作为保护和修复的基本准则，共抓大保护、不搞大开发。长江经济带涵盖 11 个省份，除了岸线长度全球排第三的长江之外，还包括太湖、鄱阳湖、洞庭湖等湖泊湿地区域，包含大别山、大巴山、武陵山这样的跨行政区山脉，这些山川河流均跨越多个省份、地市，水土流失治理、石漠化治理、生物多样性的保护和修复、河湖湿地的保护和修复等亟待跨行政区的整体统筹。根据《全国重大生态系统保护和修复工程规划（2021—2035 年）》，长江流域生态保护和修复重大工程建设规划基本涉及了长江经济带的所有省份，突破行政区界限的保护管理机制，生态修复措施、生态治理政策亟待“自上而下”的顶层设计。

（1）建议成立跨行政区的长江经济带生态环境保护委员会，统筹负责和安排长江经济带、汉江经济带的生态保护和修复。在管理体制上，建立突破地方政府利益的权限划分机制；在制度建设上，强化以流域生态保护和修复为导向的责权奖惩制度；在管理模式上，逐步实现“自上而下”的顶层设计和“自下而上”实施落实的协调和完善机制。

（2）建议以生态功能区作为长江经济带生态环境的基本单元，弱化行政区划界限，突出流域内各区域的主导生态系统功能。重点结合《全国重大生态系统保护和修复工程规划（2021—2035 年）》中识别的主要生态系统保护区域，形成以生态功能区为导向的长江经济带保护和修复管理机制，在长江经济带生态环境保护委员会的责权分工中，同样以生态功能区作为工作单元，凝聚相关专业和相关地域的人才和资源，重点突破，恢复和保障长江经济带范围内“大江”“大湖”“大山”生态系统的完整性。

（3）建议逐步构建跨行政区的生态补偿机制，在量化生态服务价值和生态环境空间外部性的基础上，通过行政手段、金融手段、科技手段等多种途径，完善长江经济带生态补偿的具体路径。在跨行政区长江经济带生态环境保护组织机构和实施单元确定的基础上，结合我国“省—市—县—乡—镇”的行政区划体系，在开展生态环境保护措施的过程中，通过对生态系统服务功能的价值量化以及对跨行政区空间外部效应的测算，估算和确定流域范围内各行政单元的承载力、影响值和损益程度，并进行常态化的动态监测和实时更新，促进长江经济带流域范围内跨行政区的资源配置、环境保护和生态服务的动态平衡。

第四节　效率、效应和效益导向下的生态环境保护模式

长江经济带的生态环境保护和社会经济发展的耦合协调是流域可持续发展的关键，提升资源利用和环境保护效率，降低社会经济发展给生态环境带来的负面效应，提高社会、经济、生态综合发展效益是实现耦合协调发展的基本路径。2017 年，习近平总书记在十八届中央政治局集体学习的讲话中就指出“生态环境问题归根到底是资源过度开发、粗放利用造成的，要实行最严格的耕地保护、水资源管理制度，强化能源和水资源、建设用地总量和强度双控管理，更加重视资源利用的系统效率”。党的十九届四中全会以来进一步健全了自然资源产权制度，建立了国土空间规划和用途统筹协调管控制度，构建了以国家公园为主体的自然保护地体系，全面建立了资源高效利用制度。在长江经济带的生态环境保护方面，资源配置的约束性指标管理，资源利用和生活生产方式的转变，以及体现生态价值和环境损害成本的资源环境价格机制已经成为效率、效应和效益导向下生态环境保护的新模式。

（1）建议形成常态化的资源利用效率评价机制，以评促建，通过集约

紧凑，节约循环式的资源利用模式提升生态环境保护效率。虽然自然资源丰富，但是上游、中游和下游的资源利用模式和效率差别较大，部分地区仍然存在资源浪费的情况，资源的集约节约利用体制有待进一步加强。建议在“十四五”规划期间，针对重点区域开展常态化的资源利用效率评价，利用可量化的投入和产出指标综合评估效率，挖掘资源利用效率提升的潜力和途径，落实城镇用地空间的紧凑型发展、建设用地的集约节约利用、能源和水资源的循环利用等方针和措施，提升长江经济带的生态环境保护效率。

（2）建议加强对生产生活方式所产生的生态环境负面效应的监测，通过量化人类活动对自然生态系统的干扰模式、干扰范围和干扰强度，提出高质量社会经济发展的实现路径。人类生产生活造成了资源过度开发、长江经济带湿地萎缩、河湖生态系统功能退化、水土流失和石漠化、生物多样性受损严重等系列生态环境问题。建议通过遥感、地理信息系统、大数据智能监测等手段，对生态脆弱区加强生态环境重要指标的变化监测，并通过“压力—状态—响应”模型、系统动力学模型、空间分析、物种变化和种群迁移等模型方法量化人类活动对自然生态系统的干扰模式、干扰范围和干扰强度，从绿色发展角度提出具有针对性的对策措施。

（3）建议构建融入生态系统服务价值的资源环境价格机制，实现生态效益的价值量化，并应用于长江经济带产业发展和生态补偿的规划方案中。不同于社会经济指标，生态环境的价值在效益评估中一直处于“隐形”地位。随着产业发展和技术进步，生态系统在粮食生产、气体调节、水源涵养、景观美学等方面的服务功能已逐步实现价值量化。因此在制定长江经济带流域产业发展规划和生态补偿方案的过程中，建议以生态系统服务价值为依据，构建资源环境价格机制，逐步实现生态环境保护的市场化运作模式。

第五节　强化多部门合作的“保护”和“发展”协同

随着我国社会经济的迅速发展，生态环境保护的利益结构日趋多元化和复杂化，相关责权部门的分工与合作也呈现出碎片化整合的新态势。长江经济带生态环境保护涉及自然资源部门、生态环境部门、水利部门、林业部门、气象部门、发展和改革委员会等多个部门的协同合作，同时也关系政府、企业、社会组织和公众多个主体，多部门、多主体合作的“保护”和“发展”协同机制是我国生态环境治理体制和治理能力现代化的重要发展趋势。由于长江经济带覆盖的区域广，涉及的行政管理部门多，在权力、责任、利益的协调上存在着诸多困难，亟待从协同创新、融合发展的角度积极探索多部门和多主体的合作模式，深度推进生态文明建设管理体制改革。

（1）建议在生态环境保护的“事权”上明确牵头单位和协同单位，加强分工协作与横向协同，建立大生态环境保护评估机制，建立多个相关部门项目申请、审批和实施的信息互通平台和共同监管机制。长江经济带生态环境保护涉及系列重大、重点工程项目的申请、审批和实施，单个主管部门的理论知识储备和实践经验难以面面俱到。建议在搭建长江经济带生态环境保护组织平台的过程中，联合各相关部门的专家学者，在生态问题、实施情况和制度建设方面给予综合性的剖析，从而实现“事权”的分工协作与横向协同。但是这个过程亦需要进一步明晰责权范围，尽量避免内容上的重复、人力和资源的浪费以及相关主管部门权力和利益的冲突。

（2）建议构建政府为主导、企业为主体、社会组织和公众共同参与的长江经济带生态环境治理体系，纵向上协同政府和市场的决策模式，形成多元化的生态环境利益平衡机制，实现生态文明建设的上下联动和广泛参与。生态文明建设不仅是自上而下的重要国家战略，以 PPP 模式为主要手段的生态文明建设已推动企业成为实施主体，同时生态环境保护也是人民日益增长的美好生活需要的重要体现。因此在长江经济带生态环境保护的规划和实施过程中，建议在管理模式、融资体制和监督机制上充分考虑政府、企业、社会组织和公众的多元利益，发挥多元主体在“保护”和“发展”过程中的协同作用。

本章小结

本章在长江经济带生态环境保护、修复和治理的理论构建，实证分析和路径探索的基础上，针对长江生态环境保护现阶段主要面临的问题，从“保护—发展”过程中的方法体系、保护模式、运行机制等多个方面提出五点对策建议：①建议加强国土空间规划体系下的多层次生态环境保护，以国土空间规划中生态保护红线的底线要求为基础，具体项目区的生态保护和修复需要参考国土综合整治的地方和行业标准；②建议实现空间外溢性视角下的“山水林田湖草”的整体性保护，加强对生态环境的外溢特征的认识和测度，建议形成具有逻辑关系链的系统性生态要素集；③建议构建空间外部性视角下的跨行政区管理和保护机制，成立跨行政区的长江经济带生态环境保护委员会，以生态功能区作为长江经济带生态环境的基本单元，弱化行政区划界限，突出流域内各区域的主导生态系统功能；④建议形成效率、效应和效益导向下的生态环境保护模式，建立常态化的资源利用效率评价机制，加强对生产生活方式所产生的生态环境负面效应的监测，构建融入生态系统服务价值的资源环境价格机制；⑤强化多部门和多主体的“保护”和“发展”协同，加强分工协作与横向协同，构建政府为主导、企业为主体、社会组织和公众共同参与的长江经济带生态环境治理体系，形成多元化的生态环境利益平衡机制。

图书在版编目（CIP）数据

国土空间优化和生态环境保护：以长江经济带案例区为例 / 曾晨，邓祥征，张安录著. -- 北京：社会科学文献出版社，2021.12

ISBN 978-7-5201-8085-6

Ⅰ. ①国… Ⅱ. ①曾… ②邓… ③张… Ⅲ. ①长江经济带-国土管理-研究 ②长江经济带-生态环境保护-研究 Ⅳ. ①F321.1 ②X321.25

中国版本图书馆 CIP 数据核字（2021）第 047601 号

国土空间优化和生态环境保护
——以长江经济带案例区为例

著 者 / 曾 晨 邓祥征 张安录

出 版 人 / 王利民
组稿编辑 / 任文武
责任编辑 / 杨 雪
责任印制 / 王京美

出 版 / 社会科学文献出版社 · 城市和绿色发展分社（010）59367143
地址：北京市北三环中路甲 29 号院华龙大厦 邮编：100029
网址：www.ssap.com.cn
发 行 / 市场营销中心（010）59367081 59367083
印 装 / 三河市龙林印务有限公司

规 格 / 开 本：787mm × 1092mm 1/16
印 张：18.5 字 数：280 千字
版 次 / 2021 年 12 月第 1 版 2021 年 12 月第 1 次印刷
书 号 / ISBN 978-7-5201-8085-6
定 价 / 88.00 元

本书如有印装质量问题，请与读者服务中心（010-59367028）联系